Markus/Rudolph *Die verratene Armee*

D1727762

Ralf Rudolph, Jahrgang 1938, Oberst a. D. und Diplom-Ingenieur studierte am Institut für Luft- und Raumfahrt in Moskau und war langjähriger Betriebsdirektor des Raketen-Instandsetzungswerkes Pinnow (IWP). Danach war er Abteilungsleiter für Spezielle Produktion (Rüstungsproduktion) im Ministerium für Allgemeinen Maschinen-, Landmaschinen- und Fahrzeugbau, 1990 Abteilungsleiter für technische Abrüstung im Ministerium für Abrüstung und Verteidigung der DDR, schließlich Unternehmensberater für ein Schweizer Consultingunternehmen mit Arbeitsschwerpunkt Rüstungskonversion.

Uwe Markus, Jahrgang 1958, promovierter Soziologe, war bis 1990 am Institut für Sozialwissenschaftliche Studien in Berlin tätig. Seither arbeitet er als Marktforscher, Marketingberater und Dozent. Seinen Militärdienst leistete der Oberleutnant a. D. als Zugführer eines Panzerzuges in der 9. NVA-Panzerdivision.

Bisherige Titel der Autoren:

Was war unsere Schule wert? (2009)
Waffenschmiede DDR (2010)
Die wahren Rebellen von Gera (2011)
Schlachtfeld Deutschland (2011)
Kerngeschäft. Das Doppelleben des Atomspions Dr. Johannes Koppe (2012)

ISBN 978-3-00-041734-4

Uwe Markus/Ralf Rudolph

Die verratene Armee

PHALANX

EDITION MILITÄRGESCHICHTE UND SICHERHEITSPOLITIK

Inhalt

Hauptstadt der NVA 7

Kraftprobe 14

Emanzipation 37

Reformen 58

Verrat 89

Strategiespiel 143

Entsorgung 163

Geschäfte 186

Zeitzeugen

Ingo Höhmann (Oberstleutnant a. D.):
Die Armee wurde verraten 196

Dieter Knopf (Oberstleutnant a. D.):
Keine andere Uniform 238

Ralf Rudolph (Oberst a. D.):
Dann kamen die Verwerter 250

Jörn Döhlert (Major a. D.):
Die Nacht der Dilettanten 274

Interpretationen 287

Quellenverzeichnis 294

„Wenn du Fehler gemacht hast, dann scheue dich nicht, sie zu korrigieren."

Konfuzius (551-479 v.u.Z.), Gespräche (LUN-YU)

Hauptstadt der NVA

Strausberg im Spätsommer 1989. Der 28.000-Einwohner-Ort östlich von Berlin ist arm an touristischen Attraktionen. Eine klapperige Fähre, die schon bessere Zeiten gesehen hat, quält sich, bevölkert von Ausflüglern und Schulklassen, regelmäßig an einem im malerischen Straussee versenkten Stahlseil zum anderen Ufer. Eine antiquierte Straßenbahn, die sogenannte Strausberger Eisenbahn, rumpelt unter erkennbarer Mühe durch die Stadt. Tagsüber macht der Ort, dessen Zentrum die Große Straße in der Altstadt bildet, einen recht verschlafenen Eindruck. Bilder des Friedens aus der ostdeutschen Provinz.

Doch dieser kleinstädtische Eindruck trügt. Jeden Morgen machen sich Soldaten, Offiziere, Generäle und Zivilbeschäftigte - mehrere Tausend an der Zahl - auf in Richtung einer der weitläufigen Kasernen, um dort ihren Dienst zu versehen. Und jeden Nachmittag strömen sie zurück in eine der Militärsiedlungen in Strausberg oder Strausberg Vorstadt.

Das Alltagsleben in der brandenburgischen Kleinstadt, die seit fast 300 Jahren Garnisonen beherbergt, wird von der Nationalen Volksarmee der DDR geprägt. Strausberg ist Standort des Verteidigungsministeriums. Neben dem Ministerium für Nationale Verteidigung in Strausberg Nord und einem Kfz-Transportregiment befindet sich in Strausberg Vorstadt das Kommando Luftstreitkräfte/Luftverteidigung. Dort ist auch ein NVA-Wachregiment stationiert. Eine Vielzahl kleinerer Einheiten sorgt für die logistische Absicherung der militärischen Führungsstrukturen. Eine Kompanie des Luftsturmregiments 40 aus dem brandenburgischen Lehnin bewacht die Häuser der militärischen Hierarchen, die sich am Ufer des Straussees angesiedelt haben. Strausberg gilt gemeinhin als „Hauptstadt der NVA". Die Mehrzahl der Einwohner sind Berufssoldaten und Zivilbeschäftigte der Armee sowie deren Familien. Doch auch in diesem sozialstrukturell recht homogenen Mikrokosmos lassen sich im Jahr 1989 die Symptome der Systemkrise, in der sich die DDR befindet, nicht mehr ausblenden. Ausreisewelle, Versorgungsprobleme, die Sprachlosigkeit der politischen Führung des Landes werden auch von den Soldaten und Zivilbeschäftigten wahrgenommen. Zudem ist der Kalte Krieg, der den Aufbau dieses zentralen Militärstandorts in den 50-er und 60-Jahren legitimiert hat, abgeflaut. In Europa stehen die Zeichen auf Entspannung und Abrüstung, was nicht ohne Folgen für militärische Präsenzstärken und Strukturen bleiben kann – Rechenexempel auch für die Militärexperten in Strausberg.

Manch einer der Uniformierten, der morgens an den streng bewachten Toren den Posten seinen Dienstausweis vorzeigt und tagsüber an seinem Schreibtisch sitzt, ahnt jedoch noch nicht, dass die scheinbar zeitlosen Grundsätze der militärischen Parallelwelt in Frage gestellt werden könnten. Die Armee ist ein Spiegelbild der Gesellschaft und des Staates: Während sich der Veränderungsdruck im Alltag förmlich mit Händen greifen lässt, zelebriert eine in ihrem Machtanspruch entscheidungsträge gewordene Führung Dienst nach Vorschrift. Generalität und Ministerialbürokratie praktizieren die überkommenen Rituale des Dienstbetriebes. Die Sicherheitsarchitektur der DDR einschließlich der NVA erscheint den in die Jahre gekommenen Spitzenmilitärs als stabil und einsatzbereit, während Armee und Gesellschaft in eine Sinn- und Existenzkrise trudeln. Man sieht nur, was in vorgestanzte Wahrnehmungsmuster passt und glaubt an die Postulate der eigenen Propaganda. Falls Veränderungen unvermeidbar sein sollten, setzt man auf einen obrigkeitsstaatlich gesteuerten Reformprozess, der traditionelle Machtansprüche nicht infrage stellt.

Mit der politisch dekretierten, aber verfassungsrechtlich nicht sanktionierten Aufstellung erster Einsatzhundertschaften der Streitkräfte im unmittelbaren Vorfeld des 7. Oktober 1989 bricht die gesellschaftliche Realität brutal in die Scheinwelt militärischer Stäbe ein. Doch die Wochen danach zeigen, dass die noch in Amt und Würden befindliche Führungsspitze der NVA den Herausforderungen der System- und Staatskrise nicht gewachsen ist. Der Realitätsverlust des Ministers und einiger Mitglieder seines Führungszirkels berauben die Armeespitze in der Nacht vom 9. zum 10. November 1989 jeder Entscheidungsfähigkeit. Als die DDR-Bürger die Grenzübergangsstellen stürmen, sitzen die Führungskräfte der Armee nichtsahnend beisammen, um politischen Leerformeln ihres Ministers zu lauschen.

Und während in der Folge der Staat aus den Fugen gerät, läuft die gut geölte Ministeriums- und Stabsmaschinerie zunächst im Leerlauf weiter, als sei nichts geschehen. Soeben verkündete Reformen werden vom Gang der Ereignisse im Stundentakt entwertet. Eine verunsicherte, teilweise erneuerte Militärführung versucht verzweifelt, das Heft des Handelns wieder in die Hand zu bekommen. Im ministerialen Strausberger Mikrokosmos bastelt man an neuen, virtuellen Streitkräftestrukturen, während die Armee sich angesichts populistischer Führungsentscheidungen derweil langsam auflöst.

Nach der Volkskammerwahl vom 18. März 1990 beginnt schließlich einer der seltsamsten Szenenabläufe in der jüngeren Militärgeschichte. Ein Pfarrer - in jüngeren Jahren Wehrdienstverweigerer und Bausoldat und ohne jegliche Affinität zu den Gegenständen militärischer Tätigkeit - übernimmt das Kommando über eine 184.000 Mann starke Armee. Vollkommen ungeübt in moderner militärischer Terminologie, allenfalls kundig im Vokabular des Hauen und Stechens aus dem Alten Testament, hätte der Gottesdiener in seinem Vorleben wohl eher seine Hand verdorren lassen, als eine Waffe anzufassen. Der erklärte Pazifist besitzt nicht die geringsten Kenntnisse von Militärtechnik, Kommandostrukturen, Strategie und Taktik, gebietet aber plötzlich - bekleidet mit Regenmantel und Baskenmütze - über ein Arsenal von mehreren Hunderttausend Infanteriewaffen, mehr als 2.300 Panzern, fast 370 Kampfflugzeugen und 2.200 Artilleriegeschützen.

Ein politischer Laienspieler, wie man damals sagte. Von den rasanten Entwicklungen des Wendeherbstes 1989 und des Frühjahres 1990 mit der merkwürdigen Doppelfunktion als Minister für Abrüstung und Nationale Verteidigung ausgestattet, bezieht dieser politische Neueinsteiger mit kessem Selbstvertrauen Stellung beim Oberkommando im Strausberger Hauptquartier, um diese Armee abzuwickeln. Gleich einem Schaf im Wolfspelz.

Und damit der Kuriositäten nicht genug. Oberste Aufsichtsperson über Tun und Lassen des Ministers ist eine nicht eben uncharmante Frau mit Kenntnissen in der Führung einer Lungenarztpraxis, aber nicht vom Kasernenalltag. Ihr ist vorübergehend die Aufgabe zugefallen, einem Parlament zu präsidieren, dessen politische Aufgabe darin besteht, sich komplikationslos selbst aufzulösen. Und da es sonst keine repräsentativen staatlichen Strukturen mehr gibt, steht ihr, verfassungsrechtlich gesehen, auch die Rolle des Staatsoberhaupts zu, mithin die Befehls- und Kommandogewalt über alle bewaffneten Kräfte der DDR. Nicht bekannt ist freilich, ob sie jemals tätig geworden ist auf diesem Feld der Ehre. Im Gegensatz zu dem Pfarrer, der heute noch politisch aktiv ist, hat sie keine Memoiren verfasst. Weshalb davon ausgegangen werden kann, dass es über ihr Wirken auf militärpolitischem Gebiet gar nichts zu berichten gibt.

Der Pfarrer und Minister Rainer Eppelmann und die Ärztin und Volkskammerpräsidentin Sabine Bergmann-Pohl bilden eine höchst inkompetente Personalspitze für den Umgang mit einem solchen Militärapparat. Der eine fungiert als Protagonist in einem Showstück voller juristischer Ungereimtheiten, militärisch-fachlicher Widersprüche, politischer Tricks und persönlichen Verrats. Die andere spielt die Galionsfigur in der sechs Monate lang währenden, politisch zunächst höchst brisant erscheinenden, am Ende aber ziemlich kläglichen Abwicklungsgeschichte der Nationalen Volksarmee der DDR. Die eigentlichen Regisseure jedoch agieren hinter den Kulissen: Generalsekretär Gorbatschow, US-Präsident Bush, Bundeskanzler Kohl, Bundeswehrgeneräle, Geheimdienstler, Waffenbeschaffer, natürlich auch die Treuhand. Und als graue Eminenz der in Fragen der Ostpolitik seit Jahrzehnten tonangebende SPD-Politiker Egon Bahr.

Die Betroffenen: ein mehr als hundertköpfiger Generalstab, der als Hauptstab der NVA firmierte, Tausende Offiziere, Fähnriche und Berufsunteroffiziere aller Waffengattungen, Zehntausende Wehrpflichtige und Zivilbeschäftigte. Das Ergebnis: Ein kompletter Personalaustausch bei den militärischen Führungspositionen im Osten Deutschlands, Tausende verunsicherte Existenzen, Hunderte von Verramschern geplünderte Waffenarsenale, geschönte Statistiken über die deutschen Truppenreduzierungen im internationalen Abrüstungsprozess. Dazu Legendenbildung über Reformeifer und Führungserfolge der NVA-Führung in der letzten Lebensphase der DDR und nachfolgend Konfrontation, Kooperation und Verrat im NVA-Offizierskorps bei der Auflösung und Übergabe an die Bundeswehr.

Schlüssig beantwortet sind bis heute noch nicht Fragen wie diese:

11

1. Wurde ein gewaltsames Vorgehen der NVA gegen Demonstranten im Oktober und November 1989 primär durch den sowjetischen Partei- und Staatschef Gorbatschow und die Präsenz westlicher Medien in der DDR verhindert?

2. Wäre ein Einsatz der Armee im Innern zur Stabilisierung der DDR im Dezember 1989/Januar 1990 politisch und militärisch möglich gewesen?

3. War die im Wendeherbst begonnene Militärreform ein erfolgreich konzipierter und geführter Erneuerungsprozess?

4. Konnte die NVA-Militärführung wirklich nicht wissen, wie schnell die Einheit kommen würde?

5. Woraus resultierte das widersprüchliche Handeln des Ministers Eppelmann im Amt und wurden die NVA-Militärhierarchen 1990 von ihrem Minister und seinen Staatssekretären durch Vorspiegelung unrealistischer politischer Perspektiven grob getäuscht?

6. Nach wessen Regie lief die Ruhigstellung und sukzessive Auflösung der NVA ab, und worin bestand die Rolle des Ministerberaters Egon Bahr?

7. Ist die NVA-Militärführung bis zum 3. Oktober 1990 ihrer Obhutspflicht gegenüber den Berufssoldaten nachgekommen und rechtfertigt das die politische Anpassungsbereitschaft der Generalität?

8. Wurde die NVA – wie offiziell behauptet – in die Bundeswehr integriert?

Gut zwei Jahrzehnte später ist es Zeit, ein authentisches Bild zu gewinnen von den damaligen Geschehnissen zwischen Strausberg und Torgelow, zwischen Berlin und Bonn, zwischen Moskau und Washington. Und von der nach außen hin fast geräuschlos vollzogene Auflösung der Nationalen Volksarmee der DDR und dem Wirken der Akteure hinter den Kulissen. Noch einmal ist gründlich nachzufragen: Womit hatten es zwei so inkompetente Führungskräfte wie der Pfarrer und die Lungenärztin in Wirklichkeit zu tun? War es, wie damals von schlichten Gemütern zum Teil angenommen, ein Akt militärischer nationaler Neuordnung im Zuge der deutschen Vereinigung oder lagen nicht auch massive Eingriffe von außen vor?

Das Geschehen der Jahre 1989 und 1990 zum Thema Nationale Volksarmee der DDR wird nicht nur zu bilanzieren versucht, sondern auch an Hand von Erlebnisberichten unmittelbar Beteiligter überprüft. Nicht wenige Untersuchungen und Selbstauskünfte über die Abwicklung der NVA, die in den letzten zwei Jahrzehnten publiziert worden sind, erscheinen so in einem neuen Licht.

Kraftprobe

Die Unzufriedenheit der DDR-Bürger mit ihrem Staat und der seit Mitte der 70-er Jahre in unzähligen empirischen Untersuchungen dokumentierte Werteverfall insbesondere bei der Jugend waren der politischen und militärischen Führung des Landes durchaus bekannt. Nicht nur die Analysen des Leipziger Zentralinstituts für Jugendforschung, sondern auch militärsoziologische Erhebungen der Politischen Hauptverwaltung der NVA lieferten immer alarmierendere Befunde über das politische Meinungsbild.

Die NVA war als Wehrpflichtarmee ein Spiegelbild der DDR-Gesellschaft. Zwar war diese Streitmacht auf die Parteiführung eingeschworen, doch wie sich das Militär in einer innenpolitischen Krisensituation verhalten würde, war Anfang des Wendejahres 1989 nicht prognostizierbar. Die martialische Kulisse wirkte intakt und insbesondere das Offizierskorps galt der Parteiführung als politisch zuverlässig. Doch die Verunsicherung durch die immer deutlicher zutage tretenden innenpolitischen Krisensymptome und den offenkundigen Realitätsverlust der greisen Führungsriege nahm auch bei den Berufssoldaten zu. Die zunehmend abgenutzt wirkenden politischen Formeln führten bei den Offizieren und Berufsunteroffizieren zu Debatten darüber, ob mit dieser Parteiführung eine Veränderung der Lage im Land überhaupt noch möglich sei. Unter der Tünche des militärischen Alltagsreglements bröckelte das Korsett der parteipolitischen Nibelungentreue.

Die Militärs spürten zudem, dass sich der Stellenwert der Streitkräfte in der Wahrnehmung der Parteiführung verändert hatte. Wurde in der Zeit der neu eskalierenden Blockkonfrontation Ende der 70-er, Anfang der 80-er Jahre (insbesondere unter sowjetischem Druck) der materiellen Sicherstellung und dem Ausbau der Streitkräfte absolute Priorität eingeräumt, so verschoben sich nun offenkundig aus politischen und vor allem ökonomischen Gründen die Gewichtungen. Das Land konnte sich diese Streitmacht nicht mehr leisten. Abrüstungsinitiativen der DDR wie z. B. die Auflösung von sechs Panzerregimentern und die Außerdienststellung von 50 Kampfflugzeugen waren nicht nur der zunehmenden politischen Entspannung und der veränderten Militärstrategie des Warschauer Paktes, sondern auch schierer ökonomischer Not geschuldet. Sie machten den Berufssoldaten deutlich, dass – anders als früher – militärische Berufslaufbahnen und Dienststellungen zur Disposition stehen könnten.

Die berufsethische Sinnkrise wurde auch dadurch genährt, dass zehn Tausende NVA-Angehörige längerfristig in der Wirtschaft der DDR eingesetzt werden mussten, um Produktivitätsdefizite und den durch die Ausreise vor allem jüngerer Facharbeiter verstärkten Arbeitskräftemangel auszugleichen. Wie wichtig konnte die ständig aufrecht zu erhaltende hohe Gefechtsbereitschaft sein, wenn permanent ganze Einheiten wegen dieser Einsätze nur eine rudimentäre militärische Ausbildung durchführen konnten? Was sollten die Vorgesetzten den in die Wirtschaft abkommandierten Wehrpflichtigen sagen, die den Verdacht äußerten, sie würden als billige Arbeitskräfte missbraucht? Was bedeutet es für die Wehrmotivation, wenn ein Staat die Wehrpflicht durchsetzt, um die Armee zweckentfremdet als Arbeitsdiensttruppe einsetzen zu können? Was bedeuteten die Kommandierungen für die Geschlossenheit der Truppe und welche Berufsmotivation sollten junge Offiziere, Fähnriche und Berufsunteroffiziere entwickeln, wenn sie nach dem Studium oder der Laufbahnausbildung zivile Arbeiten in Betrieben der Wirtschaft verrichten mussten? Und der permanente Einsatz von Soldaten in der Wirtschaft sollte zukünftig verstärkt und zudem strukturell verankert werden. Die NVA wäre damit dauerhaft zu einer Art Verfügungsmasse der Planungsbehörden geworden.

Im kleinen Kreis debattierten daher auch Berufssoldaten über die Notwendigkeit von Veränderungen sowohl in der Gesellschaft, als auch in den Streitkräften. Major Peter Kaminski, in jener Zeit Offizier im Grenzregiment 34, brachte später die damalige Stimmungslage von Offizieren zum Ausdruck, als er in einem Interview sagte: „Wir dachten nicht an einen Untergang der DDR. Wir hofften nur, dass es endlich ein richtiger sozialistischer Staat werden würde – nicht nur dem Namen nach."

Doch mit der Entfremdung von der politischen Führung und der zunehmenden Desillusionierung über die eigene Rolle im Gesellschaftssystem der DDR löste sich bereits vor dem Herbst des Jahres 1989 schrittweise die Identität des Offiziers- und Berufsunteroffizierskorps der NVA auf. Diese Berufs- und Statusgruppen waren bei ihrem Entstehen vorzugsweise parteipolitisch definiert und ideologisch ausgerichtet worden. Ideologie und politische Funktion waren das Alleinstellungsmerkmal dieser Gruppen, das die Abgrenzung von der Bundeswehr und deren militärischen Funktionseliten ermöglichte. Außerdem stiftete die ideologische und parteipolitische Ausrichtung innere Geschlossenheit der militärischen Führungszirkel. Als sich dieser soziale Kitt mangels effizienter politischer Führung und fehlender gesellschaftspolitischer Perspektiven aufzulösen begann, entstand ein Wertevakuum, das nicht durch einen vorpolitischen, berufsständisch geprägten Korpsgeist ausgefüllt werden konnte. Dieser fehlende Korpsgeist erwies sich vor allem im Jahr 1990 als wesentliche Ursache für die Lähmung und vorauseilende Unterwerfung der Armee unter das Entscheidungsdiktat der Bundesregierung.

Im Frühherbst 1989 befanden sich die NVA und ihre Führung in einer nie ernsthaft für möglich gehaltenen Situation: Die Koalitionsarmee, die ursprünglich für einen Krieg gegen die NATO aufgebaut worden war und in der ersten Staffel der Warschauer Pakt-Truppen kämpfen sollte, geriet nun unversehens in die Rolle eines ultimativen Instruments zur Sicherung des innenpolitischen Status quo.

Verteidigungsminister Heinz Keßler verhängte schon am 14. September 1989 für alle Angehörigen der NVA, einschließlich ihre Generale, ein totales Reiseverbot nach und durch Ungarn. Weil Berufssoldaten der NVA keinen Personalausweis besaßen, sondern nur ihren Wehrdienstausweis und für Reisen in das befreundete Ausland ein vorläufiger Personalausweis, der sogenannte PM 12, ausgegeben wurde, den auch aus der Haft entlassene Straftäter erhielten, wirkte eine solche Maßnahme nicht gerade als Ausdruck des Vertrauens der Militärführung in die Unterstellten.

Die schleichende Erosion der DDR übertrug sich zudem direkt auf die Streitkräfte. Seit August 1989 hatte die Fahnenflucht, die nach § 254 der Militärstrafordnung mit bis zu sechs Jahren Freiheitsentzug geahndet werden konnte, in der NVA stark zugenommen. Hatte es in den Achtzigerjahren in der NVA im Schnitt 20 bis 30 Fahnenfluchten, davon höchstens drei in das westliche Ausland, gegeben, waren im Wendejahr 1989 von Anfang Juli bis Mitte Oktober bereits 38 Fahnenfluchten in die Bundesrepublik aktenkundig.

Angesichts des Ausreisedrucks und der offenkundigen Unzufriedenheit großer Gruppen der Bevölkerung mit der Politik ihrer Führung befürchteten die verantwortlichen Funktionäre eine Eskalation der innenpolitischen Lage im Zusammenhang mit dem 40. Jahrestag der Staatsgründung. Darauf wollte man vorbereitet sein. Die Inszenierung der DDR als prosperierendes Land mit zufriedenen Bürgern sollte auf keinen Fall durch Symbolhandlungen der sich zunehmend entschlossener gebenden und mit westlichen Medien vernetzten Oppositionsgruppen gestört werden. In dieses Sicherheitskonzept wurden die Streitkräfte durch die Parteiführung eingebunden. Damit bahnte sich für die NVA eine moralische und politische Nagelprobe an.

Grundlage der Einsatzplanung des Militärs zur Unterstützung der Sicherheitskräfte vor und während der Veranstaltungen zum 40. Jahrestag der DDR war der von Erich Honecker unterschriebene Befehl 08/89 vom 26. September 1989 („Maßnahmen zur Gewährleistung der Sicherheit und Ordnung in der Hauptstadt der DDR, Berlin, anlässlich des 40. Jahrestages der DDR"). Darauf basierte der Befehl 105/89 vom 27. September 1989 des Ministers für Nationale Verteidigung. Mit diesem Befehl wurden für eine polizeiunterstützende Intervention zur Eindämmung eventueller innerer Unruhen (etwa in Berlin und Leipzig) NVA-Einsatzkräfte bereit gehalten. Dazu gehörten unter anderem ein Kommando des NVA-Wachregiments Strausberg mit 300 Mann, ein Mot.-Schützen-Bataillon des Mot.-Schützenregiments 2 in Hausdorf mit 350 Mann, eine Fallschirmjägerkompanie des Luftsturmregiments 40 in Lehnin und eine Hubschrauberstaffel mit sechs MI-8T des Hubschraubergeschwaders 34. Außerdem enthielt dieser Ministerbefehl Festlegungen zur Strukturierung der NVA-Kräfte in Form von polizeitypischen Hundertschaften. Damit sollte der Eindruck vermittelt werden, dass die NVA-Einsatzkräfte aus der militärischen Struktur herausgelöst und polizeilichem Befehl unterstellt seien. Es wurde zudem festgelegt, dass in der Militärmedizinischen Akademie in Bad Saarow und im Lazarett Potsdam zusätzliche Bettenkapazitäten für die Versorgung Verwundeter bereitzustellen seien.

Die Order war ein politischer Notbehelf, denn im Kern verstieß der Ministerbefehl gegen die Verfassung der

DDR, in deren Artikel 7 festgelegt war, dass die NVA nur für die Abwehr äußerer Angriffe auf die DDR zuständig sei. Es gab also – anders als in der Bundesrepublik – keine verfassungsrechtliche Grundlage für den Einsatz der Truppe im Innern der DDR. Wegen der fehlenden verfassungsrechtlichen Grundlagen für einen Einsatz der Armee im Innern sollten die auf Grundlage des Ministerbefehls 105/89 gebildeten NVA-Hundertschaften formal durch die Bezirkschefs der Volkspolizei und die Bezirkseinsatzleitungen geführt werden. Die Koordinierung des Einsatzes der NVA-Kontingente würde aber durch den NVA-Generalstäbler Hans-Werner Deim im Führungszentrum der NVA erfolgen. Ab 6. Oktober standen schließlich 138 Hundertschaften der Landstreitkräfte, 13 der Luftstreitkräfte/Luftverteidigung, sieben der Volksmarine, zwölf der Grenztruppen und acht aus Einheiten des Verteidigungsministeriums gebildete NVA-Hundertschaften in 2-3-Stundenbereitschaft – allerdings ohne Schusswaffen. Statt dessen wurden Schlagstöcke ausgegeben. Schnell versuchte man die NVA-Soldaten zu Hilfspolizisten umzuschulen. Sperr- und Räumketten, Nahkampf gegen Demonstranten, Greiftrupps zum Fassen von Rädelsführern und Handhabung von Teleskopschlagstöcken standen auf dem eilig festgelegten Ausbildungsprogramm.

Die Situation im Vorfeld des Staatsjubiläums wurde zusätzlich dadurch verschärft, dass die DDR an einer schmerzlichen Hypothek litt, der man sich möglichst schnell und geräuschlos entledigen wollte. Jene DDR-Bürger, welche in der Prager und in der Warschauer Botschaft der Bundesrepublik Deutschland ausharrten, um ihre Ausreise aus der DDR zu erzwingen, trübten das von der Parteiführung geschönte Bild des „Sozialismus in den Farben der DDR". Nachdem man lange Zeit versäumt hatte, diese Botschaftsbesetzungen, die mit einem massiven Imageverlust für die

DDR verbunden waren, einer Lösung zuzuführen und insbesondere die Geduld der Regierungen in Prag und Warschau erschöpft war, sollte nun das Problem einer finalen Lösung zugeführt werden. Die 5.500 Flüchtlinge aus Prag wurden am 1., am 4. und am 5. Oktober mit Sonderzügen über die Strecke Dresden-Karl-Marx-Stadt-Plauen-Hof in die Bundesrepublik gebracht, 809 Botschaftsbesetzer aus Warschau reisten am 4. Oktober über Frankfurt/Oder und Helmstedt nach Braunschweig. Staats- und Parteichef Erich Honecker hatte darauf bestanden, dass die Züge über das Territorium der DDR fahren müssten, weil die Flüchtlinge aus der DDR-Staatsbürgerschaft nicht in einem Drittland entlassen werden sollten und die ostdeutschen Behörden über die Personalien der Ausreisenden nicht informiert waren. Man wollte genau wissen, wen man aus der Staatsbürgerschaft entließ.

Mit Vertretern der Bundesregierung war vereinbart worden, dass die Flüchtlinge in den Zügen Ausreisedokumente erhalten würden. Doch die Passkontrolleure vom Ministerium für Staatssicherheit hielten sich nicht an diese Abmachung, sondern verriegelten die Züge beim Erreichen des DDR-Staatsgebietes. Sie zogen die Personaldokumente der Flüchtlinge ein, stellten aber keine Ausreisebescheinigungen aus, so dass die aus der DDR-Staatsbürgerschaft Entlassenen ohne Ausweise in der Bundesrepublik ankamen.

In Frankfurt (Oder) gab es keine Zwischenfälle. Der Flüchtlingszug aus Warschau hielt am 4. Oktober längere Zeit außerhalb des menschenleeren Bahnhofs, abgeschirmt zwischen zwei Güterzügen. Nicht nur der Bahnhof war im Vorfeld geräumt worden, man hatte auch die Zufahrtsstraßen abgeriegelt. So konnte es dort weder zu Sympathiebekundungen noch zu Versuchen Wagemutiger kommen, in die Wagen zu gelangen. Ähnlich problemlos hatte der erste Flüchtlingszug aus Prag am 1. Oktober die DDR passiert.

Am Abend des 4. Oktober 1989 jedoch, als ein weiterer aus Prag kommender Zug mit den Besetzern der dortigen BRD-Botschaft den Dresdner Hauptbahnhof in Richtung Westen passierte, verloren die Sicherheitskräfte die Kontrolle. Die Fahrtzeiten und Routen der Züge waren zuvor von den Medien der Bundesrepublik bekannt gegeben worden. Eine große Menschenmenge versammelte sich am Bahnhof, Randalierer verwüsteten die Einrichtungen, einige versuchten auf den Zug aufzuspringen.

Auch in anderen Städten häuften sich die Protestaktionen. Staatssicherheitsminister Mielke und der Dresdener SED-Bezirkssekretär Hans Modrow suchten angesichts der Demonstrationen in Dresden, Karl-Marx-Stadt und Plauen Unterstützung bei der NVA. Verteidigungsminister Keßler löste daraufhin am 4. Oktober, gegen 23.30 Uhr, während in Berlin die Generalprobe für die Parade zum Staatsjubiläum ablief, für den Militärbezirk III *Erhöhte Gefechtsbereitschaft* aus. Teile der 7. Panzerdivision, Kontingente der Offiziershochschulen Löbau, Kamenz und Bautzen sowie der Militärakademie in Dresden wurden für die Zeit vom 4. bis 10. Oktober 1989 dem Chef der Militärakademie, General Manfred Gehmert, unterstellt. Aus diesen NVA-Truppenteilen formierte man Einsatzhundertschaften, die ihre Infanterie-Bewaffnung (Sturmgewehre und Pistolen) und Munition (30 Patronen je Sturmgewehr und 12 Patronen je Pistole) mitführten.

Für Dresden wurden zunächst sechs (in der Nacht vom 4. zum 5. Oktober) und später weitere 18 Hundertschaften aus strukturell kleineren Einheiten gebildet. Die bereitgestellten NVA-Hundertschaften waren operativ zwar dem Chef der Polizei-Bezirksverwaltung unterstellt, konnten jedoch nur mit Zustimmung des NVA-Generals Gehmert eingesetzt werden.

Im Abschlussbericht des Ausschusses zur Untersuchung von Fällen von Amtsmissbrauch, Korruption und persönlicher Bereicherung in der NVA und den Grenztruppen der DDR vom 15. März 1990 werden die damaligen Abläufe in Dresden wie folgt beschrieben: „Am 05.10. 1989 rückten von 01.00 Uhr bis 03.00 Uhr drei und in der Zeit von 22.00 Uhr bis 06.10.89, 01.00 Uhr fünf Hundertschaften aus ihren Objekten aus. Es kam zu keinen unmittelbaren Kontakten mit der Zivilbevölkerung. Die Waffen und die Munition (in der Magazintasche) wurden mitgeführt. In Erkenntnis der durch das Mitführen der Waffen herbeigeführten Gefahren wurde auf Ersuchen der in Dresden eingesetzten Generale und Offiziere am 06.10.1989 gegen 10.25 Uhr durch den Minister für Nationale Verteidigung der Verbleib von Waffen und Munition in den Objekten befohlen und gleichzeitig mit der Zuführung von Schlagstöcken zu den Einheiten begonnen. Gegen 21.00 Uhr am 06.10. 89 verließen fünf Hundertschaften mit dem Ziel der Absperrung am Hauptbahnhof ihre Objekte. Eine dieser Hundertschaften wurde gemeinsam mit der Volkspolizei zum Freimachen zweier VP-Fahrzeuge als Räumkette eingesetzt. Die Soldaten wurden mit Steinen beworfen und beschimpft. Die Gummiknüppel kamen gegen die zurückweichende Menge nicht zum Einsatz. Zwei Soldaten wurden durch Steine verletzt. Aus dieser Hundertschaft wurden später zwanzig Angehörige des Fernaufklärungszuges herausgelöst, um unter Leitung eines VP-Offiziers 4-5 Personen, die von der Polizei bezeichnet wurden, aus der Menge zu greifen und hinter die Sperrkette der VP zu bringen. Dieser Einsatz endete für zwei der Hundertschaften nach 3 und für drei nach 5,5 Stunden. In der Zeit vom 07.10, 20.00 Uhr bis 08.10., 01.00 Uhr, wurden fünf Hundertschaften als Sperr- und Räumkette sowie zur Sicherung von Gebäuden in Dresden eingesetzt, bei denen es zu keinen unmittelbaren Kontakten mit Demonstranten kam. In den Abendstunden des 08.10. und des 09.10.89

wurden durch Hundertschaften noch Bereitschafts-
räume im Stadtgebiet bezogen. Zum Einsatz kamen sie
nicht. Am 10.10. 1989 wurden alle Einheiten in ihre
Stammobjekte zurückverlegt."

In Leipzig wurden laut Untersuchungsbericht nach
Auslösung der *Erhöhten Gefechtsbereitschaft* Waffen
und Munition am 5. Oktober wieder unter Verschluss
genommen. Am Morgen des 5. Oktober wurden im
Raum Leipzig 27 Hundertschaften gebildet, 15 wurden
mit Schlagstöcken ausgerüstet. „Diese Mittel wurden
zentral gelagert und nicht am Mann ausgegeben."

Weil die Lage nach dem Staatsjubiläum eskalierte, vor
allem in Leipzig, wo immer mehr Menschen an den
Montagsdemonstrationen teilnahmen, wuchs die
Gefahr von Zusammenstößen der Sicherheitskräfte mit
Demonstranten. Der von Honecker am 13. Oktober
erlassene NVR-Befehl 09/89 („Maßnahmen zur Gewährleistung der Sicherheit und Ordnung in Leipzig")
legte in dieser Situation fest:

„Der aktive Einsatz polizeilicher Kräfte und Mittel
erfolgt nur bei Gewaltanwendung der Demonstranten
gegenüber den eingesetzten Sicherheitskräften bzw. bei
der Gewaltanwendung gegenüber Objekten auf Befehl
des Vorsitzenden der Bezirkseinsatzleitung Leipzig. Der
Einsatz der Schusswaffe im Zusammenhang mit möglichen Demonstrationen ist grundsätzlich verboten."

Die für Leipzig bereitstehenden NVA-Kräfte sollten vor
allem zur Objektsicherung (Hauptbahnhof, Hauptpost-
amt, Sender Leipzig) eingesetzt werden. Am 30. Oktober, gegen 16.30, wurde für zwei Stunden eine Hundertschaft in der Bezirksparteischule in der Leipziger
Richterstraße zum Schutz des Senders Leipzig in Bereitschaft gehalten. Es erfolgte aber kein Einsatz.

Zusätzlich zu den 27 bereits in Verfügung gehaltenen
Hundertschaften wurden laut Untersuchungsbericht in
der Zeit vom 14. Oktober abends bis 17. Oktober drei
Hundertschaften des Luftsturmregiments 40 in die

Kaserne des Artillerieregiments 3 in der Leipziger Olbrichtstraße verlegt. Diese Truppe war mit Schlagstöcken und Schilden ausgerüstet. Sie sollte in der Leipziger Innenstadt eingesetzt werden, falls sich – vor allem im Zusammenhang mit den regelmäßigen Montagsdemonstrationen – die Situation zuspitzte. Die Einheit kam aber nicht zum Einsatz, weil die politische Führung und die in Leipzig agierenden verschiedenen Interessengruppen eine Eskalation vermeiden konnten. In Berlin wurden in dieser Zeit zwischen 20 und 30 NVA-Hundertschaften zur Objektsicherung und Sicherung der Grenze gebildet und in Bereitschaft gehalten. Auch für diese Truppe galt das Verbot der Waffenmitführung. Vom 6. Oktober an wurden die Hundertschaften mit Schlagstöcken ausgerüstet.

Wegen der mittlerweile in vielen Städten der DDR stattfindenden Demonstrationen und der für den 4. November geplanten Großdemonstration in Berlin unterschieb Egon Krenz als neuer Vorsitzender des Nationalen Verteidigungsrates am 3. November 1989 den NVR-Befehl 11/89 über „Maßnahmen zur Gewährleistung der Sicherheit und Ordnung in den Bezirken der Deutschen Demokratischen Republik", der den Einsatz staatlicher Gewalt nur bei Gewaltanwendung durch die Demonstranten gegen die Sicherheitskräfte und Objekte zuließ und in Punkt 7. festlegte, dass der Schusswaffeneinsatz gegen Demonstranten „grundsätzlich verboten" ist.

Der Untersuchungsbericht vermerkt zu den weiteren Einsätzen der NVA-Hundertschaften, insbesondere im Zusammenhang mit der Großdemonstration am 4. November 1989 auf dem Berliner Alexanderplatz und der Maueröffnung am 9. November:

„Eine Hundertschaft wurde am 25.10.1989 gegen 16.15 Uhr zwischen Palast der Republik und Dom für kurze Zeit zur Sperrkettenbildung eingesetzt. In der Nacht vom 3. zum 4.11.1989 verlegten 14 Hundert-

schaften der 1. MSD nach Berlin. Sie bezogen Bereit-
schaftsräume in militärischen Objekten und staatlichen Einrichtungen. Sie verließen Berlin am
04.11.1989 bis 16.30 Uhr.
Vom 10. bis 12.11.1989 sicherten zwei Hundertschaften den unmittelbaren Grenzraum hinter den
Sperrgittern zum Brandenburger Tor. Es sollte eine
gewaltsame Überwindung der Staatsgrenze an diesem
Abschnitt verhindert werden. Kontakte mit Zivilpersonen gab es keine. Nach dem 12.11.1989 gab es im
Raum Berlin keine Aktivitäten von NVA-Einheiten
außerhalb ihrer Stammobjekte."
Anderenorts verfolgte die Staatsmacht eine ähnliche
defensive Strategie. Drei am Standort Frankenberg im
Erzgebirge gebildete Hundertschaften wurden am 7.
Oktober nach Karl-Marx-Stadt beordert. Sie standen
von 12.30 bis 14.00 Uhr im Stadtzentrum in Bereit-
schaft und wurden dann, gegen 17.00 Uhr, in die
Kaserne des Grenzausbildungsregiments 12 nach
Plauen verlegt. Dort bildeten sie ab 22.15 Uhr für 30
Minuten eine Sperrkette. Ein weiterer Einsatz von 25
NVA-Soldaten sollte am 8. Oktober, um 13.00 Uhr,
gegen etwa 20 Skinheads erfolgen. Diese zogen ab, der
Einsatz war daher nicht notwendig, die NVA-Hundert-
schaften kehrten um 19.35 Uhr nach Frankenberg
zurück. Zu einem zweiten Einsatz wurden sie am 15.
Oktober nach Karl-Marx-Stadt und Plauen befohlen.
Die Einheiten lagen von 9.00 bis 24.00 Uhr in Bereit-
schaft und hatten keinen direkten Kontakt zu Zivilper-
sonen.
Nicht anders die Befehlslage für die NVA-Einheiten in
Frankfurt (Oder). Dort wurde eine Hundertschaft aus
Fähnrich- und Unteroffiziersschülern gebildet, die
zweimal bei Sicherungsaufgaben zum Einsatz kam:
Der eine erfolgte während der Zugdurchfahrt zur Aus-
reise von Botschaftsbesetzern von Warschau in die
Bundesrepublik am 4. Oktober im Grenzstreifen und

an der Blockstelle Nuhn. Der andere am 3. und 4. Oktober zur Sicherung des Objekts der NVA-Disziplinareinheit in Schwedt (der Militärstrafanstalt). In beiden Fällen gab es keinen Kontakt zu Zivilpersonen.

Insgesamt hatte man 179 Hundertschaften gebildet, in 40 Fällen wurden die Stammobjekte verlassen und in 23 Fällen Sperrketten zur Sicherung von Gebäuden und Grenzanlagen gebildet. Die Auflösung Hundertschaften erfolgte am 11. November bis 10.00 Uhr. Sie wurden danach in die militärischen Strukturen wieder eingegliedert.

Viele Offiziere kritisierten die Beteiligung der NVA an sogenannten Polizeieinsätzen gegen Demonstranten. Bei der Bildung der NVA-Formationen gegen Demonstrationen in Dresden, Leipzig und Berlin kam es sogar vereinzelt zu Befehlsverweigerungen. Auch in den Kasernen gewann die Erkenntnis Raum, dass die Demonstranten in den ostdeutschen Städten keine zielgerichtet vorgehenden Konterrevolutionäre waren, wie einige Spitzenfunktionäre behaupteten, sondern Bürger, die ihre Unzufriedenheit über die politische Führung und die Verhältnisse im Land artikulierten. Es geschahen – bis auf die Ausschreitungen am Dresdner Hauptbahnhof – keine bewaffneten Angriffe gegen die Staatsmacht, die den Einsatz bewaffneter Gewalt legitimiert hätten.

NVA-Einheiten, die in dieser Zeit in den Kasernen blieben, wurden teilweise massiv von Informationen über die Lage im Land abgeschottet. „Von den Demonstrationen und der Grenzöffnung hatten wir nichts mitbekommen. Von den Offizieren erhielten wir keine Information, die Radios wurden uns weggenommen und die Fernseher aus dem Clubraum weggeschafft", erinnert sich ein Soldat, der als Kraftfahrer am Standort Zittau der Offiziershochschule der Landstreitkräfte diente. "Es gab keinen Ausgang und keinen Urlaub, sogar die Münztelefone in der Dienststelle wurden abgestellt".

Nach den Demonstrationen in Berlin am Abend des 7. Oktober 1989 gewannen die Montagsdemonstrationen in Leipzig und anderen Städten an Dynamik. Die politische und militärische Führung hatte zu entscheiden, ob die NVA – wie vereinzelt bereits praktiziert – zur Unterstützung von Polizei und MfS herangezogen werden sollte. Im Nationalen Verteidigungsrat der DDR gingen die Meinungen offenkundig auseinander. Während Erich Honecker im Zweifelsfall zumindest die Drohung mit Mitteln militärischer Gewalt zur Disziplinierung und Einschüchterung von Demonstranten in Leipzig befürwortete, verweigerte die Militärführung in dieser Frage die Gefolgschaft. Honecker wollte dem Vernehmen nach vor einer der Montagsdemonstration ein Panzerregiment durch Leipzig rollen lassen, in der absurden Hoffnung, damit das Heft des Handelns wieder in die Hand zu bekommen. Nachdem durch politische Ignoranz, Selbstbetrug und Verweigerung des Dialogs mit der Bevölkerung die Akzeptanzwerte des politischen Systems und der SED-Führung ins Bodenlose gefallen waren, sollte nun das Militär als Krisenfeuerwehr zur Machtsicherung eingesetzt werden.

Dieses Vorhaben schien selbst den sonst nicht gerade zimperlichen DDR-Spitzenmilitärs unkalkulierbar zu sein. Mit dem Argument, dass zumindest die gedienten männlichen Demonstranten in der NVA gelernt hätten, wie man einen Panzer ausschaltet, konnten die Strategen ihrem Vorsitzenden des Nationalen Verteidigungsrates die abenteuerliche Idee ausreden. Außerdem wussten die Kommandeure, dass der Unmut der in die Hundertschaften kommandierten Soldaten, Unteroffiziere und Offiziere über den zweckfremden Einsatz zunahm. Eine solche von Selbstzweifeln geplagte

Truppe wäre für einen bürgerkriegsähnlichen Polizeieinsatz kaum brauchbar gewesen.

So fiel im Herbst kein Schuss. Der friedliche Verlauf der Demonstrationen, aber auch die Zurückhaltung der Militärs verhinderten eine tragische Eskalation.

Das ist umso bemerkenswerter, weil nirgendwo sonst in Europa so viele Soldaten und Militärtechnik stationiert waren. Im September 1989 standen auf dem Staatsgebiet der DDR 365.000 Mann der sowjetischen Westgruppe, 184.000 Soldaten der NVA, 90.000 Mann dienten in der Volkspolizei, 85.000 hauptamtliche Mitarbeiter hatte das MfS, darunter das Wachregiment "Feliks Dzierzynski", das mit seinen 11.000 Soldaten eigentlich Divisionsstärke besaß. 400.000 Mann gehörten den Kampfgruppen an. Diese Truppenkontingente waren ausgebildet, bewaffnet und wären kurzfristig im Innern der DDR – wenn auch unter partiellem Bruch der DDR-Verfassung – einsetzbar gewesen. Die Kräfte von Zoll, Bahnpolizei und GST hätten ebenfalls mobilisiert werden können.

Generalmajor Hans-Werner Deim, Planer im Hauptstab der NVA, sagte später dazu: „Das Verhalten der NVA in der zugespitzten Existenzkrise der DDR im Herbst 1989 ist ein bemerkenswertes Phänomen. In historisch ähnlichen Situation bedienten sich Staaten auch der äußersten Mittel, um den Machtverlust zu verhindern."

Entscheidend für eine rückblickende Bewertung der Rolle, welche die Streitkräfte und die militärische Führungselite im Herbst 1989 spielten, sind folgende Aspekte: Zum einen zählt das strikte Verbot des Schusswaffengebrauchs für die zum Einsatz bereitstehenden NVA-Einheiten, zum anderen vor allem die dieser Festlegung zugrunde liegende späte Einsicht verantwortlicher DDR-Sicherheitspolitiker und Militärs, dass Streitkräfte nicht als Instrument zur Regulierung innenpolitischer Fehlentwicklungen taugen.

Vor allem die Militärführung musste mental über ihren Schatten springen und denjenigen Entscheidungsträgern die unbedingte Gefolgschaft aufkündigen, denen sie sich eigentlich durch Ideologie und Parteidisziplin verpflichtet fühlte.

Nachdem die unter Realitätsverlust und Entscheidungsschwäche leidende Führung der DDR alle Chancen für eine politische Lösung der sozialen Widersprüche im Land verspielt hatte, erkannten auch die Militärs, dass ein Einsatz der Truppen gegen das eigene Volk nicht nur moralisch verwerflich und verfassungsrechtlich nicht gedeckt, sondern zudem militärisch abenteuerlich und politisch kontraproduktiv gewesen wäre. Ein solcher Truppeneinsatz im Innern nach polnischem oder gar chinesischem Vorbild hätte alle im Oktober/November 1989 vielleicht noch vorhandenen Chancen für eine sozialistische Erneuerung der DDR als souveräner Staat zunichte gemacht und an der Nahtstelle zwischen den Militärblöcken zu einer nicht verantwortbaren Destabilisierung geführt. Das – wenn auch spät – erkannt zu haben, ist das eigentliche bleibende Verdienst der damaligen Militärführung.

Jene Kritiker, die noch immer die Frage stellen, mit welcher Berechtigung sich die damalige Führung der NVA den Verzicht auf den Schusswaffeneinsatz gegen Demonstranten als Verdienst anrechnen könne, und darauf verweisen, welches gänzlich undemokratische Selbstverständnis der DDR-Militärs sich darin zeige, offenbaren ihre Unkenntnis der vom marxistisch-leninistischen Gewaltbegriff geprägten Herrschaftsphilosophie des damaligen DDR-Führungszirkels. Schon 1872 hatte Friedrich Engels in seiner Schrift „Von der Autorität" erklärt: „Eine Revolution ist gewiss das autoritärste Ding, das es gibt; sie ist ein Akt, durch den ein Teil der Bevölkerung dem anderen Teil seinen Willen vermittels Gewehren, Bajonetten und Kanonen, also mit denkbar autoritärsten Mitteln aufzwingt; und

die siegreiche Partei muss, wenn sie nicht umsonst ge-
kämpft haben will, dieser Herrschaft Dauer verleihen
durch den Schrecken, den ihre Waffen den Reaktio-
nären einflößen."

In diesem theoretischen Kontext betrachtete die durch
eigene Fehlleistungen unter Existenzdruck geratene
und von einem vulgärmarxistischen Politikverständnis
geleitete Parteiführung der SED die Demonstrationen
und das Wirken der oppositionellen Kräfte als einen
vom Westen initiierten konterrevolutionären Umsturzversuch. Diese Fehleinschätzung wäre – wenn eine
Mehrheit der politischen und militärischen Führung
sie letztlich geteilt hätte – die ideologische Legitimati-
onsgrundlage für den Einsatz militärischer Gewalt im
Innern gewesen. Sich in der damaligen angespannten
und von Unwägbarkeiten geprägten Situation aus
diesen Denkmustern Schritt für Schritt befreit und den
friedlichen Dialog mit der Opposition im Land gesucht
zu haben, verdient im Rückblick Respekt. So sah das
im Frühjahr 1990 auch der damalige Bürgerrechtler
und Minister für Abrüstung und Verteidigung, Rainer
Eppelmann, als er den DDR-Streitkräften attestierte,
dass es in ihren Reihen viele demokratisch gesonnene
Generale und Offiziere gebe, die sich „aufopfernd und
mutig an die Seite des Volkes gestellt" und „damit zu
einem friedlichen Verlauf der Revolution beigetragen
und mit dieser Haltung ein Blutbad wie in China oder
Rumänien verhindert haben."

Es ist völlig verfehlt, im Nachhinein das Handeln der
damaligen politischen und militärischen Elite der DDR
mit den Maßstäben einer repräsentativen Demokratie
westeuropäischer Prägung zu messen. Ein solches Her-
angehen kann – so verlockend es politisch sein mag –
nur ein verzerrtes Geschichtsbild erzeugen, dessen
kommunikationspolitische Wirkung überdies gering
ist. Denn ein so generiertes offizielles Geschichtsbild

kollidiert zumeist mit der völlig anderen individuellen Geschichtserinnerung noch lebender Akteure.

Im Übrigen trifft jeder Staat verfassungsrechtliche und organisatorische Vorbereitungen für den Fall polizeilich nicht mehr beherrschbarer innerer Unruhen und Aufstände. Verwiesen sei in diesem Zusammenhang auf das Grundgesetz der Bundesrepublik Deutschland, das in Artikel 87a, Abs. 4 festlegt: „Zur Abwehr einer drohenden Gefahr für den Bestand oder die freiheitliche demokratische Grundordnung des Bundes oder eines Landes kann die Bundesregierung, wenn die Voraussetzungen des Artikels 91 Abs. 2 vorliegen und die Polizeikräfte sowie der Bundesgrenzschutz nicht ausreichen, Streitkräfte zur Unterstützung der Polizei und des Bundesgrenzschutzes beim Schutze von zivilen Objekten und bei der Bekämpfung organisierter und militärisch bewaffneter Aufständischer einsetzen. Der Einsatz von Streitkräften ist einzustellen, wenn der Bundestag oder der Bundesrat es verlangen." Und in dem erwähnten Artikel 91 Abs. 2 heißt es: „Ist das Land, in dem die Gefahr droht, nicht selbst zur Bekämpfung der Gefahr bereit und in der Lage, so kann die Bundesregierung die Polizei in diesem Lande und die Polizeikräfte anderer Länder ihren Weisungen unterstellen sowie Einheiten des Bundesgrenzschutzes einsetzen. Die Anordnung ist nach Beseitigung der Gefahr, im übrigen jederzeit auf Verlangen des Bundesrates aufzuheben. Erstreckt sich die Gefahr auf das Gebiet mehr als eines Landes, so kann die Bundesregierung, soweit es zur wirksamen Bekämpfung erforderlich ist, den Landesregierungen Weisungen erteilen. Satz 1 und Satz 2 bleiben unberührt."

Diese Passagen machen deutlich, dass auch die Bundesregierung die Bundeswehr im Innern des Landes einsetzen könnte, wenn sie den Eindruck gewinnen würde, dass ein gewaltsamer politischer Umsturzversuch bevorstünde und die Lage mit Polizeikräften nicht mehr beherrschbar sei. Die Bundeswehr würde im Falle einer solchen Eskalation sicher nicht unbewaffnet in den Einsatz gehen.

Die verfassungsrechtliche Option eines Bundeswehreinsatzes im Innern besteht fort. Auffällig ist, das die zitierten Grundgesetzartikel in der aktuellen Debatte über den Einsatz der Bundeswehr im Falle terroristischer Angriffe in den Medien dieses Landes kaum eine Rolle spielen. Die verbreitete Darstellung, dass erst aktuell über die Möglichkeit eines Einsatzes der Streitkräfte in der Bundesrepublik entschieden wurde, ist offenkundig falsch. Darauf verweist auch die derzeit betriebene Aufstellung von 27 Reservistenkompanien mit einem Gesamtbestand von 2700 Soldatinnen und Soldaten als Regionale Sicherungs- und Unterstützungskräfte (RSU) im Rahmen der Bundeswehrreform. Zwar soll nach Darstellung des Bundesministeriums der Verteidigung die Aufstellung dieser Kompanien lediglich dazu dienen, nach Aussetzung der Wehrpflicht die Bundeswehr weiterhin in der Gesellschaft zu verankern und zusätzliche Kräfte im Katastrophenfall mobilisieren zu können, doch im Zweifelsfall wären diese bewaffneten Einheiten unter Berufung auf Artikel 87 a, Absatz 4 des Grundgesetzes auch zur Aufstandsbekämpfung im Innern der Bundesrepublik verwendbar. Angesichts dessen wirken aufgeregte Verweise mancher Kritiker auf die Bildung der NVA-Hundertschaften im Herbst 1989 politisch unredlich.

Die Gründe, warum die politische und militärische Führung der DDR schließlich vom umfassenden Einsatz militärischer Machtmittel im Innern des Landes absah, sind vielfältig. Abgesehen von den bereits erwähnten verfassungsrechtlich gestützten innenpolitischen Erwägungen spielten sicher auch außenpolitische Gründe eine Rolle: Das Auftreten des damaligen Generalsekretärs der KPdSU, Michail Gorbatschow, bei seinem Besuch am 7. Oktober 1989 in der DDR ließ durchaus die Schlussfolgerung zu, dass er der Partei- und Staatsführung signalisiert hatte, die Sowjetunion werde sich aus den innenpolitischen Konflikten ihres Mündels militärisch heraushalten. Bereits Anfang Juli 1989 war in Bukarest auf der Tagung des Politisch-Beratenden Ausschusses der Warschauer Pakt-Staaten die Breschnew-Doktrin der Einmischung in die inneren Angelegenheiten der sozialistischen Staaten zu Grabe getragen worden. Im Protokoll dieser Tagung war nachzulesen, dass jedes Volk selbst das Schicksal seines Landes bestimmen könne und das Recht habe das gesellschaftliche System und die staatliche Ordnung zu wählen, die es für sich als geeignet betrachtet. Kein Land dürfe den Verlauf der Ereignisse innerhalb eines anderen Landes diktieren, keiner dürfe sich die Rolle eines Richters oder Schiedsrichters anmaßen.

Im Sinne dieser Vereinbarungen soll der sowjetische Außenminister Eduard Schewardnadse schon im August 1989 einen Befehl erwirkt haben, der die sowjetischen Truppen in der DDR darauf festlegte, bei Massendemonstrationen Neutralität zu bewahren und in den Kasernen zu bleiben. Nach Aussage des SED-Politbüromitgliedes und später kurzzeitigen Generalsekretärs der SED, Egon Krenz, war allerdings ein solcher Befehl zumindest im Oberkommando des Warschauer Vertrages nicht bekannt. Armeegeneral Pjotr Lushew, der Oberkommandierende des Warschauer Vertrages, soll Krenz am 16. November 1989 erklärt haben: „Ich kenne einen solchen Befehl nicht, er würde auch unseren Bündnisverpflichtungen widersprechen".

Doch manche Signale aus dem Oberkommando der sowjetischen Truppen in Wünsdorf ließen breiten Interpretationsspielraum. So erklärte der Oberkommandierende der Westgruppe, Armeegeneral Boris Snetkow, am 4. Oktober 1989 gegenüber dem Chef der Politischen Hauptverwaltung der NVA, Generaloberst

Horst Brünner, dass die DDR ein festes Glied der sozialistischen Staatengemeinschaft und auf das Engste mit der Sowjetunion verbunden sei. Es werde niemals eine Abschottung der DDR geben. Dafür spreche auch die Anwesenheit der Westgruppe auf dem Territorium der DDR. Die Westgruppe habe die zur Unterstützung der NVA erbetenen Maßnahmen getroffen. Dieses Statement, dass der damalige Verteidigungsminister Keßler an Honecker weiterleitete, ließ sich durchaus als Bereitschaft zur Intervention der Westgruppe deuten. Der damalige Chef des Hauptstabes der NVA, Generaloberst Fritz Streletz, berichtet hingegen, dass der Minister für Nationale Verteidigung der DDR im Wendeherbst einen Befehl gegeben habe, in der gegebenen Situation keine Truppenbewegungen und Manöver der NVA durchzuführen, um die Situation nicht durch mögliche Spekulationen anzuheizen. Er, Streletz, habe mit gleichem Anliegen beim Oberkommandierenden der Westgruppe, Armeegeneral Snetkow, vorgesprochen und von diesem die Zusage erhalten, dass auch die sowjetischen Truppen in der DDR in den Kasernen bleiben und keine Manöver durchführen würden. NVA-General Manfred Grätz bestätigte später im Kern diese Darstellung: „Ich habe im Nachhinein mir von Freunden, die damals in Wünsdorf dienten, sagen lassen, dass die Westgruppe strikte Weisung von ihrem Oberkommando hatte, sich nicht einzumischen und besonnen in den Kasernen zu bleiben". Armeegeneral General Snetkow soll allerdings gegenüber General Streletz auch geäußert haben, dass die Westgruppe immer bereit sei, der NVA die erforderliche Hilfe und Unterstützung zu geben.

Angesichts dieser höchst unterschiedlichen Signale lag es letztlich im Ermessen der DDR-Führung, ob und in welchem Umfang die Streitkräfte im Innern eingesetzt werden. Damit relativiert sich die Vermutung, ein möglicherweise geplanter massiver militärischer Einsatz der NVA gegen die Demonstranten sei letztlich auf sowjetische Weisung und angesichts der Neutralität der Westgruppe abgeblasen worden. Es war einerseits dem generellen außenpolitischen Kurswechsel der Moskauer Führung, aber auch der selbstverordneten militärischen Gewaltabstinenz der DDR-Führung zu danken, dass weder die NVA, noch die sowjetischen Truppen in der DDR mit Waffengewalt in die innen-politischen Abläufe eingriffen.

Offenbar gab es damals in der Frage der Einmischung in die inneren Angelegenheiten der am Abgrund staat-licher Selbstauflösung taumelnden DDR und hin-sichtlich der Zukunft der Westgruppe sowohl innerhalb der sowjetischen Militärführung sowie zwischen Militärs und politischen Entscheidern der UdSSR unterschiedliche Auffassungen. So verweist General Snetkow darauf, dass er bereits im Dezember 1989 von Armeegeneral Lushew den Auftrag erhalten habe, den Abzug der Westgruppe aus der DDR zu planen. Er habe sich diesem Ansinnen verweigert und geant-wortet: "Die Gruppe werde ich nicht zurückführen! Marschall Shukow hat die GSBTD gegründet, be-rühmte Heerführer haben sie vervollkommnet und ich, ihr 15. Oberbefehlshaber soll sie wegjagen?! Damit werde ich mich nicht beschäftigen." Die Widerborstig-keit des obersten sowjetischen Militärs in der DDR führte zu seiner Ablösung. Wäre Snetkow vielleicht noch bereit gewesen, notfalls auch ohne Autorisierung seiner politischen Führung auf Ersuchen der DDR militärisch einzugreifen, so war nach seiner Ablösung sichergestellt, dass eine militärische Intervention der Westgruppe ausgeschlossen werden konnte.

Die DDR-Militärführung jedenfalls zeigte nach dem 7. Oktober 1989 wenig Neigung, die Truppe dauerhaft als Hilfspolizei gegen Demonstranten einzusetzen. Erstens waren die Kampftruppen dafür nicht gründlich ausge-bildet, zweitens hätte ein solcher Einsatz die Situation zu einem Bürgerkrieg eskalieren lassen können und drittens war es vor dem Hintergrund der Stimmungslage bei den Wehrpflichtigen und zunehmend auch bei den Berufssoldaten fraglich, ob sich ein Befehl zum militärischen Eingreifen überhaupt hätte durchsetzen lassen. Dass man mittels militärischer Gewalt keine über Jahre aufgestauten politischen Deformationen in der Gesellschaft auflösen könne, war zumindest einem Teil der DDR-Militärführung bewusst. Und das Beispiel des Kriegsrechts in Polen von 1981 bis 1983 hatte gezeigt, dass ein solcher Einsatz kein dauerhafter Ersatz für attraktive gesellschaftspolitische Entwürfe sein kann.

Im folgenden Wendeherbst des Jahres 1989 hat diese Armee ihre Ehre bewahrt und ihre Rolle als Armee eines demokratischen Staates neu zu definieren versucht. Es gibt weder für die damalige Führung noch für die Soldaten der NVA im Rückblick einen Grund sich für den Dienst in dieser Armee rechtfertigen zu müssen.

Emanzipation

Die Gewaltabstinenz der NVA-Militärs und insbesondere der Kommandeure von Grenztruppeneinheiten wurde schließlich weniger durch die Demonstranten, als vielmehr durch die Unfähigkeit der eigenen politischen Führung auf die Probe gestellt.

Am 9. November 1989 wurde – eher zufällig – das gesamte bisherige Grenzregime ausgehebelt. Die Kommunikationspanne bei der Ankündigung des neuen Reisegesetzes durch Günther Schabowski erwies sich als letzter Auslöser eines Dominoeffektes, der in die staatliche Selbstauflösung der DDR mündete. Schabowski erklärte auf einer internationalen Pressekonferenz zur Auswertung der 10. Tagung des ZK der SED am 09. November, um 18.57 Uhr „...haben wir uns entschieden, heute eine Regelung zu treffen, die es jedem Bürger der DDR möglich macht, über Grenzübergänge der DDR auszureisen". [...] das gilt ab sofort". Die Verordnung sah jedoch vor, dass alle Reisen bei den Abteilungen für Pass- und Meldewesen beantragt werden müssen und sie sollte zudem erst am 10. November 1990 in Kraft treten.

Die nach Schabowskis Äußerung durch den Massenansturm der Ost-Berliner erzwungene Öffnung der Grenzübergänge war zwar einerseits längst fälliges Ergebnis der innenpolitischen Veränderungen, erschien jedoch offenkundig manchem in der politischen Führung als schnell wirkendes Mittel zur Verringerung des Reformdrucks im Land. Nachdem die von dem neuen SED-Generalsekretär Egon Krenz verkündete Dialogpolitik bei den Oppositionsgruppen auf Skepsis gestoßen war und die Demonstrationen in den Städten nicht abflauten, mochte für die verzweifelt um Konsolidierung ihrer Machtbasis bemühte Führungsgruppe um Erich Honeckers vormaligen Kronprinz Krenz die Versuchung groß geworden sein, mit den Reisegelungen kurzfristig ein Ventil für die angestaute Unzufriedenheit der DDR-Bürger zu öffnen. Doch dieses Kalkül ging nicht auf: Die von Krenz scheinbar eher widerwillig im Nachhinein akzeptierte voreilige Grenzöffnung wurde zum sichtbarsten Zeichen für den Kontrollverlust und die substanzielle Aushöhlung des ostdeutschen Staates.

Dabei waren die Grenzanlagen in diesem Jahr 1989 bereits löchrig geworden, weil mit Beginn der Reisesaison und vor allem nach der sukzessiven Öffnung der ungarisch-österreichischen Grenze ab 2. Mai 1989 der Exodus vor allem junger, gut ausgebildeter DDR-Bürger in den Westen explosionsartig zugenommen hatte. Allein von Januar bis Juni des Jahres stellten 125.429 DDR-Bürger einen Antrag auf ständige Ausreise in die Bundesrepublik. Dieser Druck entlud sich nun über die grüne Grenze zwischen Ungarn und Österreich. Nachdem Visa freie Ungarn-Reisen nicht mehr möglich waren, baute sich der Ausreisedruck in der Prager Botschaft der Bundesrepublik auf. Als die ohnmächtig agierende DDR-Führung in gewohnter Manier versuchte, das politische Problem mit administrativen Mitteln zu lösen und auch Reisen in die CSSR visumpflichtig wurden, war für viele DDR-Bürger das Maß voll. Weil ab 1. November 1989 Visa freie Reisen in die CSSR auf Druck der DDR-Bürger wieder möglich waren und zwei Tage später die Grenze zwischen der CSSR und der BRD geöffnet wurde, konnte nun jeder DDR-Bürger über die CSSR in die BRD fahren. Die Berliner Mauer und die Grenzsicherungsanlagen zur BRD waren somit de facto nur noch funktionsloses Relikt einer zu Ende gehenden Epoche.

Trotzdem traf eigenartiger Weise die durch Schabowskis Unaufmerksamkeit ausgelöste Entwicklung in Berlin alle beteiligten staatlichen Strukturen der DDR völlig unvorbereitet. Besonders jene, die in dieser Lage vor allem hätten informiert werden müssen, erfuhren von Schabowskis Kommunikationspatzer und seinen Folgen nichts. Die Grenztruppen waren nicht informiert worden. Es gab keinerlei vorbereitete Anweisungen, Befehle oder Regelungen, wie an den Grenzübergängen und an den Sicherungsanlagen der Grenze verfahren werden sollte.

Die Ereignisse in den Abendstunden des 9. November sind nicht ohne die mediale Komponente erklärbar: Seit dem 4. November 1989 gab es keine Versuche der DDR-Behörden mehr, westdeutsche Fernsehteams in Ostberlin bei Dreharbeiten zu behindern. Zwei Stunden vor der Grenzöffnung in der Bornholmer Straße filmte bereits ein westdeutsches Fernsehteam am Grenzübergang auf der Ostberliner Seite. In den Tagesthemen der ARD wurde mitgeteilt, dass die DDR bekanntgegeben habe, die Grenzen seien ab sofort für jedermann geöffnet. Die amerikanische Nachrichtenagentur AP (Associated Press) meldete schon um 19:21 Uhr in alle Welt, dass die Grenzen in Berlin für alle geöffnet seien. Nun setzte ein Ansturm auf die Grenzübergänge ein. Eine von den Medien verbreitete falsche Nachricht ergriff die Massen und wurde dadurch zur Realität. Am Grenzübergang Bornholmer Straße drängten sich gegen 23.00 Uhr Tausende DDR-Bürger und es wurden immer mehr. Die Grenzer wurden der Lage nicht mehr Herr. Rückfragen an ihre Vorgesetzten ergaben nur ein Schulterzucken. Gegen 23.30 Uhr öffneten sie auf eigenen Entschluss die Schlagbäume am Grenzübergang. Ähnliches spielte sich am Grenzübergang in der Invalidenstraße ab. Nur versammelten sich dort überwiegend Westberliner Bürger. Die Straße im Westen vor dem Grenzübergang war schwarz von Menschen. Sie wurden schon an die vorderste Grenzmauer gedrückt, aber der Befehl zur weiteren Schließung oder Öffnung der Grenze kam nicht. Der Leiter des Grenzüberganges Invalidenstraße sagte später: „Als die ersten Ostberliner begannen über den Zaun zu klettern, habe ich zu meinen Genossen gesagt, zieht euch zurück, lasst sie laufen."

Am Brandenburger Tor wurde die Mauer von Hunderten Feiernden aus Ost und West bestiegen, man umarmte sich auf der Mauerkrone und es begann dort oben ein fröhliches Zechen. Im Verlauf des 11. November passierten etwa 500.000 DDR-Bürger die Grenzübergänge zu Westberlin und etwa 210.000 jene zur Bundesrepublik. Viele Ostdeutsche wollten sich im Westen nur umsehen oder Verwandte besuchen. Die meisten kehrten nach Stunden wieder zurück und gingen am nächsten Tag zur Arbeit. Die Angst der SED-Spitzengenossen vor einer Massenflucht in den Westen erwies sich zunächst als ebenso unbegründet wie die unterschwellige Hoffnung, nun würde sich dauerhaft der innenpolitische Reformdruck verringern.

Generaloberst Fritz Streletz, Chef des Hauptstabes der NVA und stellvertretender Verteidigungsminister der DDR, sagte später: „Schabowski hat uns wegen seines Knüllers an den Rand eines Bürgerkrieges gebracht. Die folgenden Stunden hatte niemand mehr im Griff. Das hätte nicht passieren dürfen. Es war blamabel für uns als Soldaten und Militärs."

Am 10. November 1989 schrieben die Soldaten des Grenzregimentes 36 eine Protestnote an Egon Krenz als neuen Generalsekretär des Zentralkomitees der SED, weil sie über die Preisgabe des Brandenburger Tores erbost waren: „Ohne uns in Kenntnis zu setzen, wurden Entscheidungen getroffen, die uns zwangen alle militärischen und parteilichen Prinzipien aufzugeben." Sie fragten, warum diese Ausreiseregelungen nicht ordnungsgemäß vorbereitet waren und beschuldigten die militärische Führung, kopflos und ohne Ziel gehandelt zu haben. Sie hätten kein Vertrauen mehr zu ihr und forderten Rechenschaft und Veränderungen. Das Grenzregime in Berlin war zusammen gebrochen. Streletz sagte später: „Ein Schuss, ein einziger, da wäre sonst was daraus geworden", und Bundesinnenminister Schäuble meinte: „Ein Schuss, ein Tropfen Blut und die Einheit wäre Fata Morgana geblieben".

Dass im höchsten politischen und militärischen Führungszirkel des Landes nicht einmal mehr die Kommunikation auf der Arbeitsebene funktionierte, zeigt eine Rekonstruktion der damaligen Abläufe im Ministerium für Nationale Verteidigung.

Am Vormittag des 9. November hatte Minister Keßler eine Auswertung des ersten Tages der 10. ZK-Tagung, die für die Zeit vom 8. bis 11. November einberufen worden war, vor seinen Stellvertretern, Kollegiumsmitgliedern sowie Chefs und Leitern des Ministeriums durchgeführt. Am 8. November war das alte Politbüro offiziell zurückgetreten. Es hätte also allen Anlass für eine offene Debatte gegeben. Dazu war der Minister offenkundig nicht bereit. Auf Grund der zu allgemeinen und unvollständigen Darlegungen Keßlers gab es Zwischenrufe der Generale Süß, Goldbach und Grätz. Viele Teilnehmer der Tagung legten demonstrativ ihre VS-Aufzeichnungsbücher zur Seite, weil die allgemeinen Ausführungen ihres Chefs in jeder DDR-Zeitung zu lesen waren. Eine solche Ungehörigkeit hatte es bei Kommandeursberatungen der NVA noch nie gegeben. Nun gärte die Unzufriedenheit mit der allgegenwärtigen Realitätsverweigerung und Führungsschwäche der Politiker nicht mehr nur in den Kampfeinheiten, sondern auch in der Ministerialbürokratie.

Armeegeneral Keßler hatte zudem für den Abend des 9. November 1989 eine Kollegiumssitzung des Ministeriums anberaumt. Es sollten die ersten beiden Tage der ZK-Tagung der SED ausgewertet werden. Zu diesem Zeitpunkt gehörten sechs Kollegiumsmitglieder des Ministeriums dem ZK der SED an: Armeegeneral Heinz Keßler (Minister), Generaloberst Fritz Streletz (Chef des Hauptstabes), Generaloberst Horst Brünner (Chef der

41

Politischen Hauptverwaltung), Generaloberst Wolfgang Reinhold (Chef der Luftstreitkräfte), Generaloberst Horst Stechbarth (Chef der Landstreitkräfte) und Generaloberst Klaus Dieter Baumgarten (Chef der Grenztruppen). Somit konnte die Spitze der NVA während der ZK-Tagungen ihre Führungsverantwortung nicht direkt wahrnehmen.

So auch am 9. November 1989. Nachdem die anderen Kollegiumsmitglieder über zwei Stunden in Strausberg, im Sitzungsraum des Ministeriums, gewartet hatten, trafen die sechs militärischen ZK-Mitglieder gegen 21.00 Uhr in Strausberg ein. Der von Egon Krenz (er war seit ca. drei Wochen im Amt) und Willi Stoph als Noch-Ministerpräsident erlassenen Reiseregelung wurde im Kollegium des Ministeriums für Nationale Verteidigung keine größere Bedeutung beigemessen. Eine schnelle Information an die Grenztruppen unterblieb. Die Regulierung des Ausreiseverkehrs nach Westberlin oder in die Bundesrepublik oblag den Passkontrolleinheiten an den Grenzübergängen, die, obwohl in Grenztruppenuniform auftretend, dem MfS unterstanden. Somit wurde die Umsetzung der Reiseverordnung als Angelegenheit des MfS angesehen. Außerdem hätten sich die Kollegiumsmitglieder den Text der Reiseverordnung selbst beschaffen müssen, da die Umlaufvorlage des Ministerrates wegen ungünstiger Kurierzeiten in Strausberg noch nicht angekommen war und im Konferenzraum keiner der Anwesenden den Fernseher eingeschaltet hatte.

Admiral Theodor Hoffmann, Chef der Volksmarine, erinnerte sich später: „In vollkommener Unkenntnis des Geschehens in der Stadt begann für die höchsten Militärs eine jener ermüdenden und fruchtlosen Sitzungen, die für die Führungsebene im Ministerium kennzeichnend waren."

Nachdem Keßler die abendliche Kollegiumssitzung mit einer Rüge an Grätz, Goldbach und Süß wegen der

Zwischenrufe am Morgen eröffnet hatte, platzte mitten in die Sitzung die Information des Chefs des Stabes der Grenztruppen: „Wir werden der Lage an der Grenze nicht mehr Herr." Alle Teilnehmer des Kollegiums zeigten sich überrascht. Keßler schickte General Baumgarten mit der Auflage aus der Sitzung: „Kümmere dich und melde."

Sofortige Bemühungen von Streletz, der mehrere Male die Sitzung verließ, um eine Information von Mielke oder anderen Politbüromitgliedern zu erhalten, waren erfolglos, da sich diese wahrscheinlich gerade auf dem Heimweg nach Wandlitz befanden und in den Autos offenbar keine Kommunikationsmittel installiert waren. Die Partei- und Staatsführung hatte offensichtlich das Geschehen an der Grenze noch nicht zur Kenntnis genommen. Erst gegen 22.00 Uhr informierte Staatssicherheitsminister Mielke telefonisch Egon Krenz. Dieser soll nach langem Überlegen gesagt haben: „Ich habe mich dazu entschieden, wir lassen den Dingen ihren Lauf." Ein klarer Befehl die Mauer zu öffnen, war das nicht und einen solchen Befehl soll es von Krenz auch nicht gegeben haben.

Auch im Ministerrat der DDR herrschte Chaos. Am 7. November war Willi Stoph als Vorsitzender des Ministerrates geschlossen mit dem gesamten Ministerrat zurück getreten. Hans Modrow wurde erst am 13. November 1989 als Ministerpräsident eingesetzt, so dass Stoph die Arbeit kommissarisch weiterführen musste. Damit war auch Armeegeneral Keßler in diesen Tagen nur noch Minister auf Abruf.

Offenbar wurde weder dem Noch-Minister Keßler noch seinen Kollegiumsmitgliedern die Tragweite der Geschehnisse in vollem Umfang bewusst. Es gab keinen Versuch die Lage zu erörtern, geschweige zu beurteilen und Maßnamen einzuleiten. Die Lähmung der Partei und des Staates hatte auf die militärische Kommandoebene übergegriffen. Als der offenkundig überforderte

Minister fortfahren wollte, die ZK-Tagung auszuwerten und damit begann, über die Rolle des Imperialismus zu dozieren, kam es zu heftigen Auseinandersetzungen im Kollegium, nicht wegen der Maueröffnung, sondern wegen der Ausführungen des Ministers. Etliche Mitglieder des Kollegiums meinten, dass man die von Keßler ausgebreiteten Erklärungen auch in der Zeitung nachlesen könne. Besonders die Generale Grätz (Chef Rückwärtige Dienste), Goldbach (Chef Technik und Bewaffnung), Süß (Generalinspekteur der NVA und Chef der Militärakademie), Stechbarth (Chef der Landstreitkräfte) und Admiral Hoffmann (Chef der Volksmarine) forderten trotz der Rüge zu Beginn der Sitzung, dass man an Stelle der allgemeinen Darlegung des Ministers eine Analyse über die derzeitige Situation in der NVA und Maßnahmen für die weitere Arbeit im Ministerium diskutieren solle. Diese in früheren Tage undenkbare Widerborstigkeit der Generalität offenbarte, dass nun auch den höheren Kommandeuren die Geduld und die Parteihörigkeit langsam abhanden kamen.

Etliche der führenden Militärs hatten es satt, sich über Fakten durch die Nutzung westlicher Medien informieren zu müssen und gleichzeitig den von Allgemeinplätzen strotzenden Erklärungen der eigenen Führung ausgesetzt zu sein. Die offenkundige Hilflosigkeit und Entschlusslosigkeit einer in ihrem jahrelangen Machtmonopol politisch träge gewordenen und intellektuell erstarrten Führungselite nahm auch den Militärs jede Handlungsfähigkeit. Die per Eidesformel und Offiziersgelöbnis verinnerlichte politische Loyalität bröckelte angesichts dieser auf offener Bühne täglich zu beobachtenden Entzauberung des politischen Establishments.

Am frühen Morgen des 10. November 1989, als die Politbüromitglieder zur Fortsetzung der ZK-Tagung fuhren, aus ihren Autos schauten und übernächtigte Bürger, verstörte Polizisten, leere Flaschen, Pappschilder mit Parolen und viele Trabis auf dem Weg in Richtung Westberlin sahen, setzte das Nachdenken über den politischen Umgang mit der neuen Lage ein. Egon Krenz erließ als Vorsitzender des Nationalen Verteidigungsrates den Befehl 12/1989 über die Bildung einer operativen Führungsgruppe des NVR unter Leitung des Chefs des NVA-Hauptstabes, Generaloberst Streletz. Nun sollte damit begonnen werden, das selbst verschuldete sicherheitspolitische Chaos zu ordnen.

Die sowjetischen Entscheidungsträger waren von den Ereignissen ebenso überrascht worden wie die DDR-Führung und wurden erst verspätet darüber informiert. Auch dabei sorgten Kommunikationspannen für einen faktischen Führungskollaps. Generalsekretär Gorbatschow erhielt erstmals am Morgen des 10. November eine definitive Information über die Öffnung der Grenzübergänge in Berlin. Gegen 09.00 Uhr rief der sowjetische Botschafter in Berlin, Wjatscheslaw Kotschemassow, im Auftrag Gorbatschows bei Krenz an. Weil Krenz in der ZK-Tagung war und zu geringe Kenntnisse der russischen Sprache hatte, musste Streletz das Gespräch entgegen nehmen. Kotschemassow fragte in scharfem Ton, wer die Genehmigung zur Öffnung der Berliner Grenzübergänge gegeben habe und mit wem in Moskau das abgestimmt gewesen sei. Moskau sei über die Handlungsweise der DDR verstimmt. In einer ersten Reaktion antwortete Streletz, obwohl er es besser wusste, dass es sich um ein politisches und nicht um ein militärisches Problem handele. Kotschemassow solle doch bitte Außenminister Fischer anrufen. Weil er im Außenministerium der DDR naturgemäß keine befriedigenden Antworten erhielt, forderte der Botschafter in zwei weiteren Telefonaten mit Krenz, dass dieser umgehend ein Telegramm an Gorbatschow senden möge, um die Situation zu erklären. Das Telegramm wurde durch die Führungsgruppe des NVR vorbereitet und von Krenz unterzeichnet. Der nichtssagende Inhalt lautete u. a., dass man sich im Zusammenhang mit der Entwicklung der Lage entschlossen habe, zur Vermeidung schwerwiegender politischer Folgen die Ausreise von DDR-Bürgern zu gestatten. Zwar war die sowjetische Führung in den Tagen vor dem 9. November über die Situation in der DDR und das in Vorbereitung befindliche Reisegesetz im Bilde, doch Schabowskis leichtfertige Ankündigung kam einer Überrumpelung der östlichen Führungsmacht gleich. Denn zwei Tage zuvor, am 7. November feierte man in der UdSSR den 52. Jahrestag der Oktoberrevolution. Die folgenden zwei Tage waren arbeitsfrei und darauf folgte das Wochenende. Das Land war in diesen Tagen politisch weitgehend handlungsunfähig.

Der damalige Botschafter der DDR in Moskau, Gerd König, erinnert sich an die Abläufe in der Nacht vom 9. zum 10. November: „Die Telefonate landeten also bei einem stellvertretenden Minister, der aber die Führung an den freien Tagen (zumal noch Freitag war und an solchen Feiertagen in Moskau immer viel Wodka floss) nicht stören wollte. Er sah auch aus sowjetischer Sicht gar kein Problem, weil es in den Telefonaten fälschlicherweise gar nicht um die Berliner Grenze, sondern nur immer um die Grenze ging. [...] Infolgedessen ist die ganze Sache verschleppt worden." Der zuständige ZK-Mitarbeiter Koptelzew meinte, man solle einfach sagen, dass es das souveräne Recht der DDR sei, über das Regime an der Grenze zu entscheiden.

Erst am Morgen des 10. November, als man in Moskau begriff, dass es sich um die Grenze in Berlin handelte, wurden alle zuständigen sowjetischen Entscheidungsträger aktiv. Nun erst landete die Meldung auf den Schreibtischen von Außenminister Schewardnadse und Generalsekretär Gorbatschow. A. Gratschewy, Pressesprecher von Gorbatschow, berichtete darüber später: „Das Ereignis geschah nachts, aber man muss noch hinzufügen, der Zeitunterschied zwischen Moskau und Berlin beträgt zwei Stunden, so war es wirklich für Moskau tiefe Nacht. So dass wir erst in den Frühnachrichten erfuhren, was passiert war. Nicht nur ich, sondern wie ich später erfuhr, auch Gorbatschow."

Die sozialistische Führungsmacht verschlief schlicht und einfach den Eingriff in das Sicherheitsregime an der hochsensiblen Grenze zwischen den beiden Militärblöcken. Wäre die Lage durch den Einsatz von Schusswaffen seitens der Grenzposten eskaliert, hätte das die Moskauer Führung wohl auch nur mit Verspätung zur Kenntnis nehmen können, weil in jener Nacht subalterne Beamte unfähig waren, die politische Brisanz des Geschehens zu erfassen. Hätten die Grenzoffiziere der DDR nicht besonnen reagiert und angesichts fehlender Befehle wegen der massenhaften Besetzung der Übergänge und Sperranlagen von der Schusswaffe Gebrauch gemacht, wären die Besatzungsmächte in Ost- und Westberlin sofort in den Konflikt involviert worden. Das hätte der Auslöser für einen Krieg sein können.

Als sowjetischen Entscheidern dieser Sachverhalt bewusst zu werden begann, herrschte im Moskauer Kreml blankes Entsetzen. Es ging ja im Kern um den mit den Alliierten 1972 in der Zusatzvereinbarung zum Viermächteabkommen vereinbarten Grenzstatus von Berlin, der die Öffnung der Grenzen zu Westberlin ausschließlich in Absprache mit den westlichen Alliierten vorsah. Aber die Würfel waren bereits gefallen, und Moskau musste akzeptieren, was nicht mehr zu ändern war.

Deshalb verhielt sich auch die Westgruppe der Sowjetarmee still. Das Oberkommando in Wünsdorf bat erst am 12. November um 09.15 Uhr über die westlichen Militärverbindungsmissionen die Oberkommandos der amerikanischen, französischen und britischen Streitkräfte in der Bundesrepublik, sich aus den Ereignissen in Berlin herauszuhalten.

Doch nicht nur die östliche Führungsmacht wurde durch die Folgewirkungen der kommunikationspolitischen Eselei Günter Schabowskis kalt erwischt. Bundeskanzler Kohl, der zu einem Staatsbesuch in Warschau weilte, wie auch US-Präsident Bush, fragten bei ihren zuständigen Beamten mehrmals nach, ob die Meldungen über die Maueröffnung verifizierbar seien.

Im Nachhinein wird die Geschichte gern uminterpretiert und umgeschrieben. Leute, die damals eher Randfiguren des dramatischen Geschehens waren, beanspruchten im Nachhinein größte Ehrungen und mediale Aufmerksamkeit, als seien die Öffnung der Grenzübergänge und der Verzicht auf die Anwendung bewaffneter Gewalt gegen die Menschen in Ostberlin ihr Verdienst gewesen. So kommt es, dass ehemalige Politiker wie Gorbatschow, Schewardnadse, Bush und Kohl Meriten für sich reklamieren, die ihnen bei realistischer Wertung der damaligen Vorgänge an der Grenze nicht zukommen. Und jene Grenzoffiziere, die in einer brisanten Situation, bei völlig unklarer Befehlslage, pragmatische Entscheidungen im Interesse der Menschen trafen, müssen sich noch mehr als zwei Jahrzehnte nach dem Ende der DDR dafür rechtfertigen, dass sie diesem Staat dienten.

Belegt ist dagegen, dass insbesondere der sowjetische Parteichef Gorbatschow nach dem 9. November auf die DDR-Führung hinsichtlich des Einsatzes der NVA an der Grenze, also gegen die eigenen Bürger, Druck ausübte. Folgsam befahl SED-Generalsekretär Krenz nach einer scharfen Rüge aus Moskau dem Minister für Nationale Verteidigung am 10. November 1989, um 11.30 Uhr, die *Erhöhte Gefechtsbereitschaft* für die 1. MSD (Mot-Schützen-Division, Potsdam-Beelitz), das Luftsturmregiment 40 (Lehnin) der NVA und für das

Grenzkommando Mitte auszulösen. Einen gleichen Befehl erteilte Staatssicherheitsminister Erich Mielke dem Wachregiment „Feliks Dzierzynski". Damit befanden sich etwa 30.000 Soldaten in Wartestellung für einen Einsatz an der Berliner Grenze.

Die meisten Generale der NVA erfuhren davon erst am nächsten Tag, nach der Parteiaktivtagung des Ministeriums für Nationale Verteidigung, und zwar von Generaloberst Streletz, was mit Zwischenrufen wie: „Schwachsinn", „Theater" oder „Blödsinn" kommentiert wurde. Nach Aussage von Streletz galt die *Erhöhte Gefechtsbereitschaft* nur mit Einschränkungen: Panzer und schwere Technik sollten auch im Einsatzfall in den Hallen bleiben.

Es war schließlich nicht Gorbatschow, sondern der politischen Vernunft von NVA-Militärs zu verdanken, dass dem Befehl zur Auslösung der *Erhöhten Gefechtsbereitschaft* nur eine Lebensdauer von gut einem Tag beschieden war. Nachdem Generaloberst Stechbarth im Nationalen Verteidigungsrat die militärische und politische Unmöglichkeit des Einsatzes der 1. MSD angesichts der in Berlin herrschenden Situation dargelegt hatte, wurde der Bereitschaftsstatus am 11. November um 14.00 Uhr aufgehoben. Generaloberst Joachim Goldbach, damals Chef Technik und Bewaffnung, kommentiert diese Vorgänge rückblickend wie folgt: „Der Einsatz von Waffengewalt hätte auch bedeutet, dass die Armee gegen die politische Entscheidung der Regierung vorgehen müsste, das wäre ein Staatsstreich gewesen." Und auch NVA-General Grätz verweist darauf, dass eine solche Militäraktion ein politischer Missbrauch der Streitkräfte gewesen wäre: „Ein Zurücknehmen dessen, was das Volk der DDR am Abend des 9. November, in spontaner Reaktion auf unbedachte Äußerungen eines unbedachten Politbüro-Mitgliedes erkämpft und in die Tat umgesetzt hatte, wäre mit so unübersehbaren Folgen verbunden gewesen, dass es außerhalb der Diskussion stand."

Als der Krenz-Befehl nicht mehr galt, versammelte der Chef der Politischen Hauptverwaltung, General Brünner, die gewählten Parteifunktionäre des Ministeriums, um die gerade zu Ende gegangene ZK-Tagung auszuwerten. An diesem Tag, dem 11. November, ließ sich gut beobachten, wie weit die Erosion der jahrelang in der Armee eingeübten und ritualisierten Parteidisziplin fortgeschritten war. Auf der Parteiaktivtagung wurden sowohl dem noch amtierenden Verteidigungsminister Keßler als auch dem Chef der Politischen Hauptverwaltung mangelnde Führung, Passivität, Unvermögen und Konzeptionslosigkeit vorgeworfen. Doch insbesondere der Minister vermittelte nicht den Eindruck, dass er diese Vorwürfe ernst nehmen würde. Auf einer Kollegiumssitzung drei Tage später, am 14. November, erklärte Armeegeneral Keßler den Spitzenmilitärs, dass er dem Vorsitzenden des Nationalen Verteidigungsrates angeboten habe, in der Regierung Modrow weiter als Verteidigungsminister zu wirken. Daraufhin forderten einige Kollegiumsmitglieder den Rücktritt des Ministers und die Entwicklung neuer sicherheitspolitischer Konzeptionen sowie einschneidende gesellschaftliche Veränderungen in der DDR. Es wurde eine Militärreform und die Einberufung eines Parteitages beantragt. Die NVA sollte als Armee des Volkes frei von der Bindung an eine einzige politische Partei und an eine einzige Weltanschauung sein.

An der Spitze des Ministeriums waren es vor allem die Generale Goldbach, Süß und Grätz sowie Admiral Hoffmann, die Impulse zur Erneuerung und Veränderungen in der NVA forderten. Die Reaktion von Krenz lautete: „Wenn ihr es besser könnt, so macht es doch." Der Minister Keßler und die Generaloberste Streletz, Reinhold und Stechbarth verließen im November und Dezember 1989 die NVA. Zum neuen Verteidigungsminister wurde am 18. November 1989 Admiral Theodor Hoffmann ernannt. Er sollte dafür sorgen, dass sich die Streitkräfte dem zu diesem Zeitpunkt noch verfassungskonformen Umbruch nicht entgegenstellten. Denn obschon sich die DDR in einer tiefen existenziellen Krise befand, schien es noch Chancen auf eine selbstbestimmte sozialistische Erneuerung zu geben.

Dass sich binnen weniger Wochen diese Rahmenbedingungen grundsätzlich ändern würden und damit auch die Position der Streitkräfte im Prozess des gesellschaftlichen Umbruchs neu zu definieren wäre, mochten sich die Verantwortlichen zu diesem Zeitpunkt nicht vorstellen. In dem Maße, wie die staatlichen Strukturen sukzessive zerstört und die verfassungsrechtlichen Grundlagen der DDR mit kräftiger Unterstützung von außen in Frage gestellt wurden, wäre es Aufgabe der politisch Verantwortlichen gewesen, der Armee eine aktive Rolle bei der Aufrechterhaltung der staatlichen Ordnung zuzuweisen, statt sie durch Stillhaltebefehle als Machtfaktor zu paralysieren. Und es hätte in der Verantwortung der neuen Militärführung gelegen, durch entschlossenes Auftreten in der Öffentlichkeit deutlich zu machen, dass die Streitkräfte sich weiterhin der DDR als per Verfassung sozialistisch definiertem Staat verpflichtet fühlen und sich einer Untergrabung der geltenden Rechtsordnung aktiv entgegenstellen werden. Das wäre kein Staatsstreich gewesen. Allein die klare politische Ansage und die Definition verfassungsrechtlicher Schmerzgrenzen hätte mit hoher Wahrscheinlichkeit viele erhitzte Gemüter beruhigt und zur Relativierung radikaler Machtambitionen mancher Oppositionspolitiker beigetragen. Außerdem hätte ein solches Statement der Militärführung all jenen DDR-Bürgern den Rücken gestärkt, die für ihr Land eine sozialistische Perspektive befürworteten. Diese Neujustierung der NVA unterblieb und sollte sich in der Folgezeit bitter rächen.

Doch zunächst schien der neue Mann an der Spitze der Armee ein personalpolitischer Glücksgriff zu sein. Seit Ende Oktober hatten sich angesichts immer neuer skandalträchtiger Medienberichte über das Dolce Vita einiger Militärhierarchen die pauschalen politischen Angriffe auf die Armee und ihre Soldaten gehäuft. Admiral Hoffmann erfreute sich in der Truppe gewisser Sympathien, weil er nicht wie andere Spitzenmilitärs seine Dienststellung für die Erlangung diverser Privilegien genutzt hatte.

Sukzessive wurden durch die Arbeit des vom Minister eingesetzten Ausschusses zur Untersuchung von Amtsmissbrauch, Korruption und persönlicher Bereicherung in der NVA und den Grenztruppen immer mehr Details über das fragwürdige Verhalten einiger mittlerweile abgelöster oder auf eigenen Wunsch aus dem Dienst ausgeschiedener Militärs bekannt. Die Nutzung von Sonderjagdgebieten, NVA-Flugzeugen und Hubschraubern für private Zwecke, die Realisierung von Sonderwünschen bei der Ausstattung von Wohnhäusern auf Kosten des Staates und die bevorzugte Versorgung der militärischen Hierarchen mit knappen Konsumgütern waren nun aktenkundig.

Die Wirkung dieser Informationen war für das Ansehen der Armee und ihres Führungspersonals verheerend. Gemessen an den Standards und Gepflogenheiten der westlichen Konsumgesellschaft erscheinen viele dieser angemaßten Vorteile lächerlich und in ihrer kleinbürgerlichen Anmutung im Rückblick zwar eher verkrampft. Unter den Bedingungen der von Gleichheitsutopien geprägten DDR-Gesellschaft musste die unbekümmerte Inanspruchnahme geldwerter Vorteile durch die oberste militärische Führungsriege jedoch Befremden und Empörung auslösen. Nun schien sich zu bestätigen, was mancher schon immer vermutet hatte:

Dass die Offiziere der NVA als Stützen des Systems auf Kosten der Bevölkerung einen überdurchschnittlich hohen Lebensstandard genossen hatten.

Das moralische Fehlverhalten der mittlerweile zurückgetretenen oder abgelösten militärischen Entscheidungsträger, das mit den öffentlich gepredigten kommunistischen Idealen nicht vereinbar war, führte nicht nur zu einem weiteren Ansehensverlust der Streitkräfte in der Bevölkerung, sondern auch zur Verbitterung der Berufssoldaten im Truppendienst. Diese NVA-Soldaten mussten unter härtesten Bedingungen und vor allem oft unter Verzicht auf ein normales Familienleben den Dienstbetrieb aufrecht erhalten, während der engste Führungszirkel sein Wohlleben auf Kosten des Staates organisiert hatte. Vor allem die Berufssoldaten in der Truppe sahen sich nun pauschal mit dem Vorwurf konfrontiert, privilegierte Hätschelkinder des Systems zu sein. Es waren vor allem die Berufsunteroffiziere, Fähnriche und Offiziere im Truppendienst, die unter der durch das Fehlverhalten der eigenen Führung beschleunigten öffentlichen Demontage der NVA und den damit verbundenen Angriffen zu leiden hatten.

Auch aus einem zweiten Grund war das Image der NVA in der Bevölkerung erheblich ramponiert: Bis Anfang der 80-er Jahre gab es vor allem in den Truppenteilen mit hohem Anteil Grundwehrdienstleistender immer wieder Vorfälle, die mit der öffentlich propagierten neuen Qualität sozialer Beziehungen in der Armee des Volkes unvereinbar waren. Das Phänomen der sogenannten EK (Entlassungskandidaten)-Bewegung stellte eine permanente Schande dar. Gekoppelt an die in halbjährigem Abstand erfolgenden Einberufungen zum Grundwehrdienst war vor allem in den überwiegend aus Wehrdienstleistenden unterschiedlicher Diensthalbjahre bestehenden Einheiten der NVA eine informelle Hierarchie entstanden, die – auch wenn sie von manchen Vorgesetzten aus Bequemlichkeit oder Desinteresse geduldet wurde – allen Führungsprinzipien einer modernen Armee widersprach. Erniedrigende und teilweise menschenverachtende Rituale, eine im militärischen Alltag mancher Einheiten eingebürgerte Fäkalsprache, die Untätigkeit mancher Vorgesetzter angesichts offenkundiger Verletzungen von Dienstvorschriften und die damit einhergehende Entfremdung der Wehrpflichtigen vom militärischen Auftrag diskreditierten die NVA in der Öffentlichkeit. Zwar ging die Militärführung mit teilweise drastischen Mitteln des Militärstrafrechts gegen die schlimmsten Auswüchse des EK-Unwesens vor, doch die über Jahre eingebürgerten informellen Hierarchien und Verhaltensweisen konnten schließlich nur durch eine Veränderung des Auffüllungssystems im Zuge der Einführung neuer Ausbildungsprogramme eingedämmt werden. Seit Anfang der 80-er Jahre wurden diensthalbjahreshomogene Bataillone in den Mot.-Schützenregimentern gebildet. Damit sollte eine größere Geschlossenheit der Einheiten erreicht werden.

Hatten die Wehrpflichtigen im Grundwehrdienst die ersten beiden Diensthalbjahre absolviert, wurden sie bevorzugt in der Wirtschaft eingesetzt. In den Panzerregimentern entstanden durch die Einführung des Panzers T-72, für dessen Bedienung nur noch zwei Unteroffiziere (Kommandant und Fahrer) und ein Richt-Lenkschütze im Grundwehrdienst benötigt wurden, neue strukturelle Bedingungen. Die Richt-Lenkschützen wurden ein halbes Jahr an den Unteroffiziersschulen ausgebildet und kamen erst dann in die Kampfeinheiten. Damit wurde teilweise der EK-Bewegung in den Landstreitkräften der Boden entzogen.

Doch die Wirkungen dieser strukturellen Verbesserung wurden recht schnell durch die zweckfremden Einsätze der Truppe in der Volkswirtschaft bei gleichzeitig aufrecht zu erhaltender Gefechtsbereitschaft neutralisiert.

Der verteidigungspolitische Sinn des Wehrdienstes war in den Einheiten immer schwerer vermittelbar. Wie sollten Vorgesetzte ihre Soldaten zu hohen Ausbildungsleistungen motivieren, wenn es offensichtlich dem Schutz des Landes vor einer Aggression keinen Abbruch tat, dass komplette Einheiten über Monate in den Betrieben der zivilen Wirtschaft eingesetzt waren? Wie sollte man den verstärkt eingezogenen Reservisten erklären, warum sie zum Militärdienst einberufen wurden, während gleichzeitig Soldaten im Grundwehrdienst in die Wirtschaft beordert wurden, um die dortigen Personalengpässe beseitigen zu helfen? Vor allem die Soldaten im Grundwehrdienst konnten sich angesichts solcher Bedingungen mit der NVA und ihrem Auftrag oft nicht mehr identifizieren. Im Familien- und Bekanntenkreis wurde durch Erzählungen der Soldaten der Dienst in der NVA oft nur noch als unattraktiver Zwangsdienst wahrgenommen.

Nun, da die ideologische Tünche abgewaschen war und auch die Medien der DDR bisher tabuisierte Themen aufgriffen, musste sich die Armee darauf einstellen, dass die im Wendeherbst bewiesene Gewaltabstinenz in der Öffentlichkeit nur als erster Schritt einer Veränderung der NVA betrachtet wurde. Sowohl die Privilegienwirtschaft der alten Militärführung, als auch die teilweise degenerierten sozialen Beziehungen in manchen Einheiten erwiesen sich in der Folge als argumentative Ansatzpunkte für jene Kräfte im Land, die das Ziel hatten, die NVA als verfassungsrechtlichen Machtfaktor zu schwächen und schließlich gänzlich auszuschalten. Begleitet wurden die auf reale Missstände in der NVA verweisenden Argumentationsmuster von Hinweisen auf die veränderte Weltlage sowie die ökonomischen und ökologischen Lasten, die der Unterhalt von Streitkräften verursacht. Die NVA ließ sich so als zu teures Relikt einer vergangenen Epoche darstellen, das in der nun angebrochenen Zeit allgemeiner Harmonie keinen Platz mehr haben konnte.

Die NVA des Jahres 1989 war nicht mehr die des Jahres 1988. Sie entwickelte langsam ein neues Selbstvertrauen als Stabilitätsanker der noch sozialistisch orientierten Gesellschaft. Und auch die Soldaten trugen mehrheitlich den Kurs auf die sozialistische Erneuerung des Landes mit. Im Herbst 1989 sprachen sich in repräsentativen Umfragen der Strausberger Militärsoziologen 94 Prozent der Soldaten und Unteroffiziere für einen besseren, reformierten Sozialismus aus. Im Januar 1990 identifizierten sich trotz aller Turbolenzen noch zwei Drittel der befragten Soldaten und Unteroffiziere mit dieser Vorstellung. Doch dieses Motivationspotential wurde nicht für die Neuausrichtung der Streitkräfte und die Sicherung der verfassungsgemäßen Ordnung im Lande genutzt. Die politische Zerstörung des Staates infolge fehlender Flexibilität und strategischer Weitsicht seiner Führungselite stellte das neue Selbstvertrauen der Streitkräfte schnell wieder in Frage. Als die Rufe nach einer Vereinigung mit der Bundesrepublik lauter und diejenigen nach einer Erneuerung der DDR immer schwächer wurden, stand auch die NVA in ihrer Gesamtheit zu Disposition. Die kurzzeitige Emanzipation der Militärs von der ehemaligen Staatspartei mündete schnell in eine tiefe Sinn- und Existenzkrise. Entscheidungen wurden nicht getroffen oder nicht konsequent umgesetzt. Einheitskommandeure wurden oft sich selbst überlassen. Ein Offizier der Funktechnischen Truppen meinte dazu damals in der Armeepresse: „Die Situation beim Militär ist im Herbst 1989 in erster Linie durch Konzeptions- und Sprachlosigkeit beim Ministerium für Nationale Verteidigung und anderen höheren Stäben gekennzeichnet. Es kommen keine Weisungen oder Befehle mehr von ‚Oben' zu uns in die Truppe. Alles bleibt dem eigenen Urteilsvermögen und dem

‚militärischen Selbstlauf' überlassen. Was clevere Kommandeure vor Ort nicht entscheiden, entscheidet niemand."

Währenddessen wurde in den Führungsetagen des Strausberger Ministeriums der von Gorbatschow übernommene Begriff des sogenannten *Neuen Denkens* strapaziert. Er geriet schnell zu einer inflationär gebrauchten Worthülse, hinter der sich mitunter Opportunismus und Feigheit verbargen. Was Gorbatschows Neues Denken für die DDR und ihre Streitkräfte bedeuten würde, war zu diesem Zeitpunkt natürlich noch nicht abzusehen. Es sollte sich jedoch schnell erweisen, das manches, was die neue NVA-Führung unter Hinweis auf diesen Begriff aus edelster Absicht anwies, letztlich der sukzessiven Zerstörung der Armee Vorschub leistete. Weil die Gewaltabstinenz der NVA im Wendeherbst und die damit einhergehende parteipolitische Emanzipation letztlich in eine aus Illusionen der Militärführung gespeiste, pseudoneutrale politische Beliebigkeit mündete, wurde der Zerstörung des sozialistischen Staates, dem man durch Eid verpflichtet war, kein institutioneller Widerstand entgegengesetzt. Die NVA-Führung gab damit – ungewollt – den Weg für die Zerschlagung der Armee frei.

Das Jahr 1990 sollte für die NVA und ihr Führungskorps eine Kette sich immer weiter verstärkender Zumutungen bringen, denen die Truppe schließlich nichts mehr entgegenzusetzen vermochte.

Reformen

Der neue Verteidigungsminister, Admiral Theodor Hoffmann, erklärte kurz nach der Einsetzung der Modrow-Regierung in einem Interview mit der NVA-Zeitung Volksarmee: „Ich sehe in der Wende zwei Hauptrichtungen. Einmal ist da die weitere Ausgestaltung des Verhältnisses Volk und Armee. Wir sind ein Teil des Volkes, wir beschützen es." Die Volkskammer müsse daher die wesentlichen Probleme der Landesverteidigung behandeln. Dazu gehöre die Militärdoktrin sowie Fragen der Abrüstung einschließlich der Folgen für die Berufssoldaten und ihre Familien. „Ich glaube, daraus ergeben sich Verbindlichkeiten für unsere neue Regierung. Wir unsererseits müssen uns aber auch mehr öffnen für die Bevölkerung [...]. Ob wir sie so oder anders nennen – eine Militärreform wird es geben. Ich glaube, dass diese Reform von Fragen der Führung, der größeren Hinwendung zum Menschen, einer größeren Truppenbezogenheit der Arbeit über die Durchsetzung des Leistungsprinzips, der Beseitigung des Formalismus sowohl bei der Führung des Wettbewerbes, als auch in anderen militärischen Prozessen bis hin zu den Dienst-, Arbeits- und Lebensbedingungen reicht. Aber wir werden nicht alles in Frage stellen, werden Brauchbares erhalten. Dazu gehört die Nationale Volksarmee insgesamt, dazu gehört das Prinzip der Einzelleitung, die kollektive Beratung, das Leben nach Dienstvorschriften und vieles andere mehr."
In diesem Zusammenhang konnte der neue Minister teilweise an Festlegungen seines Amtsvorgängers anknüpfen. Der mittlerweile abgelöste Armeegeneral Keßler hatte schon im Februar 1989 den Hauptinspekteur der NVA, General Süß, mit der Leitung einer Arbeitsgruppe betraut, die konzeptionelle Vorstellungen für die Umgestaltung der Streitkräfte zu einer reinen Verteidigungsarmee bis zum Jahr 2000

entwickeln sollte. Nun mussten allerdings inhaltlich und organisatorisch weit darüber hinaus reichende Entscheidungen getroffen und vor allem zügig umgesetzt werden. Am 18. November fasste das Sekretariat der Politischen Hauptverwaltung den Beschluss zur Trennung der Parteiorganisationen in der Armee von den sogenannten Politorganen sowie zur Auflösung der Politverwaltungen in den Teilstreitkräften, Militärbezirken und in den Grenztruppen bis zum 15. Februar 1990. Diese Entscheidung sollte die parteipolitische Öffnung der Armee ermöglichen, beförderte jedoch zugleich den raschen Verfall identitätsstiftender Strukturen und Selbstwahrnehmungen in dieser bis dahin immer parteipolitisch definierten Armee.

Kennzeichnend für diese Zeit unmittelbar nach der Öffnung der Grenze war, dass der jahrelange Reformstau in den Streitkräften das systematische Abarbeiten einzelner Themenfelder im Grunde ausschloss. Alles erschien gleich wichtig und dringend, wollte man das Heft des politischen Handelns wieder in die Hand bekommen und den sich überschlagenden Ereignissen nicht immer nur hinterher hecheln. Damit war aber vorprogrammiert, dass die Militärreform hinsichtlich ihrer konzeptionellen Vorbereitung und Umsetzung erhebliche Defizite aufweisen müsste. Die durch die Tagesereignisse scheinbar alternativlos gewordene Tendenz, die Befehlsgebung am Zeitgeist und der veröffentlichten Meinung auszurichten, wurde von Unterstützern und Gegnern der Armee zunehmend als Prinzipienlosigkeit und vorauseilende Anpassung an neue Machtverhältnisse wahrgenommen. Gerade die schnell verfügte Auflösung der Politabteilungen erwies sich angesichts noch wenig ausgereifter Vorstellungen über Inhalte und Strukturen der Staatsbürgerlichen Arbeit als Auftakt nicht nur für eine Entpolitisierung der Armee, sondern auch für die Zerstörung der historisch gewachsenen politischen Identität vor allem des Offi-

zierskorps. Und die mit der Auflösung der Politabteilungen in Gang gesetzten Strukturveränderungen waren vor allem mit sozialpolitisch nicht beherrschbaren Konsequenzen für nun zu entlassende, weil nicht mehr benötigte Offiziere und deren Familien verbunden. Insbesondere die berufliche Perspektivlosigkeit der zu Entlassenden angesichts eines am wirtschaftlichen Abgrund stehenden Staates führte zu Verunsicherungen in der Truppe und war der Akzeptanz der Militärreform nicht dienlich. Die pragmatische Entsorgung der nun nicht mehr benötigten Politoffiziere als scheinbare Altlast früherer Gängelung der Streitkräfte durch die SED erwies sich als sozialpolitischer Modellfall für die später exekutierten Massenentlassungen von Berufssoldaten aus dem Truppendienst. Ein Politoffizier des Militärbezirks V artikulierte seine Frustration im Frühjahr 1990 in der NVA-Zeitung Volksarmee recht drastisch: „Als im Januar das Fernschreiben kam, wonach die Politorgane aufgelöst wurden, brach für mich eine Welt zusammen. Erst die Staatssicherheit und nun wir, habe ich gedacht. Mir fiel ein, wie ich damals von der Partei aus meinem Thüringen nach Eggesin kommandiert worden war. Die Partei braucht dich, hieß es – und nun das. Ich kam mir ausgebrannt vor. Mit meiner Frau habe ich besser nicht darüber gesprochen. Aus meiner Tätigkeit im Verband der Berufssoldaten weiß ich, dass viele keine Arbeit finden. Ich will weiter in der Armee dienen. Wir brauchen Dienstverträge, denn man muss etwas in der Hand haben. Mein Diplom als Gesellschaftswissenschaftler interessiert heute niemanden mehr. 19 Jahre habe ich die Schulbank gedrückt – aber doch nicht, um als Heizer mit 450 Mark im Monat zu leben[...]."
Die Auflösung der Politabteilungen korrespondierte mit der Festlegung des Sonderparteitages der SED am 8. Dezember 1989 über die Auflösung der Parteiorganisationen in der NVA und den Grenztruppen. Ange-

sichts immer neuer Veröffentlichungen über Verfehlungen ehemaliger hoher Parteifunktionäre im Amt und der massiven Angriffe gegen die in SED/PDS umbenannte Staatspartei gaben in der Folge auch in der Armee immer mehr Soldaten aller Dienstgradgruppen ihre Parteidokumente ab. Am 16. Januar 1990 wurden die SED-Grundorganisationen in den Dienststellen aufgelöst, Parteiarbeit während der Dienstzeit wurde untersagt und in die Wohngebiete verlagert. Dass nach dem Wegfall der parteipolitischen Ausrichtung ein anderes identitätsstiftendes Instrument und entsprechende Inhalte gefunden werden mussten, war den verantwortlichen Militärs durchaus bewusst. Die konzeptionell und strukturell auszugestaltende Staatsbürgerliche Arbeit sollte sich an der Verfassung orientieren. Eine Umorientierung auf die Durchführung staatspolitischer Erziehung in den Streitkräften wurde allerdings von den Ereignissen überrollt. Noch im November 1989 hatte zwar der damalige stellvertretende Chef der Politischen Hauptverwaltung, Generalleutnant Manfred Volland, im Interview beruhigend erklärt, man brauche die jungen, noch im Studium befindlichen zukünftigen Politoffiziere dringend für die Organisation der Staatsbürgerlichen Arbeit in den Streitkräften. Und auf einer Kommandeurstagung am 20. November hatte Minister Hoffmann Transparenz bei der Neukonzipierung und Umsetzung der zukünftigen Militärpolitik sowie eine Neuausrichtung der politischen Arbeit in den Streitkräften gefordert. Diese Vorstellung erwies sich indes schnell als illusionär. Mit der Abschaffung der bisherigen politischen Strukturen klaffte plötzlich im Gefüge der Streitkräfte eine Lücke, die nicht geschlossen werden konnte, weil die Alternativen noch nicht hinreichend strukturell entwickelt und konzeptionell für den Truppenalltag untersetzt waren.

Auf dieser Kommandeurstagung verwies der Minister auch auf die nun notwendigen Reduzierungen bei Personal und Bewaffnung sowie auf die Optimierung der Strukturen, die Neuorientierung der Nachwuchsgewinnung und die Verbesserung von Arbeits- und Lebensbedingungen als Bestandteile einer Militärreform. Die NVA sollte nicht nur reduziert und modernisiert, sondern so verändert werden, dass sie ihren Verfassungsauftrag würde effektiver erfüllen können. Hoffmann dazu: „Die Militärreform ist Teil der Erneuerung in der DDR. Ziel der Reform ist eine Armee, die in der Lage ist, unter den veränderten innen- und außenpolitischen Bedingungen den ihr übertragenen Verfassungsauftrag auf der Grundlage eines breiten gesamtgesellschaftlichen Konsenses zu erfüllen."

Die Kommission für die Erarbeitung eines Programms der Militärreform stand unter Leitung von Generalleutnant Süß. Zur besseren Einbeziehung der Öffentlichkeit in die Umgestaltung der Armee nahm am 21. November ein Konsultations- und Informationspunkt zur Militärreform unter Leitung des Kaderchefs der Armee, Generalleutnant Ludwig, die Arbeit auf. Und weil die Reformierung der Streitkräfte das gesamte System der Landesverteidigung in der DDR berührte, wurde mit Ministerratsbeschluss vom 21. Dezember 1989 eine Regierungskommission gebildet, die in einem Reformprogramm die Probleme der Abrüstung, der Bündniszugehörigkeit der deutschen Staaten und die künftige Rolle der NVA zu untersuchen hatte. Aber auch die eventuelle Verkürzung des Grundwehrdienstes und der Aufbau eines Zivildienstes in der DDR waren in die Untersuchung einzubeziehen. Die NVA wurde der parlamentarischen Kontrolle durch die Volkskammer unterstellt. Aus den Streitkräften und den wissenschaftlichen Einrichtungen der Armee kam eine Vielzahl von Vorschlägen beispielsweise zur ökonomisch effektiveren Sicherstellung der Landesverteidigung sowie zur Staatspolitischen Arbeit in den Streitkräften. Bereits im Dezember legten Militärs und Wissenschaftler Vorschläge für eine eigenständige Militärdoktrin der DDR vor. Damit nahm man nun auch militärpolitisch Kurs auf eine Abnabelung von der Führungsmacht UdSSR durch selbstbewusste Benennung eigener sicherheitspolitischer Interessen und Akzentsetzungen. In diesem Diskussionspapier wurde der zukünftige militärische Auftrag der NVA u.a. wie folgt definiert:

„- in Krisen- und Spannungssituationen militärische Mittel so einzusetzen, dass sie de eskalierend wirken und von der Gegenseite unzweifelhaft so verstanden werden;

- militärische Provokationen und Anschläge unter Vermeidung der Gefahr eines Kriegsausbruchs zurückzuweisen;

- im Falle eines militärischen Konflikts dergestalt defensiv zu reagieren, dass Spielraum für eine politische Konfliktbeendigung geschaffen wird bzw. erhalten bleibt;

- bereit und fähig zu sein, im Koalitionsbestand an der Abwehr einer militärischen Aggression teilzunehmen, um einem Aggressor den Erfolg zu verwehren."

Auf der Grundlage des bis Anfang Dezember erarbeiteten Ministerbefehls über die Militärreform wurden bis Anfang Januar 1990 konzeptionelle Vorstellungen zu den Teilgebieten der Reform und bis Anfang Februar die Führungskonzeption für das Ministerium entwickelt. Doch die Ereignisse zeigten sehr schnell, dass selbst dieser, für eine bürokratisch strukturierte Großorganisation schon erstaunlich zügige Prozess mittlerweile mit dem sich dramatisch beschleunigenden Umbruch in der Gesellschaft nicht Schritt halten konnte. Alles kam angesichts der hohen Erwartungshaltung in den Streitkräften und der mittlerweile in allen Dienstgradgruppen um sich greifenden existenziellen Verunsicherung zu spät. Wehrdienstleistende verloren ihre zivilen Arbeitsplätze, Soldaten auf Zeit wussten nicht, ob ihnen ihre Studienplätze nach dem Ausscheiden aus dem Dienst sicher sind, Offiziere sahen angesichts erster Entlassungen und der angekündigten Personalkürzungen in Folge der Abrüstung keine längerfristigen Berufsperspektiven mehr. Kommandeure wussten nicht, was sie ihren Unterstellten sagen sollten und gewannen den Eindruck, dass die eigene Führung dabei sei, die Armee durch hektische Befehlsgebung zu desorientieren und zu zerstören. Die Militärführung steckte in einem Dilemma: Einerseits erzwangen die Umbrüche in der Gesellschaft längst überfällige Veränderungen auch in der Armee, gleichermaßen musste aber auch jedem Verantwortlichen bewusst sein, dass der radikale und überstürzte Umbau militärischer Strukturen in einer gesellschaftlichen Übergangsphase mit erheblichen Risiken für die Stabilität und den Bestand der Armee und des Staates verbunden sein würde. Mit Blick auf die Sicherung einer minimalen sicherheitspolitischen Kontinuität im Land hätte rein funktional in dieser Situation auf eine so grundsätzliche Militärreform verzichtet werden müssen. Doch dafür gab es politisch keinen Spielraum mehr. Verantwortlich dafür war die abgelöste politische und militärische Führung der DDR, die – wie in der Gesellschaft insgesamt – so auch in den Streitkräften durch ihre Realitätsverweigerung einen Reformstau zugelassen hatte, an dem ihre Nachfolger im Amt scheitern mussten. Alle Reformen der Jahre 1989 und 1990 kamen im Grunde fünf Jahre zu spät. Die Militärführung sah sich so in der wenig komfortablen Rolle, scheinbar immer nur auf Tagesereignisse reagieren zu können. Daran änderten auch der am 30. November in Berlin-Grünau, an der Militärpolitischen Hochschule der NVA, installierte Runde Tisch der Militärreform und die am 12. Dezember vom Minister ausgesprochene Einladung an die Parteien und Bürgerbewegungen zur Mitarbeit in diesem Gremium wenig. Der Armeeführung schlug vor allem seitens der Teilnehmer aus dem Umfeld der Bürgerbewegung ein deutliches Grundmisstrauen entgegen. Die Reformankündigungen des Ministers hielt man für Verschleierungsversuche zur Sicherung alter Machtstrukturen. Der Runde Tisch der Militärreform tagte insgesamt sieben Mal und letztmalig am 20. März 1990, zwei Tage nach der Volkskammerwahl. Es dürfte ein historisches Novum sein, dass eine Armeeführung, die verfassungsrechtlich ausschließlich der noch amtierenden Regierung unterstand, freiwillig militärpolitische Konzeptionen mit oppositionellen Kräften diskutierte, die teilweise eben jene Streitkräfte ausschalten wollten. Und die Opposition gab sich nicht damit zufrieden, dass der Grünauer Runde Tisch, wie von den Militärs ursprünglich beabsichtigt, nur ein Konsultationsgremium sein sollte. Die neuen Gesprächspartner wollten erkennbar Macht und versuchten das Gremium als Instanz mit politischer Weisungsbefugnis zu etablieren. Die eigentümliche Doppelherrschaft, die im Staat durch den Zentralen Runden Tisch als Parallelstruktur zur Modrow-Regierung entstanden war, fand so ihre Fortsetzung in den Streitkräften. Mit Einsetzung einer durch demokratische Wahlen legitimierten Regierung erwies sich der Notbehelf Runder Tisch forthin auch aus Sicht der vormaligen Opposition als überflüssig.

Dass es seitens der oppositionellen Kräfte im Land eine recht kritische Sicht auf die Streitkräfte und ihre Rolle in der Gesellschaft geben würde, konnte für die Militärführung keine Überraschung sein. Doch auch von anderer Seite wurde die militärische Führungsspitze völlig unerwartet in Bedrängnis gebracht, gab es doch plötzlich auch in der Noch-Regierungspartei SED/PDS und im Kabinett des Ministerpräsidenten Modrow Stimmen, welche die völlige Abschaffung der Armee forderten. Dass eine solche Politik den Wahlchancen der Reformsozialisten bei den Berufssoldaten nicht förderlich sein würde, war absehbar und trug nicht unerheblich zur Entfremdung der Militärs von jener Partei bei, der immer noch viele Offiziere und Berufsunteroffiziere angehörten.

Während die Militärführung bemüht war, die Existenzberechtigung der NVA als Parlamentsarmee nachzuweisen, hatte der Prozess der sukzessiven Zerstörung des Staates und seiner bewaffneten Machtstützen längst begonnen. Was Militärs mit dem Terminus „nach Teilen zerschlagen" beschreiben, passierte in der Gesellschaft insgesamt und in den Sicherheitsstrukturen der DDR. Zuerst hatte sich der Zorn der Opposition gegen die veränderungsunwillige alte SED-Parteielite gerichtet. Dann traf es die Staatssicherheit, das äußere Symbol der innenpolitischen Machtausübung, den scheinbaren Staat im Staate, wobei größtenteils übersehen wurde, dass dieses Ministerium die Befehle von den für die Sicherheitspolitik zuständigen Parteifunktionären im ZK der SED erhielt.

Die durch westliche Medien und – wie man heute weiß – auch durch die neue SED/PDS-Führung geförderte Fokussierung der Angriffe auf das MfS und seine Mitarbeiter ließ die damaligen Führungskräfte von Polizei und NVA weitgehend unbeeindruckt. Man selbst war ja scheinbar nicht betroffen und tat alles, um sich von umstrittenen Praktiken und Strukturen des MfS abzugrenzen. Doch bald sollte sich zeigen, dass vor allem mit Blick auf die NVA eine ähnliche Taktik der sukzessiven Delegitimierung und Aufspaltung angewendet wurde. Unmittelbar nach dem Staatsjubiläum im Oktober unterblieben seitens der Organisationen und Parteien direkte Angriffe auf die Armee. Noch hatten die Demonstranten und die neuen politischen Akteure nicht völlig vergessen, dass der friedliche Umbruch auch der Gewaltabstinenz des Militärs zu verdanken

war und noch mochte der eine oder andere Oppositionspolitiker insgeheim die Befürchtung hegen, die
NVA könne sich als Macht- und Ordnungsfaktor doch
noch in die innenpolitische Auseinandersetzung einmischen. Daher ließ die Opposition die Streitkräfte vorerst in Ruhe und konzentrierte sich auf die Demontage
des Ministeriums für Staatssicherheit. Vielmehr be-
tonten Vertreter aller politischen Parteien und Gruppierungen, dass den politisch geläuterten Streitkräften
im gesellschaftlichen Erneuerungsprozess eine stabili-
sierende Rolle zukomme. Und die neue Militärführung
im Brandenburgischen Strausberg versuchte diesen
Erwartungen zu entsprechen. Nur durch einen selbst
gestalteten Wandel und die politische Öffnung würde
anscheinend die Armee zukünftig ihre Existenzberechtigung in der Gesellschaft nachweisen können. Die
Entwicklung im Land und in den Streitkräften erlangte
jedoch eine Eigendynamik, der Politik und Bürokratie
nur noch hinterher hecheln konnten. Insbesondere die
Wehrpflichtigen wollten, dass offenkundige Missstände
sofort abgestellt und Fehlentscheidungen der Vergangenheit zurückgenommen würden.
Am 1. Januar 1990, um 1.00 Uhr, begann der erste
Soldatenstreik in der Geschichte der DDR.
Im Brandenburgischen Beelitz stationierte Soldaten
hatten am Silvestertag 1989 ihre Kommandeure ge-
beten, zum Jahreswechsel mit Sekt anstoßen zu dürfen. Mit einem Verweis auf die einschlägige Dienstvor-
schrift war ihnen das verwehrt worden, und sie rebel-
lierten. Die Revolte begann im Panzerregiment 1 der
Artillerieabteilung 1, im Aufklärungsbataillon 1 und in
der Geschosswerferabteilung 1 der 1. Mot.-Schützen-
Division in Beelitz und erfasste bald 40 Kasernen von
der Ostsee bis nach Thüringen. In einigen Dienststellen wurden Soldatenräte gebildet.
Die Streiks waren eine indirekte Folge der Montagsdemonstrationen in den Städten. Sie markierten den Be-

ginn einer bisher undenkbaren Demokratisierung in der NVA von unten. Zugleich zeigte sich dabei eine gezielte destabilisierende Einflussnahme oppositioneller Gruppen auf die Streitkräfte von außen. Teilnehmer der damaligen Auseinandersetzungen zwischen den Streikenden und den Kommandeuren verschiedener Ebenen berichten, dass die Streikführer nach jedem erzielten Kompromiss den Rat der örtlichen zivilen Bürgerrechtsgruppen einholten, was zur Folge hatte, dass der Forderungskatalog der Soldaten nach jeder Verhandlungsrunde ausgedehnt wurde. So wollten die oppositionellen Gruppen offenbar die Schmerzgrenzen der Militärführung austesten, was ihnen offenkundig auch gelang.

Die Streikaktionen erfüllten den Straftatbestand der Meuterei. Nach § 259 der Militärgerichtsordnung der NVA hätte die Beteiligung mit Freiheitsstrafen bis zu acht Jahren geahndet werden können. Die Militärbürokratie geriet unter einen enormen Entscheidungsdruck. Strukturelle Bedingungen und Entscheidungen aus der Vorwendezeit lasteten als schwere Hypothek auf der Arbeit der neuen Militärführung. Im Zuge der noch von Honecker in Gang gebrachten einseitigen Abrüstungsmaßnahmen sollte das Panzerregiment 1 in Beelitz aufgelöst und zu einem Ausbildungsregiment umstrukturiert werden. Dieses Regiment sollte dann vorzugsweise in Industriebetrieben der DDR zum Einsatz kommen, als billiges Arbeitspotenzial für die unter Arbeitskräftemangel leidende DDR-Wirtschaft – ein als Wehrdienst getarnter Arbeitsdienst. Das war den Wehrpflichtigen nicht vermittelbar. Eine der ersten Forderungen der Soldaten in Beelitz war der Verzicht auf Einsätze in der Wirtschaft. Sie verlangten auch die Reduzierung des Grundwehrdienstes, der häufig als Gammeldienst empfunden wurde, die Einführung eines Zivildienstes, eine heimatnahe Einberufung, bessere Urlaubsbedingungen sowie die Erhöhung des Wehrsoldes. Und bessere Unterkünfte. Allzu offenkundig zeigte sich an vielen Standorten ein klaffender Widerspruch zwischen hervorragend ausgestatteten und gepflegten Gefechtsparks und heruntergekommenen Unterkünften der Soldaten sowie maroden Versorgungseinrichtungen. Wo Soldaten nach der Gefechtsausbildung oder nach sogenannten Parktagen nicht einmal duschen konnten oder die Kücheneinrichtungen so verschlissen waren, dass sie eigentlich aus technischen und hygienischen Gründen hätten geschlossen werden müssen, kam gar nicht erst der Eindruck auf, dass die politische und militärische Führung ihre Obhuts- und Fürsorgepflicht ernst nahm. Rechtfertigen ließen sich diese Zustände nicht mehr mit dem Argument, dass die DDR einst beim Aufbau der Armee nur teilweise auf Kasernen der Wehrmacht zurückgreifen konnte, da diese von den im Lande stationierten sowjetischen Truppen genutzt wurden. Die in den 50-er Jahren errichteten NVA-Kasernen konnten kaum modernen Unterbringungsstandards entsprechen. In den 70-er und 80-er Jahren wurden die infrastrukturellen Defizite des Truppenalltags von den Soldaten nicht mehr als alternativlos akzeptiert. Die prioritäre Verwendung knapper Investitionsmittel für die Unterbringung und Pflege der teuren Kampftechnik bei gleichzeitiger Streichung notwendiger Investitionen für die Verbesserung der Lebensbedingungen in den Kasernen konterkarierte das in der Öffentlichkeit sorgsam gepflegte Bild von der Armee des Volkes. Die der desolaten volkswirtschaftlichen Lage des Staates geschuldete langjährige Vernachlässigung sozialer und infrastruktureller Probleme des Truppenalltags durch die Militärführung ließ nicht nur Fragen zur inneren Verfassung der NVA aufkommen, sondern auch zu ihrer Daseinsberechtigung.

Die streikenden Soldaten wollten zudem mehr Mitbestimmung, so bei der Aufstellung der Dienstpläne. Der

Zapfenstreich um 22.00 Uhr sei für erwachsene Männer inakzeptabel und das Tragen der kratzigen Uniform beim Ausgang eine Zumutung. Es ging nicht nur um die politische Neuausrichtung der Streitkräfte, sondern auch um ihre Zweckbestimmung und die Rahmenbedingungen des Dienstes. Die NVA als moderne Parlamentsarmee konnte nur eine neue Identität gewinnen, wenn die Konditionen des Dienstes im Truppenalltag dieser politischen Neuorientierung angepasst würden. Die Militärführung musste die Wehrpflichtigen als Staatsbürger ernst nehmen und mit den finanziellen und materiellen Bedingungen und Strukturen auch den Umgangston in den Kasernen verändern.

Dass viele Kasernen marode und die Truppenverpflegung von geringer Qualität, dass Tagesabläufe, Urlaubs- und Ausgangsregelungen nicht mehr zeitgemäß waren und die Uniform von den Wehrpflichtigen als unattraktiv empfunden wurde, waren keine neuen Erkenntnisse, welche die Spitzenmilitärs hätten überraschen können. Die von den Soldaten angeprangerten Missstände waren der Militärführung aus einer Vielzahl repräsentativer militärsoziologischer Untersuchungen seit Langem bekannt. Man hatte jedoch aus finanziellen Gründen und obrigkeitsstaatlicher Ignoranz jahrelang nichts unternommen, um die Verhältnisse zu bessern und den Dienst der Wehrpflichtigen attraktiver zu machen. Die über Jahre kaschierten Widersprüche in der Truppe brachen nun auf.

Admiral Hoffmann trat vor die streikenden Soldaten in Beelitz, hörte sich ihre Forderungen an und stimmte ihnen im Wesentlichen zu – ein Novum in der Militärgeschichte. Es gibt kein anderes Beispiel, wo Soldaten, die nach geltendem Recht als Meuterer zu behandeln gewesen wären, einen Minister einbestellten und damit Erfolg hatten. Hoffmann sagte dazu später: „In Verbindung mit den Ereignissen in Beelitz bin ich von einigen wenigen Kommandeuren dafür kritisiert worden, dass ich dort nicht das Fallschirmjägerbataillon eingesetzt habe. Aber das hielt ich für altes Denken, und mit dem Einsatz hätte ich den friedlichen Charakter der Wende in der NVA verletzt."

Mit der an sich positiven, gewaltfreien Lösung des Konflikts in Beelitz wurde in der Truppe allerdings ein Präzedenzfall geschaffen: Ab sofort war jedem Soldaten bewusst, dass sich bei Aufbau entsprechenden Drucks Einzel- und Gruppeninteressen auch gegen den Willen der verunsicherten militärischen Führung durchsetzen ließen. Und die einen Systemwechsel anstrebenden oppositionellen Kräfte im Land wie auch die ministeriale Entscheidungsebene der Bundeswehr lernten daraus, dass die NVA-Führung ihrer Soldaten nicht mehr sicher sein konnte. Mithin, dass die Truppe innenpolitisch als Macht- und Ordnungsfaktor im Ernstfall kaum noch handlungsfähig wäre. Diese Wahrnehmung mag ursächlich dazu beigetragen haben, dass in der Folgezeit die NVA im Westen nur noch als Papiertiger ohne machtpolitisches Gewicht im Einigungsprozess galt.

Der Streik endete am 2. Januar 1990. Bereits am darauffolgenden Tag wurden die nun durch den Minister angeordneten Sofortmaßnahmen per Fernschreiben allen NVA-Dienststellen übermittelt. Schon im Januar sollte ein neues Wehrdienstgesetz erarbeitet werden. Der Grundwehrdienst wurde auf zwölf Monate verkürzt. Unteroffiziere auf Zeit brauchten nur noch 24 Monate dienen. Die Soldaten des dritten Diensthalbjahres würden am 26. Januar vorzeitig entlassen werden. Unteroffiziere auf Zeit konnten nach zweijähriger Dienstzeit einen Antrag auf vorzeitige Entlassung stellen. Zukünftig sollte bei der Einberufung das Prinzip des wohnortnahen Einsatzes gelten.

Das Ministerium schlug der Regierung zugleich die Auflösung der Volkswirtschaftseinheiten, also der Ausbildungsbasen und Pionierbataillone vor. Es wurde festgelegt, dass die in den Ausbildungsbasen befindlichen Soldaten im Grundwehrdienst nach Abschluss ihrer dreimonatigen Ausbildung am 26. Januar in die Wehrkreiskommandos zurückzuversetzen seien und dort in Verantwortung der Wehrkreiskommandos ihren Wehrdienst abzuleisten hätten. So versuchte man wieder Ruhe in die Truppe zu bekommen.

Ebenfalls bereits am 3. Januar 1990 wurde eine Korrektur an der Innendienstvorschrift vorgenommen. Nun mussten nicht mehr 85 Prozent des Personalbestandes ständig in den Kasernen präsent sein, sondern nur noch 50 Prozent. Die Fünf-Tage-Woche und der 45-Stunden-Wochendienst wurden zur Regeldienstzeit in den Einheiten. Die Personalausweise, welche bis dahin von den Vorgesetzten eingezogen worden waren, verblieben beim Soldaten. Ausgang in Zivil wurde möglich. Private PKW und Motorräder durften mitgebracht werden. Die Erweiterung des Ausgangs über die Standortgrenzen hinaus wurde genehmigt. Ab März konnte zudem täglich Ausgang gewährt werden. Der bis dahin obligatorische Frühsport wurde abgeschafft. Unteroffiziere auf Zeit sollten Dienststellenausweise bekommen. In der Truppe galt nun nicht mehr die Anrede „Genosse", sondern Soldaten wie Offiziere sprachen sich mit „Herr" an. Das Tragen von Bärten, das bis dahin unter Hinweis auf mögliche Probleme beim Einsatz der Truppenschutzmasken verboten war, wurde nun erlaubt. Außerdem fiel das Verbot, westliche Medien zu nutzen. Reisen in die BRD waren jetzt auch für Armeeangehörige möglich. In den Einheiten wurden Sprecher der Soldaten gewählt. Die einheitliche Nachtruhe ab 22.00 Uhr wurde abgeschafft. Die Soldaten absolvierten den Kasernendienst nicht mehr in K2-Uniform und die Offiziere trugen nicht mehr die traditionellen Stiefelhosen. Die Einberufung zum Grundwehrdienst sollte nur noch für junge Männer bis zum Alter von 23 Jahren erfolgen. Alle 17.000 Reservisten waren schon im Dezember 1989 entlassen worden.

Doch die Erwartung des Ministers, durch schnelles Handeln aus der Defensive zu kommen, erwies sich bald als unrealistisch. Zum einen führte die selektive Darstellung der Sofortmaßnahmen des Admirals in den Medien zu erneuter Unruhe in der Truppe. Vor allem in den Kampfeinheiten mussten die angekündigten vorzeitigen Entlassungen von Soldaten und Unteroffizieren auf Zeit dazu führen, dass die Truppe strukturell nicht mehr einsatzbereit wäre. Zum anderen fühlten sich jene Kommandeure im Stich gelassen, die in ihren Verantwortungsbereichen die Einhaltung der noch geltenden Dienstvorschriften sichern wollten.

In Strausberg beriet am 3. Januar Ministerpräsident Hans Modrow mit den Ministern für Verteidigung und des Innern. Dabei ging es unter anderem um analoge Vorschriften für die Kasernierten Einheiten des Innenministeriums. Außerdem wurden die Grenztruppen aus der Befehlsstruktur des Verteidigungsministeriums herausgelöst und dem Ministerium des Innern überstellt. Konkretisiert wurde diese Festlegung schließlich nach der Wahl von den neuen Ressortchefs Eppelmann und Diestel. Die Unterstellung unter den Befehl des Innenministers Peter-Michael Diestel erfolgte schließlich am 01. Juli 1990.

Der Soldatenstreik und die danach getroffenen Festlegungen bedrohten indes den Zusammenhalt der Armee. Das offenbarte sich im Verlauf einer erweiterten Kollegiumssitzung, die Admiral Hoffmann für den 5. Januar einberufen hatte. Durch die für Ende Januar zu erwartenden Entlassungen, so die Prognose, sei die Gefechtsbereitschaft nur noch eingeschränkt aufrecht zu erhalten und die Mobilmachungszeiten müssten verlängert werden. Verschärft werde die Situation dadurch, dass die NVA durch Fahnenfluchten in diesem Zeitraum monatlich eine Kompanie Soldaten verlor.

Angesichts dieser Entwicklung wüchsen in der sowjetischen Westgruppe die Besorgnisse, dass die NVA-Feldarmeen im Kriegsfall die Flanken der Verbündeten nicht mehr würden sichern können. Nach Einschätzung des stellvertretenden Kaderchefs der Armee war die Verunsicherung mittlerweile auch im Offizierskorps groß. Viele Offiziere seien der Meinung, dass der Staat, dem sie dienten, ihnen gegenüber nicht Wort gehalten habe. Es machten sich Orientierungslosigkeit, Enttäuschung und Resignation breit. Mancher Kommandeur erkenne in den vom Minister angeordneten Sofortmaßnahmen ein Zurückweichen vor Meuterern und konstatiere eine Zerschlagung der Armee von oben. Spätere soziologische Analysen belegen, dass der galoppierende Zerfall der Armee im Januar mit einem dramatischen Motivationsverlust in allen Dienstgradgruppen verknüpft war.

Und die selektive Auflösung der Armee setzte sich fort, nachdem am 16. Januar der Verwaltungsbereich des MfS (Verbindungsoffiziere des MfS, umgangssprachlich VO-Offiziere) aufgelöst wurde. Diese Struktur war für die Überwachung der NVA und der Grenztruppen sowie für die Spionageabwehr zuständig gewesen. An ihre Stelle sollte eine aus NVA-Offizieren rekrutierte Militärabwehr treten, wobei allerdings unklar blieb, wann der neue Dienst einsatzbereit sein würde. Damit fehlte den Kommandeuren auf einen Schlag ein wesentlicher Informationsstrang insbesondere für die Abwehr äußerer Angriffe auf die Truppe und sicherheitsrelevante Einrichtungen der Armee.

Nach dem 19. Januar 1990 wurde Fahnenflucht nicht mehr strafrechtlich verfolgt. Alle laufenden Verfahren wurden eingestellt. Angesichts der offenen Grenzen gab es keine Möglichkeit einer juristischen Sanktionierung mehr. In der Zeit vom 1. Dezember 1989 bis 11. Mai 1990 verließen 1.507 Fahnenflüchtige ihre Einheiten, darunter 65 Offiziere, 33 Fähnriche und 18 Offiziersschüler. Um angesichts zunehmender Unsicherheit in der Truppe die Interessen der Soldaten in der Öffentlichkeit und gegenüber den politischen Entscheidungsträgern besser artikulieren zu können, wurde am 20. Januar 1990 der Verband der Berufssoldaten der DDR in Leipzig von 520 Delegierten aus allen Bereichen der NVA gegründet, die sogenannte Soldatengewerkschaft. Bereits Mitte 1990 hatte sie 45. 000 Mitglieder.

Der Verteidigungsminister gab auf einer Kommandeurstagung am 19. Januar 1990 den Rückzug der 21.000 NVA-Soldaten bekannt, die zu der Zeit noch in der Wirtschaft eingesetzt waren. Zukünftig würde ein Einsatz der Streitkräfte nur noch auf Regierungsbeschluss zur Katastrophenhilfe erfolgen. Angesichts der beabsichtigten Verkürzung des Wehrdienstes auf zwölf Monate sei zudem eine Veränderung des Systems der Gefechtsausbildung notwendig, deren Vorbereitung aber Zeit erfordere. Für die NVA müsse konstatiert werden, dass sie keinen ernstzunehmenden Grad der Gefechtsbereitschaft mehr habe. Die Erfüllung des Verfassungsauftrages sei „sehr stark eingeschränkt". Das war die faktische Bankrotterklärung des Ministers und seiner Führungsmannschaft.

Ungeachtet dieser blamablen Lage herrschte hinsichtlich einer Fusion beider deutscher Armeen in der NVA-Führung zu diesem Zeitpunkt teilweise noch Skepsis. Mit Blick auf eine mögliche Vereinigung beider deutscher Staaten erklärte der seit dem 1. Januar 1990 als Chef des NVA-Hauptstabes eingesetzte Generalleutnant Grätz am 21. Januar 1990 in einem Interview mit der Zeitung Junge Welt, dass es seiner Meinung nach keine zwei Armeen in einem vereinigten Deutschland geben könne und eine Verschmelzung von NVA und Bundeswehr nicht vorstellbar sei. Nach dem Regierungswechsel am 12. April 1990 schwenkte der Spitzenmilitär dann allerdings auf die von seinem neuen Minister Eppelmann vorgegebene, völlig entgegengesetzte Argumentationslinie ein.

Dass das Ende des Staates, den die NVA schützen sollte, schneller kommen könnte, als öffentlich erklärt, wurde etlichen führenden Militärs offenbar nach der Rückkehr von Ministerpräsident Modrow aus Moskau bewusst. Am 30. Januar war Modrow zu Gorbatschow nach Moskau gereist, um staunend einen scheinbaren deutschlandpolitischen Kurswechsel der UdSSR zur Kenntnis zu nehmen, der sich allerdings inoffiziell schon seit einigen Jahren angekündigt hatte. War die neue Ostberliner Führung bisher davon ausgegangen, dass die Schutzmacht den Wandel in der DDR wohlwollend begleiten würde, wurde nun deutlich, dass Gorbatschow die DDR als Konkursmasse betrachtete, die der geordneten Liquidation zuzuführen sei.

Am 1. Februar 1990 gab Modrow seinen offenbar zumindest teilweise mit Gorbatschow abgesprochenen Plan „Deutschland einig Vaterland" bekannt, der die Bildung einer Konföderation zwischen der BRD und der DDR vorsah. Der Einigungsprozess sollte sich über mehrere Jahre hinziehen und parallel zu dem bis 1994 geplanten Abzug der sowjetischen Truppen aus der DDR in die Herstellung der staatlichen Einheit münden.

Diesen Vorstellungen standen die Pläne der Bundesregierung unter Helmut Kohl diametral entgegen. Kohl wollte unter Nutzung des politischen Druckes, unter dem die DDR-Regierung und die sowjetische Führungsmacht standen, die Gunst der Stunde für eine Vereinigung nach westdeutschen Konditionen nutzen. Die Zeichen dafür waren günstig. Die Modrow-Regierung war demokratisch ungenügend legitimiert. Der Druck der Bevölkerung erzwang die Einbeziehung der Opposition in die politischen Entscheidungsprozesse. So war der Zentrale Runde Tisch entstanden. Dieses Gremium sollte die Regierung beraten und war an

allen ihren Entscheidungen beteiligt. Mit repräsentativer Demokratie nach westlichem Muster hatte das
zwar auch nichts zu tun, es war aber eine Interimslösung, die bis zu den Volkskammerwahlen im März
ein Mindestmaß an politischer Stabilität sichern sollte.
Für die Bundesregierung bot sich so die komfortable
Möglichkeit über die westdeutschen Medien das öffentliche Meinungsbild in der DDR und über direkte Kontakte auch die politische Orientierung der Oppositions-
vertreter am Runden Tisch beeinflussen zu können.
Mit dem nun von fast allen Kräften des politischen
Spektrums akzeptierten Ziel einer Vereinigung beider
deutscher Staaten wurden innenpolitische Entscheidungen zunehmend unter Berücksichtigung ihrer
Kompatibilität zum Einigungsprozess und den politischen Positionen der Bundesregierung diskutiert.
Das hatte Konsequenzen für die Meinungsbildung im
militärischen Führungszirkel.
Die politische Selbstaufgabe ging der militärischen bei-
spielhaft voraus. Als Rainer Eppelmann am 19. Februar im Strausberger Ministerium als Wahlkämpfer seine
Aufwartung machte, äußerten etliche hohe Offiziere die
Auffassung, dass die deutsche Einheit recht schnell
kommen werde. Man informierte den Gast darüber,
„dass im Ministerium Vorstellungen über die Rolle der
NVA bei diesem Prozess ausgearbeitet würden [...]“.
Dieser Fakt ist insofern von Interesse, weil im Nachhinein die Kooperation mit Minister Eppelmann und
seinen Staatssekretären nach dem 18. März und der
lang anhaltende Glaube an die ministerialen Versprechungen von manchem damals in Verantwortung
stehenden Offizier gerne damit begründet werden, dass
man mit einem Vereinigungsprozess gerechnet habe,
der sich mindestens bis zum Jahr 1994 erstrecken
würde. Die Erinnerungen von Admiral Hoffmann an
den Besuch Eppelmanns im Ministerium führen eine
solche Argumentation ad absurdum. Man schätzte in

der NVA-Führung die Lage offenbar recht realistisch ein und war bereit sich vorauseilend anzupassen, wohl in der Hoffnung, dass dieses Verhalten von den dann zuständigen politischen Entscheidungsträgern auch nach dem Vollzug der staatlichen Einheit angemessen honoriert würde.

Der Bundesregierung und dem Bundesministerium für Verteidigung sind im Zusammenhang mit der politischen Vorbereitung und Exekution der Auflösung der NVA sicherlich viele inhaltliche und stilistische Vorwürfe zu machen, doch über ihre Absichten ließen die verantwortlichen westdeutschen Entscheidungsträger keine Zweifel aufkommen. Der Bundesminister der Verteidigung, Gerhard Stoltenberg, erläuterte bereits Mitte Februar 1990 öffentlich, welche militärpolitischen Vorstellungen er und die militärische Führungsspitze der Bundeswehr im Falle der Einheit mit Blick auf die DDR und die NVA zum damaligen Zeitpunkt hatten. Demnach habe die Bundesregierung gegenüber allen Deutschen eine Schutzverpflichtung zu beachten, die unteilbar sei und nach der Einheit für Gesamtdeutschland gelte. Deutschland bleibe in der militärischen Integration der NATO und verpflichte sich, keine integrierten Kommandobehörden oder assignierten Truppenteile auf dem Territorium der ehemaligen DDR zu stationieren. Jedoch werde dieses Gebiet nicht entmilitarisiert. Der NATO-Schutz gelte für das gesamte Staatsgebiet des vereinigten Deutschlands. So erinnert sich Stoltenbergs damaliger Staatssekretär, der spätere Chef des Bundeswehrkommandos Ost, General Jörg Schönbohm. Als es wegen dieser klaren bündnispolitischen Festlegung des Verteidigungsministers zu Irritationen bei der FDP und besonders bei Bundesaußenminister Genscher gekommen sei, habe man nach Intervention des Kanzlers eine gemeinsame Ministererklärung verabschiedet, die festlegte, dass es mit der Herstellung der staatlichen

Einheit zunächst keine Verlegung geschlossener Bundeswehrverbände auf das Gebiet der DDR geben werde. Schönbohm weist aber auf einen Aspekt hin, der später bei der Abwicklung den NVA eine besondere Rolle spielen sollte: „Einer künftigen gesamtdeutschen Regierung wurde aber nicht verwehrt, die personelle Zusammensetzung gesamtdeutscher Streitkräfte und die Besetzung der Dienstposten selbstständig zu entscheiden. Damit wurde es uns möglich, nach einer Vereinigung die Zahl der Soldaten zu bestimmen, die wir von der ehemaligen NVA übernehmen wollten."

Diese Aussage belegt, dass die Bundesregierung und die Führung der Bundeswehr schon zu einem sehr frühen Zeitpunkt sehr genaue Vorstellungen über den Umgang mit dem Personal der NVA hatten. An eine gleichberechtigte Integration beider Armeen in neue gesamtdeutsche Streitkräfte dachte man auf der Hardthöhe zu keinem Zeitpunkt. Von vornherein ging es um die Auflösung der ostdeutschen Armee und bestenfalls um die partielle Übernahme von NVA-Soldaten. Es zeigte sich bald, dass die Bundesregierung im folgenden Verhandlungsprozess diese Vorstellungen ohne Abstriche durchzusetzen vermochte.

Von Seiten der Bundeswehrführung gab es gegenüber den Offizieren der „kommunistischen Parteiarmee" im Osten von Anfang an Berührungsängste. Daher hielt die Bundeswehr bis März 1990 Distanz zur NVA. Man wollte sie als Armee eines vermeintlichen Unrechtsstaates nicht aufwerten und gegenüber den Verbündeten nicht den Eindruck einer deutsch-deutschen Militärverbrüderung wecken. Außerdem wurde sie ja noch von ehemaligen „Parteigenerälen" kommandiert und in der DDR war die SED/PDS noch in Regierungsverantwortung. So blieben die im Herbst 1989 angestrebten Kontakte der 8. Mot.-Schützen-Division der NVA in Schwerin mit der 6. Panzergrenadierdivision in Neu-

münster vom Verteidigungsminister der BRD, Stoltenberg, verboten.

Das alles hinderte die NVA-Führung nicht daran,
schon vor der Volkskammerwahl dem politischen
Mainstream zu huldigen und die juristisch noch an
ihren ursprünglichen Verfassungsauftrag gebundene
Armee als vereinigungswillige Institution zu präsentieren. Für Verwirrung in der Öffentlichkeit und in den
eigenen Reihen sorgten auf einer Pressekonferenz am
22. Februar Äußerungen des Ministers Hoffmann. Der
oberste Militär der DDR dachte bei dieser Gelegenheit
laut über die Rolle der NVA im Prozess der Einheit
nach und entwickelte die Idee eines gesamtdeutschen
Bundesheeres mit maximal 300.000 Mann. Diese Vorstellungen und seine Ankündigung, nach den Wahlen
schnell deutsch-deutsche Gespräche über die Schaffung gemeinsamer Streitkräfte anregen zu wollen,
wurde von Manchem innerhalb und außerhalb der
Armee als Anbiederung beim ehemaligen Gegner
empfunden. Der Minister beteuerte später, dass dieser
Vorstoß nur dazu habe dienen sollen, in der militärpolitischen Debatte wieder die Initiative zu erlangen.
Doch die Soldaten in der Truppe mussten die Ministerworte zu dieser Zeit als ministerial bestätigte Selbstaufgabe der NVA werten. Die Gedankenspiele des
Ministers wurden wohl auch durch den offensicht-
lichen Liebesentzug der SED/PDS befördert, die auf
ihrem Wahlparteitag die Abschaffung der Wehrpflicht
zum Thema gemacht hatte. Was den noch der PDS
angehörenden Admiral Hoffmann natürlich befremden
musste.

Die NVA mutierte angesichts der Veränderungen im
Land und durch die im Eiltempo begonnene Militär-
reform innerhalb eines Vierteljahres zu einer in ihrem
Selbstverständnis und ihren Strukturen erschütterten
Armee, die mit der alten Kampftruppe der Vorwende-
zeit oder gar der 70-er Jahre nicht mehr viel gemein

hatte. Die Ministerialbürokratie schwelgte in der Entwicklung neuer Konzepte und Organigramme, während die Kommandeure der Kampftruppen Mühe hatten den Dienstbetrieb aufrecht zu erhalten.

Jenseits der militärischen Scheinwelt vorgesetzter Stäbe wurde die Lage in den Truppenteilen immer schwieriger. Wehrpflichtige konfrontierten die Vorgesetzten mit immer neuen Forderungen zur Durchsetzung von Einzel- und Gruppeninteressen, die Autorität der Offiziere und Unteroffiziere verfiel, militärische Disziplin erschien vielen angesichts der neuen Freiheit im Lande als ein Relikt der Vergangenheit. Liegenschaften und Wohnungen, die von der Armee genutzt wurden, weckten Begehrlichkeiten verschiedener politischer Interessengruppen in den Regionen und Kommunen.

Die Truppenkommandeure blieben in dieser Situation im Frühjahr des Jahres 1990 weitgehend sich selbst überlassen. Die einst stolze Truppe löste sich zunehmend auf. Ein Unterfeldwebel aus Pasewalk (9. Panzerdivision) schrieb voller Bitterkeit in der Armeezeitung: „Machen wir uns doch nichts vor: Mit allen Reformen der jüngsten Zeit sollte der Unteroffizier zum Primus inter Pares gemacht werden. Dieses System funktioniert aber nicht, da der äußere Zwang, der die Truppe zusammenschweißt, fehlt. Selbst in einer kriegführenden Freiwilligenarmee ging es nicht ohne Zwang und Disziplin, das dürften Steuben, Lützow und andere hinlänglich bewiesen haben. Momentan kämpfen wir hier – auch mit Blick auf die Sicherheit der Bevölkerung – darum, wenigstens die Wache vernünftig zu stellen. Schließlich bewachen wir Pioniermunition und keine Gummibärchen. Es gibt bereits Beispiele, dass versucht wurde, illegal an Waffen der NVA zu gelangen. So etwas wird ja nicht publiziert, die Zeitung berichtet stattdessen über irgendwelche Soldatenstreiks und gibt zu, dass Vertreter des Neuen Forums den Offizieren behilflich sein müssen, ihre Truppe wieder zur

Räson zu bringen. Die Militärexperten der Welt dürften sich inzwischen vor Lachen ausschütten über unsere famosen Streitkräfte."

Wie ernst die Lage war, verdeutlicht ein Fernschreiben des Verteidigungsministers an seine Kommandeure vom 23. Februar 1990. So gebe es zunehmend Forderungen verschiedener Gruppen der Bevölkerung nach Schließung von Truppenübungsplätzen, Übergabe von Objekten und Wohnungen sowie nach Einstellung von Ausbildungsmaßnahmen. In der Truppe habe es Versuche gegeben, die Auflösung von Einheiten, die sofortige Beendigung des Wehrdienstes oder Versetzungen in andere Standorte zu erzwingen. Der Minister schrieb weiter: „Begünstigt wird diese Entwicklung durch die anhaltende Sorge vieler Soldaten und Unteroffiziere um ihren Arbeitsplatz nach der planmäßigen Entlassung aus dem aktiven Wehrdienst und vieler Berufssoldaten um ihr Schicksal bei weiterer Reduzierung der Streitkräfte. Es besteht außerdem die Gefahr, dass die Nationale Volksarmee zum Objekt des Wahlkampfes wird und durch emotionale Aufrufe Reaktionen ausgelöst werden, die der Kontrolle entgleiten. Ich verweise nochmals darauf, dass alle Versuche, durch Streiks und ultimative Forderungen persönliche Interessen gegen bestehende Gesetze und militärische Bestimmungen durchzusetzen, Ordnung und Sicherheit aufs Spiel setzen, die Erfüllung des Verfassungsauftrages ernsthaft gefährden und damit zur Destabilisierung der politischen Lage in unserem Lande beitragen. Dagegen muss geschlossen und entschieden Front gemacht werden."

Dass dieser Brandbrief an die Truppenkommandeure auch in der Zeitung Militärreform veröffentlicht wurde (Militärreform 9/90, S. 1), belegt zwar einerseits eine für die Armee völlig neue Transparenz, ist aber auch ein Indikator für die Ohnmacht der militärischen Führung, die nicht mehr befehlen, sondern nur noch an den guten Willen aller Beteiligten appellieren konnte. Es sind diese Hilflosigkeit und das Bestreben – im Geist der Zeit – alle Konflikte im Konsens aufzulösen, die sich im Rückblick als Vorboten für das Agieren der Militärführung nach dem Regierungswechsel erweisen. In dem Bestreben, nach Möglichkeit von allen gesellschaftlichen Gruppen akzeptiert und gemocht zu werden, vergaß mancher, dass der Kampf um die politische Macht von den Akteuren nicht immer mit lauteren Absichten und Mitteln ausgetragen wird.

Weil man nunmehr als Parlamentsarmee, als wirkliche Volksarmee, wahrgenommen werden und die politische Ausrichtung der Vergangenheit vergessen machen wollte, war offenbar insbesondere im Ministerium für Nationale Verteidigung die Neigung ausgeprägt, sich in vorauseilendem Gehorsam den Forderungen der verschiedenen Interessengruppen und Parteien auf der politischen Bühne des Landes anzupassen. Dass diese zunehmend als Appendix westdeutscher Parteien auftraten, und dass die verteidigungspolitischen Vorstellungen der verschiedenen Akteure nur unter Vorbehalt gelten konnten, dürfte der Führung des Ministeriums durchaus bekannt gewesen sein. Der damalige Bundesinnenminister Schäuble beschreibt in seinen Erinnerungen anschaulich, wie vor dem 18. März 1990 alle bundesdeutschen Parteien im Osten auf Brautschau gingen und sich in der Folge ohne jegliche Skrupel massiv in die Belange eines formal ja noch souveränen Staates einmischten. Doch an dieser skandalösen Tatsache störte sich mittlerweile kaum noch jemand. Die Parteien der Bundesrepublik trugen ihre Grabenkämpfe nun in der DDR aus und die Wähler werteten das als Vorboten der Freiheit. Die Militärführung sah dem Treiben verunsichert zu und hoffte vor allem auf klare Machtverhältnisse nach der Wahl.

Dieses Verhalten konnte nicht folgenlos bleiben. Die Armee begann an der Basis, in den Einheiten und Truppenteilen, zu erodieren und war im Grunde genommen nicht einmal mehr eingeschränkt einsatzbereit. Ein damaliger Wehrpflichtiger beschreibt die Situation im einstigen Eliteverband der Landstreitkräfte, der 9. Panzerdivision, wie folgt: „Mit der Durchsetzung der Wehrpflichtkürzung von 18 auf 12 Monate begann der Zerfall der NVA. Alle Wehrpflichtigen des 3. Diensthalbjahres durften ihren Dienst bereits im Januar beenden. Unter Eppelmann war dann sowieso jede Ausbildung eingestellt, nur noch Wachdienst war gefragt. Als viele vom 2. Diensthalbjahr im April gingen, waren nur noch Rudimente vorhanden. Allen übrigen wurde freigestellt, ihren Dienst in der NVA oder beim neugeschaffenen Zivildienst zu machen. Von unserem Zug mit 25 Soldaten waren 20 entlassen und 3 in den Zivildienst als Krankenfahrer oder Rettungsschwimmer gegangen. Neue Wehrpflichtige wurden kaum eingestellt."

Ein Offizier der Funktechnischen Truppen klagt rückblickend: „Für uns als Militärs war damals eine schlimme Zeit. Kein Vorgesetzter traute sich mehr einem Soldaten einen ‚unpopulären Befehl' zu geben. Man tat alles (oder eben nichts) um Konfrontationen mit dem ‚wehrdienstleistenden Volk' zu vermeiden".

Unteroffizier Jörg Neumann beschreibt den moralischen Verfall in der Armee am Beispiel des Jagdbombergeschwaders 37 in Bad Düben: „Und dann begann das große Klauen. Alles, was nicht niet- und nagelfest war, wurde weggeschleppt. Selbst bis vor kurzem Undenkbares passierte. So wurden die neben den Flugzeugen verschlossenen Kisten mit den durchnummerierten Bordwerkzeugen aufgebrochen und ausgeräumt. Die Kaserne ähnelte einen Tanz auf dem Vulkan. Durch die verkürzten Dienstzeiten standen 60 Prozent der Grundwehrdienstleistenden und die Hälfte der Unteroffiziere auf Zeit vor der Entlassung. Am 23.2.1990 wurde ich entlassen. Die Welt, die mich erwartete, hatte nichts mehr mit der des Jahres 1987 zu tun. Mein Betrieb hatte mir gekündigt, die Fachschule, wo ich studieren wollte, wurde geschlossen, alles war in Frage gestellt, nichts war mehr gültig und alles möglich."

Während die Armee zerfiel, kämpfte ihre Führung den aussichtslosen Kampf um Akzeptanz und Perspektive weiter. Am 26. Februar 1990 beriet der Zentrale Runde Tisch, der die Arbeit der Modrow-Regierung begleitete und überwachte, auf seiner 14. Tagung den Entwurf für einen Beschluss der Volkskammer über „Militärpolitische Leitsätze der DDR". Damit wurde der Kurs in Richtung einer strikt defensiv ausgerichteten Parlamentsarmee vorgegeben. Weil zu erwarten war, dass die Position des Zentralen Runden Tisches, an dem alle Oppositionsgruppen vertreten waren, entscheidend für die Zukunft der NVA nach den Wahlen sein würde, trat Admiral Hoffmann vor diesem Gremium auf und verwies auf die im Rahmen der Militärreform künftig zu lösenden Aufgaben, wie die Entwicklung einer eigenständigen Militärdoktrin der DDR, die Fortsetzung der strukturellen Veränderungen in den Streitkräften, die Verankerung der Reform in flankierenden Gesetzen, die Vorbereitung der Staatsbürgerlichen Arbeit sowie die Debatte über eine Veränderung der ökonomischen Sicherstellung der Streitkräfte unter Berücksichtigung ökologischer Kriterien. Die Verteidigungsausgaben sollten um 18 Prozent reduziert werden.

Ende Februar verließen – wie im Januar nach den Streiks beschlossen – 25.000 Wehrpflichtige des 3. Diensthalbjahres und 15.000 Unteroffiziere, deren Dienst um ein Jahr verkürzt worden war, die NVA. Quasi über Nacht schrumpfte die 184.000 Mann starke NVA des Dezembers 1989 auf eine 134.000 Mann-Armee (Stand 15. Februar 1990). Am 9. März dienten noch 130.000 Soldaten in der NVA. Nach dem Regierungswechsel verließen weitere Soldaten die Truppe, so dass die Gesamtstärke auf 85.000 Mann fiel. Da aber am 5. Mai 1990 von den gemusterten Wehrpflichtigen des Jahrganges 1972 95 Prozent zum Wehrdienst einberufen wurden, lag die Stärke der NVA im Mai bei 117.000 Mann. Am 1. März 1990 traten die Verordnung über den Zivildienst in der DDR und die Herabsetzung der Grundwehrdienstzeit auf 12 Monate in Kraft.

Die überhasteten und häufig nicht aufeinander abgestimmten Reformmaßnahmen der Führung, die Tatsache, dass häufig von außen beeinflusste Interessengruppen wehrpflichtiger Soldaten die militärischen Führungen in den Einheiten zu erpressen versuchten und die verbreiteten Ängste um den Erhalt ziviler Arbeitsplätze nach Beendigung des Wehrdienstes führten unterdessen zu einer sehr ambivalenten Beurteilung der Militärreform vor allem durch die Berufssoldaten.

„Seit Oktober 1989 gibt es bei vielen Emotionen. Wohin wollen die eigentlich? Die Militärreform ist ein Schuss in den Ofen. Die hohen Herren behalten ihre Stühle ja doch. Sicher können wir alle neue Berufe erlernen, aber was wird danach? Das beantwortet der Minister für Nationale Verteidigung nicht. Ich werde 45 und was wird aus mir? Ich will nach meinem Hochschulabschluss nicht die Straße kehren. Deshalb bin ich dafür, dass die Armee bleibt. Ich bin dafür, dass die Bundeswehr uns übernimmt oder alles so bleibt, wie es war, aber mit offenen Grenzen.", meinte ein Oberstleutnant der 9. Panzerdivision im Frühjahr 1990 in einem Interview.

Derweil war die oberste NVA-Kommandoebene damit beschäftigt, die Armee abrüstungspolitisch der neuen Zeit anzupassen. Gemäß der noch von Honecker im Januar 1989 verkündeten einseitigen Abrüstungen (Beschluss des NVR vom 23.01.1989), wurden im Jahr

1990 sechs Panzerregimenter aufgelöst (PR 1 in Beelitz, PR 4 in Gotha, PR 8 in Goldberg, PR 11 in Sondershausen, PR 16 in Großenhain und PR 23 in Stallberg) sowie das Jagdfliegergeschwader 7 in Drehwitz). 600 Panzer T-55 und 50 Flugzeuge MiG-21 waren zu verschrotten. Die Panzer wurden in der Offiziershochschule in Löbau zusammengezogen. Zuerst machte man sie dort kampfunfähig. Das Rohr wurde abgetrennt, das Maschinengewehr und die Elektronik entfernt. Die Fahrzeuge wurden förmlich ausgeweidet. Das Komplizierteste war, den Rumpf der Kampfpanzer in 150 x 50 cm große Stücke zu zerlegen. Aus allen Einheiten wurden entsprechende Fachleute herangezogen. Dass die NVA zwei Drittel ihrer Panzerregimenter auflöste und danach nur noch über vier aktive Panzerregimenter verfügte, wurde von den sogenannten Atlantikern der NATO jedoch völlig ignoriert. Die Verschrottung der MiG-21 Flugzeuge begann im Beisein der Presse direkt auf den Flugplatz Drewitz. Mit Schweißbrennern wurden die Tragflächen und das Leitwerk abgetrennt. Die weitere Verschrottung der Maschinen erfolgte in der Flugzeugwerft Dresden. Das war nicht nur eine Geste des guten Willens, sondern ein Zeichen für reale Abrüstung.

Als sich am 2. März 1990 die Spitzenmilitärs der NVA zur letzten Kommandeurstagung vor der Volkskammerwahl in Stausberg trafen, geriet vor allem der Ministerbefehl 19/90 über die Entlassung der bereits mehr als zwölf Monate dienenden sowie der älteren Wehrpflichtigen und Zeitsoldaten in das Zentrum der Kritik. Die Kommandeure der beiden Militärbezirke und der 1. Luftverteidigungsdivision werteten diese Festlegungen als „Befehl zur Auflösung der Armee". Durch die Ende April anstehenden Entlassungen würden der Truppe 20.000 bis 25.000 Soldaten fehlen. Die Kommandeure, die ja die Hauptverantwortung für die Aufrechterhaltung der Einsatzfähigkeit der Kampf-

truppen trugen, mussten letztlich in ihren Verantwortungsbereichen für die politischen Entscheidungen
der Führung gerade stehen.

Der Einschnitt durch die schon vollzogenen und die zu
erwartenden Entlassungen hatte Konsequenzen: Am
14. März musste auf einer Dienstberatung des Chefs
des NVA-Hauptstabes ein Notprogramm zum Erhalt
minimaler Streitkräftefunktionen festgelegt werden.
Vor allem sollte die Führungsfähigkeit und die Bewachung der Kasernen sowie der Waffen-, Munitions-
und Ausrüstungslager sichergestellt werden. Außerdem wollte man in den Standorten grundlegende
Abläufe des Truppenalltages gewährleisten und – soweit möglich – Ausbildung machen. Damit war die
Armee auch offiziell strukturell nicht mehr einsatz-
fähig.

Das wusste man auch in Bonn. Am 12. März 1990,
unmittelbar vor den Volkskammerwahlen, erklärte der
verteidigungspolitische Sprecher der CDU/CSU-Frak-
tion im Bundestag, Bernd Wilz, dass seit der Grenzöffnung am 9. November 1990 bei Bundeswehrdienst-
stellen 10.000 Anfragen von NVA-Angehörigen hinsichtlich einer möglichen Übernahme in die Bundeswehr eingegangen seien. Außerdem habe die NVA
durch die Übersiedlungen von DDR-Bürgern in die
Bundesrepublik etwa zwei Divisionen an Reservisten
verloren.

Diese durch politische Entscheidungen der eigenen
Führung personell ausgedünnte und verunsicherte
Armee war im Grunde bereits kein Gegner mehr, mit
dem man im weiteren Verlauf des Einigungsprozesses
rechnen musste. Allenfalls galt es, die noch in der
Armee befindlichen Berufssoldaten von Widerstands-
ambitionen gegen die Demontage der Streitkräfte
abzuhalten.

Verrat

Nach den Volkskammerwahlen und dem Regierungswechsel wurde am 12. April 1990 der erklärte Pazifist
Rainer Eppelmann, der aus Gewissensgründen in jungen Jahren den Waffendienst in der NVA sowie die Ableistung des Fahneneides verweigert und seine Militärzeit als Bausoldat absolviert hatte, vom neugewählten
CDU-Ministerpräsidenten der DDR, Lothar de Maizière,
zum Verteidigungsminister ernannt. Die häufig deutlich überforderte Volkskammerpräsidentin Sabine
Bergmann-Pohl wurde Vorsitzende des Staatsrates und
damit laut Verfassung Inhaberin der Befehls- und
Kommandogewalt über alle bewaffneten Kräfte der
DDR.
Bereits am 10. April fand sich der designierte Staatssekretär Werner Ablaß zur Vorbereitung der Amtsübergabe in Strausberg ein. In seinem Schlepptau hatte er
einen Beamten des Bundesministeriums der Verteidigung, was den noch amtierenden Verteidigungsminister, Admiral Hoffmann, veranlasste, vor dem Eintreffen
Eppelmanns die Dokumente zur Einsatzplanung der
NVA für den Kriegsfall an einen Vertreter des sowjetischen Generalstabes zu übergeben. Am 18. April fand
in Strausberg die Amtsübergabe an Minister Eppelmann statt.
Pfarrer Eppelmann stand dem neuen Amt, das ihm
angetragen wurde, erkennbar mit großer Distanz gegenüber. Er sah sich eher als Sozial- oder Außenpoli-
tiker mit der Berufung, auf diesen Gebieten die Einheit
beider deutscher Staaten vorzubereiten. Die Welt der
Armee war ihm nicht nur fremd, sondern wegen seiner
Erfahrungen als Bausoldat offenkundig zunächst geradezu verachtenswert. Die Übernahme des Minister-
postens musste ihm daher durch die Umbenennung
des Ministeriums in Ministerium für Abrüstung und
Verteidigung versüßt werden. Das schien aus seiner

Sicht der einzige Weg zu sein, der es ihm ermöglichen würde, im persönlichen Umfeld das Gesicht zu wahren. Nur so konnte er die Übernahme des Amtes als folgerichtige Fortsetzung seines Pazifismus darstellen. Wer immer dafür gesorgt hatte, dass ihm gerade dieses Ministerium angeboten wurde, wusste zudem um seine aus mangelnder militärischer Fachkenntnis resultierende Unsicherheit, die erwarten ließ, dass er deshalb auf externen Sachverstand angewiesen und damit relativ leicht führbar sein würde.

Dafür sprach auch seine Persönlichkeitsstruktur: Rainer Eppelmann galt als umgänglich, relativ frei von differenzierten politischen Vorstellungen und als ein Mann, der sich nicht unbedingt in den Vordergrund der politischen Bühne spielen würde. Er erschien gerade vor dem Hintergrund seines Wirkens in der Oppositionsbewegung als guter zweiter Mann. Die Strategien zur Herausforderung der Staatsmacht hatten immer andere entwickelt. Insofern erwies sich die Besetzung dieses Schlüsselpostens im DDR-Machtgefüge mit einem solchen Minister als durchaus funktional, wenn die Absicht bestand, die NVA als Machtfaktor indirekt zu neutralisieren und schließlich handlungsunfähig zu machen. Der neue Minister wurde so zum Protagonisten eines Spiels, dessen Regeln und Hintergründe er offenkundig nie durchschaute, was sein eigentümliches und widersprüchliches Entscheidungsverhalten im Amt zumindest teilweise erklärt.

Eppelmann hatte im Vorfeld der Volkskammerwahl – wie andere DDR-Politiker auch – der NVA-Führung seine Aufwartung gemacht. Dabei ging es nicht nur um die Ansprache der Soldaten als wichtige Wählerzielgruppe. Vielmehr musste jedem der Wahlkämpfer klar sein, dass das Land ohne loyale Streitkräfte nicht regierbar sein würde. Insofern kam der NVA nicht nur im Vorfeld des Wahlganges eine strategisch wichtige Schlüsselrolle als Garant einer friedlichen Entwicklung im Land zu. Und die Politiker aller Parteien bemühten sich darum, die teilweise personell erneuerte Militärführung für sich einzunehmen. Nicht nur, dass die Truppe und vor allem das Offizierskorps wegen des Verzichts auf Gewaltanwendung im Wendeherbst hofiert wurde – vielmehr betonte man sowohl von Seiten der Sozialdemokratischen Partei als auch der Allianz für Deutschland (dem Wahlbündnis aus CDU, DSU und Demokratischem Aufbruch), dass die NVA in strukturell anderer Form auch nach der Vereinigung beider deutscher Staaten eine Zukunft habe.

Und die Avancen der Politiker zeigten Wirkung. Ein persönliches Erlebnis eines der Autoren (U. M.) mag als Illustration für den bereits im Vorfeld der Volkskammerwahlen stattgefundenen Gesinnungswandel in Teilen des NVA-Offizierskorps dienen. Unmittelbar vor dem 18. März 1990 fand an der Offiziershochschule der Luftstreitkräfte/Luftverteidigung im sächsischen Städtchen Kamenz eine Informationsveranstaltung mit Lehroffizieren zu Methoden der empirischen Sozialforschung, den Möglichkeiten und Grenzen der Demoskopie sowie neuesten wahlpolitischen Trends in der DDR statt. Sehr schnell ging es in der anschließenden Debatte um die verteidigungspolitischen Vorstellungen der verschiedenen Parteien. Und da selbst die PDS mittelfristig eine deutsch-deutsche Konföderation befürwortete, war jedem der Anwesenden klar, dass über kurz oder lang gesamtdeutsche Streitkräfte entstehen würden. Die Offiziere meinten, dass sie in einer solchen Armee durchaus eine Zukunft hätten und auch bereit seien in einem vereinigten Deutschland ihre militärische Pflicht zu tun. Schließlich seien sie gut ausgebildet und könnten gemeinsam mit den Gegnern von einst die Souveränität des deutschen Staates sichern. Die erstaunte Frage des Referenten, ob denn die Herren Offiziere wirklich der Meinung seien, dass sie in einer gesamtdeutschen Armee gebraucht würden, löste bei den Militärs Verwunderung aus. Zwar sei unstrittig, dass angesichts der ökonomischen und politischen Ungleichgewichte zwischen den beiden sich vereinigenden deutschen Staaten eine gesamtdeutsche Armee höchstwahrscheinlich durch die Bundeswehrhierarchie dominiert würde, doch die Vertreter aller politischen Parteien hätten ihnen glaubhaft versichert, dass eine militärische Kooperation mit der Bundeswehr auf Augenhöhe erfolgen würde. Und was in drei oder vier Jahren sei, könne ohnehin niemand vorhersagen. Es handele sich um einen längeren Prozess der Annäherung zwischen beiden Staaten.

Die mit hohem Aufwand jahrelang politisch geschulten Dozenten in Uniform vertrauten auf ihre Professionalität, auf die Worte nach der Macht strebender Politiker und auf die Westgruppe der sowjetischen Streitkräfte als Garantin eines relativ stabilen sicherheitspolitischen Status quo in Deutschland. Und man vertraute offenbar insgeheim auf einen ideologieneutralen militärischen Ehrenkodex, der es den Militärs beider deutscher Staaten gebieten würde, respektvoll mit ehemaligen Gegnern umzugehen. Dass dieser militärische Kodex nach dem Willen der Bundeswehrführung nicht für NVA-Offiziere gelten sollte, mochte man sich zu diesem Zeitpunkt nicht vorstellen, da man doch gerade selbst damit beschäftigt war, sich den ideologiegeprägten Tunnelblick auf die Welt und den ehemaligen Gegner abzugewöhnen.

Dieses Bestreben, überholte Denkweisen zu überwinden, vermutete man auch bei den Entscheidern auf der Bonner Hardthöhe. In einer Zeit, in der bisher Trennendes scheinbar in allgemeiner Harmonie und gegenseitigem Verständnis aufgelöst wurde, schien auch militärpolitisch alles möglich zu sein. Dass dieses Denken mittlerweile auch in den oberen Ebenen der militärischen Hierarchie Einzug gehalten hatte, musste auch der PDS-Wahlkämpfer Gregor Gysi erfahren.

Rückblickend schreibt er: „Im Jahre 1990 besuchte ich die Generalität der Nationalen Volksarmee (NVA) in Strausberg. Alle waren einmal Mitglied derselben Partei gewesen wie ich, und das mit Sicherheit sehr viel strammer, disziplinierter und widerspruchsfreier. Ein Teil von ihnen erklärte mir jedoch, sie seien militärische Fachkräfte, und es spiele insofern keine Rolle, ob sie diese Kenntnisse der NVA oder der Bundeswehr zur Verfügung stellten."

Angesichts dieses erstaunlichen Sinneswandels war unstrittig, dass man seitens der Militärführung auch einen Minister akzeptieren würde, der das erklärte Ziel hatte, die ihm unterstellte Armee mittelfristig überflüssig zu machen. Jedenfalls waren die Strategen in Strausberg entschlossen, auch weiterhin das Primat der Politik zu akzeptieren.

Als Pfarrer Eppelmann das Ministerium für Verteidigung übernahm, konnte er daher zunächst auf einen gewissen Vertrauensvorschuss seitens der Militärs bauen. Eppelmann meinte später sogar, er sei für die NVA-Führung erste Wahl als Minister gewesen, was auf ein recht geschöntes retrospektives Selbstbild hinweist. Zwar hatte sein Amtsvorgänger, Admiral Hoffmann, sich gegenüber Eppelmanns Staatssekretär Werner Ablaß bei der Vorbereitung der Amtsübergabe in diesem Sinne geäußert, doch damals verantwortliche Militärs hatten mehrheitlich fest mit einem Wahlsieg der Sozialdemokraten und der Berufung des als äußerst integer eingeschätzten SPD-Politikers Dr. Walter Romberg als Verteidigungsminister gerechnet.

Gleichwohl versuchte man sich nach der Wahl mit Eppelmann zu arrangieren. Admiral Hoffmann und der Chef des NVA-Hauptstabes, General Grätz, begründeten diese Haltung später mit der Verantwortung für die ihnen anvertrauten Soldaten, der notwendigen Sicherung der Kontinuität in der Führung der Streitkräfte und der Einhaltung der Bündnisverpflichtungen im Warschauer Pakt. Der zwar berufsbedingt wortgewandte, aber fachlich gänzlich unbelastete Pfarrer sollte nun eine Truppe von über 100.000 Mann politisch in die neue gesellschaftliche Wirklichkeit führen. Dazu versicherte er sich der Unterstützung seines Vorgängers im Amt, des noch der PDS angehörenden Admirals Hoffmann, der nun Chef der NVA, also eine Art Generalinspekteur, wurde. Dieser geschickte personalpolitische Schachzug trug sicherlich wesentlich zur Beruhigung der Truppe und vor allem der Berufssoldaten bei.

Die Militärs waren wohl anfangs auch der Meinung, der neue Minister sei gerade wegen seiner Unkenntnis in militärischen Belangen auf die Fachleute angewiesen und von der Ministerialbürokratie relativ leicht zu steuern. Was ihm an Fachwissen fehle, werde man ihm schon beibringen, lautete die gönnerhafte Formulierung hoher Militärs in jenen Tagen. Recht bald sollte sich allerdings erweisen, dass die Generalität das taktische Geschick ihres neuen Vorgesetzten und vor allem seines Beraters Egon Bahr sträflich unterschätzt hatte. Eppelmann wusste bei Amtsantritt, dass seine vordringlichste Aufgabe darin bestehen würde, die Berufssoldaten ruhig zu stellen, damit diese nicht auf die Idee kämen, den Prozess der politischen Demontage des Staates zu stören. Und im Rückblick zeigt sich, dass dieses Kalkül des Pfarrers aus Ostberlin und der ihn instrumentalisierenden politischen Kräfte aufging.

Eppelmanns erster Auftritt vor den angetretenen hohen Militärs im Ministerium in Strausberg war leger, mit den Händen in den Hosentaschen, scheinbar souverän und nicht ganz uneitel. Seine erkennbaren politischen Haupteigenschaften waren Ergeiz, Selbstbewusstsein und Machtinstinkt. Möglicherweise war dieses forsche Auftreten jedoch im Grunde äußeres Zeichen einer tiefen inneren Unsicherheit, die er überspielen wollte. Und sicher war es für ihn zugleich ein

persönlicher Triumph, als ehemaliger Wehrdienstverweigerer und Bausoldat nun Vorgesetzter jener
Leute zu sein, deren Befehlshoheit und Existenzberechtigung er in seiner Jugendzeit nicht hatte
akzeptieren wollen.

Nun war die DDR, neben Ungarn, das zweite Land im
Warschauer Pakt, das einen zivilen Verteidigungsminister hatte. Der neue Minister schien erwartungsgemäß anpassungs- und lernfähig zu sein. Er begann
seinem neuen Amt angenehme Seiten abzugewinnen.
Eppelmann absolvierte mit Eifer das Pistolenschießen
und ging mit Vorliebe zum Selbstschutztraining. Und
er ließ die Militärs zunächst gewähren. Beispielsweise
war bereits am 16. März 1990, mit Befehl 1206/90,
noch unter Verteidigungsminister Admiral Hoffmann,
die für Militärspionage im Westen zuständige Verwaltung Aufklärung der NVA aufgelöst worden. Die Struktur der NVA-Militäraufklärung war seinerzeit von der
Hauptverwaltung Aufklärung des Sowjetischen Generalstabes GRU übernommen worden. Der militärische
Nachrichtendienst der NVA wurde aber immer vom
MfS als unliebsamer Konkurrent betrachtet und war
deshalb mit informellen Mitarbeitern und Offizieren im
besonderen Einsatz des MfS durchsetzt. Nun waren
per Befehl alle NVA-Aufklärer in der BRD und der
NATO „abzuschalten". Die konspirative Arbeit der Mili-
täraufklärung sollte bis Ende März eingestellt und alle
personellen, materiellen und finanziellen Nachweise
vernichtet werden. Auch die Akten, die sich über den
Militärischen Nachrichtendienst der NVA am Dienstsitz
des MfS in der Normannenstraße befanden, wurden
zurückgeholt und vernichtet. Unter Eppelmann wurde
die Verwaltung zum offenen Informationszentrum der
NVA umstrukturiert. Von den ca. 1.181 NVA-Angehörigen des Dienstes verblieben noch 50 Prozent. Das
Schild mit der Aufschrift „Mathematisch-Physika-
lisches Institut der NVA" am Dienstort der Behörde in

der Berliner Oberspreestraße 61-63 wurde entfernt. Als Eppelmann viel später, wahrscheinlich auf Forderung des Bundesnachrichtendienstes oder des Militärischen Abschirmdienstes der Bundeswehr, die Akten der Verwaltung anforderte, waren alle Unterlagen bereits geschreddert und verbrannt, auch die der 138 DDR-Militäraufklärer, die in der BRD und in NATO-Strukturen eingesetzt waren, für den BND also besonders interessant gewesen wären.

Eppelmann erkannte viel zu spät die Überrumplungsaktion seiner Militärs. Erst am 14. September befahl er schließlich die Einstellung der Vernichtung von Akten in der NVA. In der Verwaltung Aufklärung gab aber nichts mehr zu vernichten. Am 25. Oktober 1990 zog das neu aufgestellte Bundeswehrverbindungskommando zur sowjetischen Westgruppe in die Gebäude der NVA-Aufklärung in der Oberspreestraße in Berlin ein.

Doch zurück zu Eppelmanns Amtsantritt: Neben Admiral Hoffmann als Chef der NVA und Generalleutnant Grätz, der als Chef des Hauptstabes im Amt blieb, installierte Eppelmann an der Spitze des Ministeriums nach westdeutschem Vorbild drei zivile Staatssekretäre.

Einer dieser Staatssekretäre wurde Werner E. Ablaß. Er kam vom Demokratischen Aufbruch. Der ehemalige Versicherungskaufmann hatte seinen Arbeitsplatz bei der Staatlichen Versicherung in Potsdam wegen seines Ausreiseantrages verloren und war in Ermangelung von Alternativen Leiter eines evangelischen Altenheimes in der DDR geworden. Nun, als Staatssekretär, übernahm er Verantwortung über die Fachgebiete Personal, Haushalt, Verwaltung, Recht, Soziales und Öffentlichkeitsarbeit. Nach dem 03. Oktober 1990 wurde er Beauftragter für Sonderaufgaben im Bereich der Bundeswehr in den neuen Bundesländern mit Sitz in

Strausberg. Was seine Aufgabe in dieser Funktion war, blieb unklar.

Staatssekretär für Abrüstung wurde der aus der Lausitz stammende ehemalige NVA-Major Frank Marzcinek, der erst im Januar 1990 sein Studium an der Dresdner Militärakademie abgebrochen hatte. Er hatte in der Wendezeit den Kontakt zu Eppelmann gesucht. Der holte ihn nun als Fachmann für Abrüstung und Konversion an die Spitze des Ministeriums. Nach den später gefundenen Akten der Stasi-Unterlagenbehörde war Marzcinek von 1985 bis 1989 als informeller Mitarbeiter des Ministeriums für Staatssicherheit unter dem Decknamen „Frank Wulff" tätig. Es liegt die Vermutung nahe, dass er als Perspektivagent in Eppelmanns Umfeld platziert wurde. Noch während Eppelmanns Amtszeit als Minister kaufte der Staatssekretär von der NVA ein weitläufiges Areal mit Bungalow für ca. 185 000 Mark. Er war dann Chef der Abrissfirma „TVF Altwerte GmbH" und soll in den Immobiliendeal zum Verkauf der Krampnitz-Kaserne in Potsdam (112 Hektar Land) und den Erwerb der landeseigenen Firma BBG verwickelt sein. Die Kaserne soll zu einem Spottpreis an ein dubioses Firmengeflecht veräußert worden sein. Das war Anlass für die Einsetzung eines Untersuchungsausschusses des Brandenburger Landtages und für Ermittlungen der Staatsanwaltschaft in Potsdam wegen des Verdachts schwerer Untreue gegen die Beteiligten an diesem Geschäft.

Parlamentarischer Staatssekretär wurde Dr. Bernd Wieczorek, CDU-Mitglied, Facharzt und Leutnant der Reserve, der seine militärische Laufbahn 1969 mit einem dreijährigen Dienst bei der Bereitschaftspolizei begonnen hatte. Er übernahm im Ministerium die Verantwortung für Zusammenarbeit mit dem Bundesministerium der Verteidigung und der Bundeswehr. Zu Eppelmanns zivilem Küchenkabinett gehörte auch sein alter Freund und ehemaliger Wehrdienstverweigerer

Michael Hahn als Soldatenbeauftragter. Mit Michael Gille wurde zudem ein Umweltbeauftragter aus Eppelmanns politischem Umfeld berufen. Leiter des Personalamtes wurde Gerd Engelmann, ein Lehrer aus Halle, der vom Demokratischen Aufbruch kam. Und zum Chef seines zivilen Beraterstabes ernannte der neue Minister den aus Niedersachsen stammenden und der westdeutschen Friedensbewegung nahe stehenden Gymnasiallehrer mit FDP-Parteibuch, Dietmar Herbst. Unter dessen Leitung arbeiteten fortan - parallel zu den Staatssekretären des Ministers – Berater, die nach Aussagen des Eppelmann-Getreuen Werner Ablaß überwiegend aus der Friedensbewegung kamen und mit ihren Wortmeldungen nicht nur in Strausberg, sondern auch bei Eppelmanns Gesprächen mit Bundesminister Stoltenberg für Irritationen sorgten. Eppelmann habe damit Einflüssen nachgegeben, „die mit Verteidigung nichts mehr zu tun hatten."

Die Aufgabe dieser Berater bestand angeblich darin, den Minister davor zu bewahren, dass er in den „Sog des militärischen Apparates und des militärischen Denkens" gerät. Diese Mitarbeiter, welche die NVA kaum kannten, sollten also über die pazifistische Jungfräulichkeit ihres Chefs wachen und sie schöpften ihren daraus resultierenden Einfluss offenbar auch aus. Der Minister habe nicht auf seine Staatssekretäre, sondern auf seine Berater gehört, meinte Ablaß rückblickend. Praktische Konsequenz der Tätigkeit dieses Gremiums war die sukzessive Verdrängung der Militärs aus allen Verhandlungen, in denen über die Zukunft der Armee diskutiert und entschieden wurde.

Egon Bahr, Leiter des Friedensinstitutes in Hamburg, Mitglied des Bundestages und Vorsitzender des Unterausschusses für Abrüstung und Rüstungskontrolle im Bundestag, soll im Mai 1990 einen Anruf von Eppelmann erhalten haben, in dessen Verlauf dieser ihm die

Frage stellte, ob er sein Berater sein wolle. Auf die Frage des SPD-Mannes, ob sein CDU-Ministerpräsident damit einverstanden sei, soll Eppelmann geantwortet haben: „Wen ich mir als Berater hole, bestimme ich selbst". Er bot Bahr einen Zweijahresvertrag an, Bahr stimmte aber nur bis Ende des Jahres 1990 zu.

So trat Egon Bahr am 5. Juli 1990 in Strausberg an. Seine offiziellen Aufgaben waren die Vorbereitung von Verhandlungen des Eppelmann-Ministeriums mit der Bundesregierung sowie von Gesprächen und Zuarbeiten zu den 2 plus 4-Verhandlungen. Eppelmann wollte die NVA zum Vorbild für die Abrüstung einer Armee machen. Darin sah er zu einem großen Teil seine inhaltliche Legitimation im Amt. Egon Bahr hingegen kannte die sicherheitspolitischen Vorstellungen sowohl der westlichen Siegermächte des Zweiten Weltkriegs, als auch – durch eine Vielzahl langjähriger informeller Kontakte – jene der UdSSR. Und weder die westliche Führungsmacht USA, noch die UdSSR waren daran interessiert, dass etwa durch ein Eingreifen der NVA die längst beschlossene und von langer Hand vorbereitete geordnete Liquidation der DDR gestört würde. Die damit verbundenen Risiken für den Gesamtprozess der Neuordnung Europas sollten zuverlässig minimiert werden. Und es war die Aufgabe des Beraters Bahr, als spritus rector und Stichwortgeber seines Ministers genau das sicherzustellen. Die NVA war unbedingt in den Kasernen zu halten und ihrem Führungskorps waren daher jegliche politische Ambitionen auszureden. Man durfte das Militär nicht durch politisch radikale Konzepte aufschrecken. Daher vertrat Egon Bahr zu diesem Zeitpunkt noch die Auffassung, dass die staatliche Einheit mit einer Mitgliedschaft Deutschlands in der NATO unvereinbar sei. Minister Eppelmann war folgerichtig zumindest offiziell der Meinung, dass die NVA, solange die Frage der Bündniszugehörigkeit nicht geklärt sei, sogar in einem vereinten Deutschland weiter existieren würde. Die These von der möglichen Existenz zweier Armeen in einem Staat sollte seine kurze Amtszeit inhaltlich dominieren, was wesentlich zur Ruhigstellung und machtpolitischen Neutralisierung der NVA beigetragen hat.

Von führenden Militärs der NVA wurde der Wechsel an der Spitze des Ministeriums durchaus ambivalent bewertet. Einerseits war der neue Minister mit seiner Biographie die Inkarnation all dessen, was den parteipolitisch sozialisierten Militärs fremd war. Andererseits kamen durch die nun demokratisch legitimierte Führung Ruhe und ein Mindestmaß an Ordnung in die Truppe. Viele Offiziere hofften auf Berechenbarkeit, auf tragfähige Entscheidungen über die Perspektive der Armee. Und das neue Führungspersonal schien zunächst gewillt, diesen Erwartungen zu entsprechen. So erklärte der Minister in einem Interview mit der Zeitung Militärreform in der Ausgabe 16/90:

„Die vor uns liegende Wegstrecke braucht stabile und disziplinierte Streitkräfte mit engagierten, staatstreuen, verantwortungsbewussten Bürgern in Uniform. Mir liegt viel daran Minister für eine Armee zu sein, die sich im wahrsten Sinne des Wortes als Armee des Volkes versteht und von der Bevölkerung anerkannt wird. Damit verbunden ist die Sorge um die soziale und rechtliche Sicherung [...]."

Eppelmann äußerte sich auch mit großer Klarheit zur Zukunft der NVA, was diversen Spekulationen, die in der Truppe kursierten, sicher kurzzeitig den Boden entzog. In einem Interview mit der Zeitung Trend (Ausgabe 4/90) fasste Eppelmann seine diesbezüglichen Vorstellungen zusammen:

„Vereinigung von NVA und Bundeswehr kann ich mir unter den gegenwärtigen Verhältnissen gar nicht vorstellen. Und zwar deswegen, weil es noch zwei militärische Bündnisse gibt, die ihr Verhältnis zueinander ganz deutlich verändern müssen, auch ihre Inhalte.

Solange es diese beiden Bündnisse gibt, kann ich mir nicht vorstellen, dass es in einer Republik Deutschland eine Armee geben kann, die der NATO angehört. Weil es ja uns in der DDR nicht gleichgültig sein kann, wie wir mit den berechtigten Sicherheitsinteressen der Sowjetunion zum Beispiel umgehen. Der Kompromiss, der sich für mich gegenwärtig abzeichnet – ob es der beste ist, weiß ich auch nicht -, scheint der zu sein, dass die Republik Deutschland de facto der NATO angehört, dass aber kein NATO-Soldat und kein Bundeswehrsoldat das Gebiet zwischen Oder und Elbe betritt. Das heißt, für eine Übergangszeit, in der die oben von mir genannten Bedingungen herrschen, ist es für mich vorstellbar, dass es zwei deutsche Armeen gibt, die Bundeswehr und die Nationale Volksarmee, zwei Armeen mit unterschiedlicher Führungsspitze, und dass es auf dem einen Teil Deutschlands sowjetische Soldaten geben wird und auf dem anderen Teil amerikanische, englische und französische."

Und so arbeitete die neue NVA-Militärführung nicht nur an einer zukünftigen Streitkräftestruktur, sondern plante auch unverdrossen diverse Manöver. Noch 1990 sollte eine gemeinsame Armeekommandostabsübung der Warschauer Pakt-Staaten unter der Bezeichnung *Drushba-90* auf dem Gebiet der DDR stattfinden, obwohl die dieses Militärbündnis tragenden politischen Strukturen gerade am Zusammenbrechen waren.

Selbst nach dem ersten Treffen mit seinem westdeutschen Amtskollegen Stoltenberg am 27. April 1990 im Hotel Holiday Inn in der Nähe des Kölner Flughafens hielt Eppelmann offiziell an der Vision zweier deutscher Armeen auch nach der Herstellung der staatlichen Einheit fest. Obwohl ihm klar sein musste, dass ein solches Modell den Verantwortlichen auf der Bonner Hardthöhe nicht zu vermitteln sein dürfte. Die anwesenden Bundeswehrvertreter konnten sich für

Eppelmanns Ideen vor allem aus politischen und ideologischen Gründen nicht erwärmen.

Als der Strausberger Staatssekretär Bertram Wieczorek zu Beginn des Ministertreffens dem Chef des NVA-Hauptstabes, Generalleutnant Grätz, und den anderen NVA-Offizieren für die Gewaltabstinenz der Armee im Umbruchprozess dankte und ihnen das Vertrauen der neuen DDR-Regierung aussprach, löste das bei den westdeutschen Verhandlungsteilnehmern erhebliche Verwunderung aus: „Doch für uns im Westen war das keineswegs selbstverständlich. Bisher war nicht erkennbar, dass sich auch in der NVA eine demokratische Wende vollzogen hatte, die notwendige Selbstkritik geübt wurde und die Bereitschaft zur Selbstreinigung vorhanden war", meinte Bundeswehrgeneral Schönbohm später. Stoltenberg und seine Militärs blieben auf Distanz. Der an diesem Treffen teilnehmende NVA-Generalstabschef Grätz erlebte nach eigenem Bekunden, dass Stoltenberg alle Vorschläge Eppelmanns höflich aber entschieden ablehnte.

Auf der diesem deutsch-deutschen Ministertreffen folgenden Kommandeurstagung am 2. Mai 1990 in Strausberg erklärte der Minister, dass es auch nach der Vereinigung auf dem DDR-Territorium eine zweite deutsche Armee geben werde. In kein Militärbündnis integriert, werde sie hier eigene, territoriale Sicherungsfunktionen ausüben und müsse dementsprechend strukturiert, ausgerüstet und ausgebildet werden. Die künftige NVA sollte zur Erfüllung ihres Auftrages auch nach der Herstellung der staatlichen Einheit über 100.000 Soldaten und 45.000 Zivilbeschäftigte verfügen. Diese Obergrenzen sollten bis 1992/93 erreicht werden. Das sei auch das Ergebnis der Absprachen mit Minister Stoltenberg. Es werde keine NATO-Truppen auf dem Gebiet der heutigen DDR geben. Und es dürfe „kein militärisches Vakuum geben. Daher ist eine Demilitarisierung im Sinne einer schnellstmöglichen Auflösung der NVA für uns nicht akzeptabel."

Bei dieser Gelegenheit bekannte sich der ehemalige Wehrdienstverweigerer klar zum Wehrdienst und zur militärischen Pflichterfüllung, was ihm viele Kommandeure hoch anrechneten. So habe er bei seinem Treffen mit Stoltenberg darauf hingewiesen, dass es nach den Veränderungen in der NVA keinen politischen Grund zur Fahnenflucht mehr gebe. Mit dem westdeutschen Amtskollegen sei vereinbart worden, dass auch die Behörden der Bundesrepublik Fahnenfluchten von NVA-Soldaten in den Westen nicht mehr ignorieren würden. Man habe sich informiert, wie in der Bundeswehr bei unerlaubter Entfernung von der Truppe und Fahnenflucht verfahren werde und wolle ähnliche Mechanismen in der NVA installieren. Die NVA sei ein Stabilitätsfaktor der deutschen Einigung und trage zur Stabilitätssicherung in Europa bei, indem sie die Sicherheits- und Abrüstungspolitik der DDR berechenbar mache.

Staatssekretär Ablaß sekundierte noch im Juni 1990, kurz vor der Währungsunion, seinem Minister: „Generell, solange wir die beiden Militärblöcke haben, stelle ich mich dahinter, was der Minister gesagt hat – keine NATO-Truppen zwischen Elbe und Oder; ein Weiterbestehen der Nationalen Volksarmee könnte ich mir vorstellen, dass die Regierungen der bei uns zu bildenden Länder das Hoheitsrecht für diese Armee haben und dass wir nach der Umstrukturierung in Armeekorps und Brigaden diese Armee durch einen Beauftragten dieser fünf Länder führen. Die Nationale Volksarmee kann nicht mit einem Federstrich aus der Welt geschafft werden. Ich habe das bei den Gesprächen in Moskau gemerkt und besonders in Warschau. Es würde Irritationen hervorrufen. Es gibt bereits solche bei unseren Nachbarn. Besonders das

Verhältnis zu Polen ist sehr sensibel. Ich bin der Meinung, solange die beiden Bündnisse bestehen, muss die Nationale Volksarmee verkleinert zwar, umstrukturiert, in einer anderen Art und Weise, streng defensiv, ihre Aufgaben erfüllen. Nichts wäre schlimmer, als wenn wir jetzt die Nationale Volksarmee schlagartig abschaffen, was auch aus Gründen der Abrüstungspolitik nicht möglich ist - wir hätten ein Vakuum. Und nichts ist schlimmer als ein Vakuum, in das jeder hineinstoßen könnte."

Solche Aussagen hörten die verunsicherten Angehörigen der DDR-Militärelite gerne, zumal damit sowohl die DDR-Regierung als auch nach der Herstellung der staatlichen Einheit die Bundesregierung sich scheinbar für die Gewährleistung des sozialen Bestandsschutzes der NVA-Soldaten in der Pflicht sahen. Anders ließen sich die Ministerworte kaum interpretieren. Man musste sich in der DDR erst daran gewöhnen, dass die Erklärungen von Politikern wohlfeil sind und ein Politikerwort nichts gilt. Erstaunlich ist, dass offenbar die Spitzenmilitärs der DDR sich nicht fragten, warum die Bundesregierung eine noch existierende NVA über den Tag der Einheit hinaus angesichts der damit verbundenen Kosten unterhalten sollte. Und welchen anderen Grund es für die Bundesregierung nach der Währungsunion und der indirekten Übernahme der Haushaltshoheit für die DDR noch geben sollte, die NVA zu finanzieren als den, sie ruhig zu stellen und von eventuellen Staatsstreichambitionen abzuhalten. Wer konnte da noch glauben, dass diese Armee fortexistieren würde, wie das die verantwortlichen Ost-Politiker aus Naivität oder mit verschleiernder Absicht suggerierten?

Dass sich bei der Bundeswehrführung und den Beamten des Bundesministeriums der Verteidigung die Euphorie über die neuen Kameraden im Osten in Grenzen hielt und man weder eine Fraternisierung wollte, noch sich zwei Armeen in einem Staat vorstellen mochte, hätte die Militärelite der DDR wissen können. Gegenüber den Träumereien mancher ostdeutscher Laiendarsteller auf der politischen Bühne gab es seitens der Verantwortlichen aus dem Bundesministerium der Verteidigung klare Ansagen. So erklärte der parlamentarische Staatssekretär im Bundesministerium der Verteidigung, Willy Wimmer (CDU) anlässlich eines Treffens mit seinem DDR-Kollegen Wieczorek am Rande der Jahrestagung der Deutschen Gesellschaft für Wehrtechnik in Bonn schon im Frühjahr 1990, dass eine gesamtdeutsche Regierung die sicherheitspolitische Verantwortung für ganz Deutschland besitzen müsse und damit der einheitliche politische Wille für alle Streitkräfte verbindlich sei. Es könne keine zwei Armeen mit unterschiedlichen Führungen in einem Gesamtdeutschland geben.

Die am 28. Mai 1990 zwischen den Ministern Eppelmann und Stoltenberg in Strausberg vereinbarte Rahmenrichtlinie für dienstliche und außerdienstliche Kontakte zwischen Bundeswehr und NVA, die am 1. Juni in Kraft trat, belegt, dass die institutionalisierten Kontakte zwischen beiden Armeen offenbar nicht zu eng werden sollten. Begegnungen zwischen Angehörigen beider Armeen waren demnach nur an Institutionen öffentlicher und privater Träger (Stiftungen, Parteien, Kirchen und Gewerkschaften) möglich. Wechselseitige Teilnahme einzelner Soldaten oder Einheiten an Übungen oder militärischen Wettkämpfen und am Dienst im Rahmen der Einzelausbildung sowie an Paraden, Gelöbnissen, Zapfenstreichen und Waffenschauen wurde verboten. Wie auch Begegnungen aus anderem Anlass kein Gegenstand der Öffentlichkeitsarbeit sein sollten. Die Übernahme gegenseitiger Patenschaften zwischen Truppenteilen und Dienststellen wurde ausgeschlossen. Vereinbart wurde allerdings eine intensivere Zusammenarbeit bei Rüstungskonversion und der Verwendung von Wehrmaterial.

Diese Zurückhaltung mochte – wie halboffiziell verlautbart – auch dem Bemühen geschuldet gewesen sein, durch eine zu enge Zusammenarbeit die jeweiligen Verbündeten nicht zu verschrecken. Erkennbar ist jedoch, dass sich vor allem die politische Bundeswehrführung mit der neuen Harmonie schwer tat. Das mag nicht zuletzt in der unterschwelligen Befürchtung begründet gewesen sein, zu enge Kontakte zum einstigen Gegner könnten die eigene Wehrmoral aufweichen und die NVA über Gebühr aufwerten. Und vor allem deren Offizierskorps betrachtete man mit Misstrauen.

Auch von Seiten der Bundeswehrführung wirkte man daher nun – ähnlich wie Eppelmanns ziviler Beraterstab – darauf hin, die militärische Führung aus den Gesprächen und Verhandlungen über die Zukunft der NVA herauszuhalten. Admiral Hoffmann beklagt rückblickend, dass vor allem nach diesem zweiten Ministertreffen „die militärische Führung immer weniger in Entscheidungsvorbereitungen oder gar Beratungen zu Grundsatzfragen einbezogen (wurde), und zwar mit dem Vorwand, sie möge sich nicht zu politischen Entscheidungen äußern oder gar in solche einmischen." Der Minister orientierte sich nun nicht mehr an seinen bei Amtsantritt gemachten Versprechungen, sondern immer stärker an den klar artikulierten Absichten der Bundeswehrführung.

Während die führenden Militärs im Osten – an Gehorsam gewöhnt – zur Kenntnis nahmen, was ihnen ihre politische Führung an Erklärungsmustern und scheinbar verbindlichen Zusagen vorsetzte, pflegten Politiker und Spitzenmilitärs im Westen die über Jahre verinnerlichten antikommunistischen Ressentiments. Und der Noch-Minister Eppelmann wusste bereits nach diesem zweiten Treffen mit Bundesminister Stoltenberg, dass in einer gesamtdeutschen Armee unter westdeutscher Führung kein Platz für ehemalige Berufssoldaten der NVA sein würde. Stoltenberg gab Eppelmann während des Treffens deutlich zu verstehen, dass es bei einer Vereinigung der beiden deutschen Staaten keine NVA mehr geben würde. Außerdem: „Für Soldaten der NVA gibt es bei der Bundeswehr keinen Bedarf". Eppelmann sagte später dazu: „Stoltenberg hat das wiedergegeben, was der Geist in der hohen Generalität der Bundeswehr damals gewesen ist, was auch die Haltung im Kabinett von Kohl war. Das Konzept von Kohl sah zunächst keine Übernahme von NVA-Soldaten in die Bundeswehr vor.". Mit diesem Wissen um die militärpolitischen Absichten der Bundesregierung ließ der DDR-Abrüstungsminister seine Stabsoffiziere an Vorschlägen für eine Neustrukturierung der DDR-Streitkräfte bis zum Jahr 1993 weiterarbeiten. Alle Kommandos und Stäbe waren beschäftigt und erledigten ihre Aufgaben mit preußischer Gründlichkeit. Bundeswehrgeneral Schönbohm wunderte sich 1992 rückblickend, dass der DDR-Minister und der Chef der NVA auch nach diesem zweiten Treffen an der These einer Fortexistenz der NVA festhielten und die langfristige Auflösung beider Militärblöcke für realistisch ansahen.

Eppelmanns und Bahrs Absicht war es offenbar nur noch, den Apparat der Ministerialbürokratie durch die Verordnung von Scheinaktivitäten bei Laune und die Truppe ruhig zu halten. Denn noch ging in der die DDR abwickelnden Interimsregierung die Angst vor einem Staatsstreich um. Ministerpräsident de Maizière erklärte zu dieser Zeit gegenüber der Bundesregierung, man könne die NVA nicht auflösen, weil die entlassenen Offiziere und Unteroffiziere zu einem Sicherheitsrisiko für ihn und seine Regierung werden könnten. Man musste ihnen also eine Perspektive vorspiegeln. Am 8. Juni 1990 gründete Minister Eppelmann ein sogenanntes Institut für Konversion, das eine Übergangsvariante für beide deutsche Streitkräfte in eine neue gesamtdeutsche Armee planen sollte.

Das lange währende offizielle Festhalten Eppelmanns an der Fiktion zweier Armeen im vereinten Deutschland hatte den Effekt, dass die Lage in der NVA für ihn bis zum 03. Oktober 1990, dem Tag der deutschen Vereinigung, verhältnismäßig stabil blieb. Erst danach nannten ihn viele enttäuschte und über ihre eigene Gutgläubigkeit entsetzte NVA-Angehörige „Veräppelmann". Dazu bestand allerdings kein Grund, denn wer die Meldungen der Presse aufmerksam las, konnte spätestens seit Mitte Juni keine Illusionen mehr gehabt haben. In einem Interview mit der NVA-Zeitung Trend sprach der zuständige Parlamentarische Staatssekretär Wieczorek Klartext: „Ganz eindeutig möchte ich ihnen heute sagen, in einem geeinten Deutschland gibt es nur noch eine deutsche Armee und nicht zwei! Und diese deutsche Armee hat einen im NATO-Stab verantwortlichen Oberbefehlshaber. Der befehligt also die der NATO unterstellten Teile der noch alten Bundeswehr und dann neuen Teile der deutschen Armee. Es wird aus den jetzt schon territorial strukturierten Armeeteilen der Bundeswehr und den alten, von uns gewollten defensiv und territorial strukturierten Einheiten der ehemaligen NVA, ein Territorialheer geben, was territoriale Aufgaben wahrnimmt." Und der Bundesminister der Verteidigung, Gerhard Stoltenberg, erklärte auf der 31. Kommandeurtagung der Bundeswehr am 13. Juni in Fellbach bei Stuttgart: „Unser Ziel ist, sobald ganz Deutschland ein demokratischer Staat mit einem Parlament und einer Regierung ist, nach einer kurzen Übergangsfrist zu einer deutschen Armee zu kommen."

Die Reste der NVA sollten demnach im Bestand der Bundeswehr als Heimatschutztruppe strukturiert werden. Mit der Konzeption der Inneren Führung seien die Leitlinien vorgegeben, an denen sich der Aufbau künftiger gesamtdeutscher Streitkräfte orientieren müsse. Die Teilnehmer, darunter General Jörg Schönbohm, interpretierten diese Klarstellung so, wie sie gemeint war, dass nämlich „jeder Angehörige der NVA mit seiner SED-Vergangenheit brechen und sich mit unserem Grundgesetz identifizieren musste, wenn er bei der Bundeswehr bleiben wollte. Stoltenbergs Vorgaben hatten keinen Zweifel darüber gelassen, dass die NVA im vereinten Deutschland nicht mehr fortbestehen konnte."

Nur in der NVA-Führung war man offenbar nicht bereit oder in der Lage, die Ministerworte zu deuten und entsprechende Schlussfolgerungen zu ziehen. Dabei fehlte es nicht an Signalen, die helfen konnten, die politische Substanz von Stoltenbergs Statement zu erkennen. So meinte auch der ehemalige westdeutsche NATO-General Günter Kießling Mitte Juni: „Ich kann mir keinen Staat vorstellen, der zwei verschiedene Armeen unterhält." Dies sei unter anderem hinsichtlich der Kosten völlig unrealistisch.

Dass neben den in Wien vereinbarten Obergrenzen für konventionelle Waffen und Truppenstärken und dem Kostenargument noch andere, psychologische Gründe im Zusammenhang mit der Übernahme der Rest-NVA und ihres Berufspersonals durch die Bundeswehr eine gewichtige Rolle spielten, verdeutlichten in der FAZ veröffentlichte Forderungen nach Auflösung der NVA „ohne Rest" und diverse Leserbriefe zu diesem Thema. So schrieb ein westdeutscher Leser der NVA-Zeitung Trend Ende Juli 1990: „Ein Offizier, der jahrelang nichts dabei fand, dem Honecker-Regime zu dienen, hat in einer zukünftigen deutschen Armee, sei sie nun Territorialheer auf dem Boden der jetzigen DDR oder integraler Bestandteil der Bundeswehr, prinzipiell nichts zu suchen. Einzelne Offiziere mögen noch in bestimmten administrativen Funktionen Verwendung finden, es ist aber unvorstellbar, dass ein Hauptmann mit SED-Vergangenheit eine Kompanie in Streitkräften des demokratischen Deutschlands führt. Das ist auch für die ihm unterstellten Soldaten unzumutbar."

Und getreu den bereits im Frühjahr 1990 getroffenen militärpolitischen Festlegungen befasste sich bereits vor Kohls Treffen mit Gorbatschow in Moskau und im Kaukasus eine Arbeitsgruppe des Planungsstabes der Bundesregierung Anfang Juli mit dem Umfang und der Struktur einer künftigen gesamtdeutschen Armee. Diese Gruppe schlug vor, die Verbände und Einrichtungen der NVA zunächst als Einheiten der Bundeswehr übernehmen, um sie schrittweise aufzulösen. Dann sollten neue gemischte Truppenteile nach Bundeswehrkriterien aufgestellt werden. Diese Truppen sollten bis zum Abzug der sowjetischen Westgruppe im Jahr 1994 unter deutschem Kommando stehen und es sollte solange keine Verknüpfung mit NATO-Strukturen geben.

„Um von Anfang an eine einheitliche Führung aller Streitkräfte durch den Inhaber der Befehls- und Kommandogewalt zu gewährleisten, musste natürlich auch das Ministerium für Abrüstung und Verteidigung aufgelöst werden. Für eine Übergangszeit sollte ein gemeinsames Bundeswehrkommando eingerichtet werden, das einen Teil der militärischen Aufgaben des Ministeriums für Abrüstung und Verteidigung übernahm, eine einheitliche Führung gewährleistete, die Auflösung der Land-, Luft- und Seestreitkräfte nach den gleichen Kriterien vorantrieb und den Aufbau neuer Truppenteile der drei Teilstreitkräfte begann", erinnert sich Schönbohm.

Damit war der Fahrplan für die Abwicklung der NVA schon beschlossen, bevor Gorbatschow die DDR preisgab. Schönbohm, der das Auflösungskonzept schließlich umzusetzen hatte, wunderte sich später: „In der DDR wusste man offensichtlich nur wenig von diesen Planungen – oder glaubte sie nicht." Nach Aussage des

Chefs der NVA, Admiral Hoffmann, war man über diese Vorbereitungen zur feindlichen Übernahme der NVA in Strausberg tatsächlich nicht informiert.

„Aber während die NVA-Führung noch an der Zwei-armeentheorie in einem Staat festhielt und dies auch gegenüber den Soldaten vertrat, wurde die Truppe durch Meldungen westdeutscher Zeitungen über die bevorstehende Auflösung der NVA verunsichert. In einer internen Dienstbesprechung im Ministerium für Abrüstung und Verteidigung Anfang Juli wies der Chef des Hauptstabes diese Berichte zurück und vertrat weiterhin die These von zwei Armeen in einem Land, wies allerdings auch auf die Problematik einer solchen Lösung hin.", so General Schönbohm. Mitte Juli habe sich Minister Eppelmann noch einmal zu Wort ge-meldet und erneut darauf hingewiesen, „dass es auch nach der Einheit Deutschlands auf dem Gebiet der DDR eine selbstständige Armee, die NVA, wenn auch in verkleinertem Umfang, geben werde. Sie könne von einem dem Ministerium unterstellten oder einem mit den neuen Ländern verknüpften ‚Organ' geführt werden. Sogar neue Uniformen wurden schon dafür entworfen." Diese Realitätsverweigerung war für den Bundeswehrgeneral Schönbohm unverständlich.

Im Rückblick ist schwer zu beurteilen, was von den offenkundig weltfremden Vorstellungen und Beteue-rungen des Ministers Eppelmann politischem Kalkül und was davon reinem Wunschdenken geschuldet war. Der auf Abruf agierende DDR-Minister Eppelmann bestand in preußischer Manier darauf, dass trotz völlig veränderter Lage „Dienst nach Vorschrift" gemacht werde.

Schon vor Gorbatschows Preisgabe der DDR unter Bruch aller noch gültigen völkerrechtlichen Verträge begannen die Abwickler der DDR mit der Entsorgung vermeintlicher symbolischer, struktureller und perso-neller Altlasten. Wie es einer Mehrheit der Volkskammerabgeordneten am 31. Mai 1990 plötzlich unerträglich war, ihre Sitzungen unter dem noch gültigen Staatsemblem der DDR abhalten zu müssen, was zu dem absurden, bilderstürmerischen Beschluss führte, das Wappen aus dem Sitzungssaal zu entfernen, sollte die Symbolik des zur Auflösung verurteilten Staates auch von den Uniformen der Soldaten und der Gefechtstechnik getilgt werden. Im Juni hatte der Minister angewiesen, alle Kokarden und Embleme mit Hammer, Zirkel und Ehrenkranz von den Uniformen zu entfernen. Die DDR wurde in kollektiver Hysterie weniger alter und erstaunlich vieler neuer Widerstandskämpfer gegen das SED-Regime symbolisch entsorgt. Nach diesem Akt administrativer Selbstbefriedigung ging der Minister für Abrüstung und Verteidigung als einziges Mitglied der Noch-DDR-Regierung ab dem 06. Juli 1990 für vier Wochen in den Erholungsurlaub, als gebe es mit Blick auf die Lebensperspektive der ihm anvertrauten Soldaten keinerlei akuten ministeriellen Handlungsbedarf. Während die Berater und Staatssekretäre des Ministers die Kulisse verantwortungsvollen Regierungshandelns mit blumigen Reden aufrecht zu erhalten versuchten, verschärften sich durch die vielen unvorhergesehenen Entlassungen von Soldaten die Unsicherheiten in der Truppe massiv.

Bereits am 26. April 1990 hatte zudem die Volkskammer beschlossen, die Soldaten unter einen neuen Fahneneid zu stellen, in dem nicht mehr die Verteidigung des Sozialismus als Aufgabe der Truppe festgeschrieben war. Die Vereidigungen fanden schließlich in der Mehrheit am 20. Juli statt. Damit sollte ein Bezug zum gescheiterten Hitler-Attentat der Wehrmachtoffiziere um Oberst Claus Graf Schenck von Stauffenberg hergestellt werden. Wie massiv nach erfolgter Währungsunion die Einflussnahme des Bonner Verteidigungsministeriums auf die Strausberger Ministerialbürokratie bereits betrieben wurde, zeigt ein Brief des 2005 wegen Vorteilsnahme und Steuerhinterziehung und 2011 wegen betrügerischen Bankrotts und Betrug verurteilten Staatssekretärs Dr. Pfahls an seinen ostdeutschen Kollegen Werner Ablaß: „Ein bisher kaum vollzogener Reinigungsprozess in der NVA, ein ungeklärtes Widerstandsverständnis in Verbindung mit der Weiterverwendung des Begriffes ‚Antifaschismus' (NKFD, BDO) sowie eine möglicherweise Überbetonung des militärischen Zeremoniells durch die NVA bergen nach hiesiger Sicht die Gefahr in sich, dass die Veranstaltungen des Ministeriums für Abrüstung und Verteidigung am 20. Juli missverstanden werden, und zwar in dem Sinne, dass die alte Führung der NVA eine weitestgehend unveränderte Organisation der Vergangenheit in die Tradition des militärischen Widerstandes gegen die Hitler Diktatur stellt." Dieses Beispiel zeigt, wer in Zukunft die Deutungs- und Weisungshoheit in bezug auf die NVA und ihr Traditions- und Geschichtsverständnis beanspruchen würde.

Die Ableistung des neuen Eides wurde jedoch in der Truppe recht unterschiedlich gehandhabt. Eidverweigerungen von wehrpflichtigen Unteroffizieren und Mannschaftsdienstgraden wurden weitgehend folgenlos hingenommen. Anders zunächst bei den Berufsunteroffizieren, Fähnrichen und Offizieren. Eppelmann hatte am 04. Juli 1990 vor allem den Berufssoldaten noch gedroht, dass die Eidverweigerung gemäß der noch geltenden Dienstlaufbahnordnung der NVA zur Entlassung führen würde. Doch die Realisierung dieser Ankündigung hätte zum vorzeitigen Verlust von Militärspezialisten geführt, auf die man zum damaligen Zeitpunkt noch nicht verzichten wollte. Kritiker äußerten schwere Zweifel am Sinn dieser Veranstaltung, zwei Monate vor dem beschlossenen Ende der DDR. Mancher Beobachter des Geschehens redete sich die Vereidigungen schön, indem er sie als äußeres Zeichen dafür interpretierte, dass sich damit die Noch-DDR-Regierung zu dieser Armee bekenne, sie annehme und in die deutsche Einheit einbringen werde. Doch die Selbstverleugnung, die sich im neuen Eid und im Wechsel der Mützenkokarden ausdrückte, sollte umsonst sein.

Wohin die Reise militärpolitisch geht, war am Beispiel der Grenztruppen zu besichtigen. Die im Frühjahr 1990 noch 47.000 Mann starken Regimenter, die bis zum Herbst 1990 auf nur noch 15.000 Soldaten geschrumpft waren, wurden mit Befehl 49/90 am 30. September 1990 aufgelöst. Die Einheiten der Grenzkommandos waren seinerzeit von der DDR-Führung aus den Streitkräften formal ausgegliedert worden, um sie nicht zum Gegenstand der Wiener Verhandlungen zu machen. Sie blieben jedoch in der Unterstellung unter den Minister für Nationale Verteidigung. Erst am 1. Juli 1990 wurden die Grenztruppen von Eppelmann an den Innenminister der de-Maizière-Regierung, Peter-Michael Diestel, übergeben. Gleichzeitig fielen die Kontrollen an der innerdeutschen Grenze weg. Die neue Aufgabe der Truppe war jetzt die „Grenzüberwachung". Aus 4.500 Angehörigen der Grenztruppen wurden Rekultivierungskommandos gebildet. Deren Aufgabe war der Abbau der Grenzsicherungsanlagen und Minen sowie die Einrichtung neuer Grenzübergänge zu Polen und Tschechien. Der Abbau der Grenzsicherungsanlagen in Berlin und im Bezirk Potsdam sollte bis Dezember 1990 abgeschlossen werden. Die Grenztruppen verschwanden ohne Rest im Strudel staatlicher Selbstauflösung.

Am 11. Juli 1990 bereits erließ Staatssekretär Ablaß die Weisung, alle Publikationen der NVA einzustellen, ausgenommen die Armeezeitung Trend. Mit Befehl 21/90 verfügte Minister Eppelmann, dass die militärische Ausbildung an den Offiziershochschulen einzustellen sei. Das Studium zum Erwerb eines zivilen Hoch- oder Fachschulabschlusses sei hingegen fortzusetzen. Damit war eigentlich alles klar. Der oberste Militär der NVA, Ex-Minister Hoffmann, behauptete jedoch auch später noch: „Aber wir blieben lange darüber im Unklaren, dass es um nichts anderes als um die möglichst schnelle und radikale Abwicklung der NVA, vor allem ihres Personals, ging, und dass dabei den wohlklingenden Worten von Staatssekretären – auch solchen aus dem Bonner Verteidigungsministerium – recht ruppige Taten von Exekutoren folgen würden."

Als in den direkten Gesprächen zwischen Kanzler Kohl und dem sowjetischen Präsidenten Gorbatschow ohne Hinzuziehung von DDR-Vertretern das Schicksal des ostdeutschen Staates besiegelt worden war, konnten die NVA-Abwickler in West und Ost endgültig aus ihren Deckungen kommen. Die erste Reaktion der Bundeswehrführung nach Rückkehr Kohls aus dem Kaukasus Mitte Juli 1990 war die Streichung der nächsten periodischen gemeinsamen Arbeitstagung mit der NVA, die ursprünglich am 23. Juli hätte stattfinden sollen. Nun brauchte man nicht mehr mit Leuten verhandeln, derer man sich schnell entledigen würde. Werner von Scheven, kommandierender General und späterer stellvertretender Chef des Bundeswehrkommandos Ost, sagte laut dem Nachrichtenmagazin Spiegel vom 13. Juni 1994, dass die Bundeswehr in Wirklichkeit niemals eine Vereinigung oder Zusammenführung beider Armeen im Sinn gehabt habe. Und Egon Bahr meinte dazu: „Zwei Armeen tatsächlich zusammenzuwachsen zu lassen, war nach den Modalitäten des Beitritts, und nach Artikel 23 des Grundgesetzes, nicht möglich. Es wurde übernommen, verschrottet, eingeschmolzen, abgewickelt, übergeben und aufgelöst."

Mit dem argumentativ komfortablen Hinweis auf die juristischen Sachzwänge des Einigungsvertrages, dessen Ausdeutung nach Abhandenkommen eines der beiden Vertragspartner nur noch der Bundesregierung oblag, konnte nicht nur der Berater des DDR-Ministers Eppelmann seine Hände in Unschuld waschen, sondern auch die Strausberger Staatssekretärsriege. Man habe zwar das Beste gewollt, sei aber letztlich in den Verhandlungen zum Einigungsvertrag – wie Staatssekretär Ablaß beschreibt – an den Finanzvorbehalten gescheitert, welche die westdeutsche Seite vorgebracht habe. Die Verhandlungen empfand Ablaß rückblickend als fair. Es habe sich keineswegs um Übernahmeverhandlungen gehandelt. „Wir konnten über noch so viele Dinge reden und auch noch so gute Ideen entwickeln, und hatten auch Einigkeit erzielt, doch plötzlich kam dann der große Einwand, der da hieß: Finanzvorbehalte. In dem Augenblick war dann jeweils alles das, was sachlich und emotional vorgebracht wurde, vom Tisch."

Es bedarf schon einer ausgeprägten Fähigkeit zum Selbstbetrug, das hier geschilderte Verfahren als fair zu empfinden und einer gehörigen Portion Schlitzohrigkeit, es in der Öffentlichkeit auch noch so verkaufen zu wollen. Jenen, die in den Streitkräften der DDR die militärische Führungsverantwortung trugen, hatte die politische Führung des Hauses wohlweislich fast jede Möglichkeit zur Einflussnahme auf die Verhandlungen zum Einigungsvertrag genommen. Mit Ausnahme der ersten Beratung war kein Vertreter der Militärführung bei der Verhandlung der die NVA betreffenden Teile des Einigungsvertrages zugegen. Alles lief über Staatssekretär Ablaß. Und die Generale gehorchten.

Am 22. Juli wurden mit Ministerbefehl 24/90 alle Betriebe der NVA aufgelöst, so die Militärhandelsorganisation, die Druckereien und der Militärverlag der DDR. Die Hälfte der Berufssoldaten hatte bereits seit

Januar 1990 auf persönlichen Wunsch den Dienst in der NVA quittiert. Es gab eine ganze Reihe, die sofort um ihre Entlassung baten, da sie nicht bereit waren mit dem ehemaligen Gegner zusammenzuarbeiten.

Angesichts der ungeklärten Zukunft der noch dienenden Soldaten der NVA forderte der Bund der Berufssoldaten baldige Aufklärung über die beruflichen Perspektiven dieser Personengruppe. Staatssekretär Marczinek verkündete im Fernsehen halbherzig die Auflage eines beruflichen Bildungsprogramms für zu entlassende NVA-Offiziere.

Nun vollzog auch Pfarrer Eppelmann einen Richtungswechsel: Nach einem Frühstück mit Stoltenberg während seines Urlaubs ließ er am 2. August die Presse wissen, dass er nun nicht mehr für zwei deutsche Armeen in einem Staat plädiere. Derweil verhandelte Ost-Staatssekretär Ablaß am 6. August 1990 in Erfurt mit seinem westdeutschen Amtskollegen Karl-Heinz Carl bereits über die Einzelheiten der Übernahme. Dabei war nicht mehr die Rede von einer Vereinigung beider Armeen auf Augenhöhe, wie man das den DDR-Militärs lange zu suggerieren versucht hatte: „Es ging uns nicht um eine Reformierung der NVA in alten Strukturen, wie angenommen wurde. Vielmehr ging es uns darum, in welchen Dimensionen die real vorhandenen Führungsorgane, Truppen und Flottenkräfte mit Vollzug der Einheit sofort reduziert, umgeformt werden und in der Bundeswehr Aufnahme finden könnten. Auch war die Frage unbeantwortet, welche Zeitdauer diesem Prozess zugrunde zu legen sein würde. Wir waren der Ansicht, dass das in weniger als zwei Jahren nicht zu machen sei."

Folgerichtig wurde am 7. August während einer Beratung bei Minister Eppelmann die Entscheidung getroffen, die Organe der Staatsbürgerlichen Arbeit aufzulösen und den Paradeschritt abzuschaffen. Der von militärischen Laien häufig als „preußischer Stechschritt" missdeutete Exerzierschritt der NVA erschien dem Minister als nicht mehr zeitgemäßes Relikt der DDR, was allerdings das NVA-Wachregiment *Friedrich Engels* beim letzten Wachaufzug am Ostberliner Mahnmal für die Opfer des Faschismus und Militarismus Unter den Linden nicht hinderte, diesen Parademarschschritt trotzdem zu praktizieren.

Entscheidendes Ergebnis dieser Beratung war aber die zur „Erneuerung des Führungsbestandes der NVA" verfügte Entlassung aller Berufssoldaten, die das 55. Lebensjahr erreicht oder überschritten hatten. Mit dem Befehl 28/90 vom 15. August über die Entlassung aller Generale/Admirale, Offiziere, Fähnriche und Berufsunteroffiziere, die älter als 55 Jahre waren, wurde die NVA bis zum 30. September 1990 personalpolitisch enthauptet. Nun war der Weg endgültig frei für die schrittweise Liquidierung der DDR-Armee durch die Bundeswehr bereits vor dem 3. Oktober. Und auch diese Entscheidung trug die Militärführung – wenn auch murrend – mit: „Es sollten wenigstens die jüngeren Generale und Offiziere eine Chance haben, etwas von der NVA und ihren immerhin vorhandenen Vorzügen in die künftigen gesamtdeutschen Streitkräfte einzubringen, so dachten wir." Die Hoffnung starb offenbar auch bei Admiral Hoffmann zuletzt.

Die Bonner Ministerialbürokratie schuf derweil Fakten und konkretisierte die Befehle. Am 14. August trug Minister Stoltenberg seinem Staatssekretär Schönbohm die Übernahme des Bundeswehrkommandos Ost an. Schönbohm erhielt so Gelegenheit, in seiner alten Heimat „das von uns entwickelte Konzept zur Auflösung der NVA" in die Tat umsetzen. Die politische Führung des Strausberger Ministeriums schickte sich an, bis zum 3. Oktober in vorauseilendem Gehorsam die eher unangenehmen Arbeiten zu erledigen, die ansonsten der Bonner Bürokratie zugefallen wären. In diesem Sinne befahl Minister Eppelmann am 16. August die

Beschleunigung der Anstrengungen beim Verkauf von NVA-Wehrmaterial. Man wollte personell und materiell möglichst unbelastet in die Einheit gehen.

Viel zu spät wurde in der Truppe erkannt, wer bei den deutsch-deutschen Verhandlungen Koch und wer Kellner war. Angesichts der Entlassungen und erster Informationen über die Festlegungen des Einigungsvertrages regte sich der lange verschüttete Widerstandsgeist. Als die Stimmung in manchen Kampfeinheiten endgültig in Wut umzukippen drohte, traten die Parlamentarischen Staatssekretäre Willy Wimmer (West) und Wieczorek (Ost) am 17. August im Panzerregiment 22 in Torgelow-Spechtberg zur konzertierten Truppenberuhigung an. War vor nicht allzu langer Zeit noch die Rede von 100.000 NVA-Soldaten und 45.000 Zivilbeschäftigten gewesen, die nach der Einheit in ihren Berufen würden bleiben können, ging es jetzt nur noch um 50.000 Soldaten der NVA (davon 6.000 Offiziere), die in die Bundeswehr übernommen werden könnten. Schließlich müsse auch die Bundeswehr 160.000 Mann entlassen, um den Wiener Abrüstungsverpflichtungen nachzukommen. Dieser Reduzierungsprozess werde sich über drei bis vier Jahre erstrecken.

Alleinige Kriterien für Übernahme von NVA-Soldaten in die Bundeswehr sollten die zukünftige Struktur der Streitkräfte, persönliche Eignung und der Bedarf sein, wobei unter Eignung fachliche Qualifikation und Verfassungstreue zu verstehen seien. Vor allem Letzteres stellte ein sehr breit interpretierbares Kriterium dar, das, wie sich bald zeigen sollte, hervorragend geeignet war, sich jenes NVA-Personals zu entledigen, dessen man für die Aufrechterhaltung des Dienstbetriebes im Osten nicht mehr bedurfte. Staatssekretär Wieczorek verkündete treuherzig: „[...]es hat keinen Ausverkauf der NVA gegeben. Sie wird in die gesamtdeutsche Armee eingehen. Für den Soldaten ist zweierlei bedeutsam – die Eignung und der Bedarf. Im Übrigen ist die

Bundeswehr ebenso von diesem Prozess betroffen, anteilmäßig stärker als die NVA. Wer also als Berufssoldat übernommen wurde, ist genauso ein Soldat wie sein Kollege an der Weser und am Rhein. Es gibt keine Deutschen erster und zweiter Klasse."

Für die im Dienst verbliebenen Berufssoldaten der NVA kam schnell die Gelegenheit, sich vom Unwert solcher Politikerworte zu überzeugen. Schrittweise wurde klar, unter welch restriktiven Bedingungen Berufssoldaten des untergegangenen Staates überhaupt erst Zugang zur Bundeswehr finden würden.

Mit Blick auf die von ihm befürworteten Personalprüfungsausschüsse, die über den Verbleib von Ex-NVA-Soldaten in der Bundeswehr entscheiden würden, hatte der Eppelmann-Berater Egon Bahr bereits Ende Juli 1990 gesagt: „Also erstens, ich will keine Gesinnungsschnüffelei. Zweitens bin ich davon überzeugt, dass wir Deutschen, was das Verhältnis der beiden Bevölkerungsteile angeht, Respekt brauchen vor den unterschiedlichen Lebenserfahrungen, aber auch Toleranz [...]. Wenn ich von Toleranz sprach, dann denke ich daran, dass man viele Offiziere der deutschen Wehrmacht für fähig gehalten hat, am Aufbau der demokratischen Bundeswehr mitzuwirken. Es mag den Heusinger, den Speidel, den Grafen Baudissin auch in der NVA geben, ich bin davon überzeugt. Und viele andere interessante, wertvolle Menschen. Die dürfen nicht verloren gehen, die dürfen nicht ausgegrenzt werden, die dürfen nicht an den Rand gedrängt werden [...] ."

Diese zu nichts verpflichtenden, wohl freundlich gemeinten Worte Bahrs stellten in Wahrheit eine Ehrverletzung für NVA-Offiziere dar. Durch den Hinweis auf das Wirken ehemaliger Wehrmachtsoffiziere in der Bundeswehr bediente der historisch eigentlich nicht ungebildete Eppelmann-Berater gewollt oder ungewollt die Personalentscheider mit einem handlichen, aber nichtsdestoweniger falschen Stichwort für den restriktiven Umgang mit der Führungselite der ostdeutschen Armee. Dieser ließ sich somit unterstellen, sie habe durch ihre Parteizugehörigkeit und ihren soldatischen Dienst für den vermeintlichen Unrechtsstaat DDR Schuld auf sich geladen – vergleichbar der Schuld aktiver Wehrmachtoffiziere durch die Teilnahme an Hitlers Vernichtungskrieg. Als wäre der ehemalige Chef des NVA-Hauptstabes, der im Frieden seinen Dienst verrichtete und im Wendeherbst mit dafür sorgte, dass die Truppen in den Kasernen blieben, etwa einem General Heusinger gleichzusetzen, der in seiner Eigenschaft als Chef der Operationsabteilung des Oberkommandos des Heeres ab 1942 die Partisanenbekämpfung in den von der Wehrmacht besetzten Gebieten koordinierte und somit Verantwortung für die Ermordung Tausender Zivilisten trug.

Die scheinbar logische Konsequenz: Die pauschal den NVA-Offizieren anzulastende Schuld, der „zweiten deutschen Diktatur" gedient zu haben, müsse durch individuelles Wohlverhalten und Anpassung gesühnt werden. Dieses auf dem Totalitarismus-Paradigma basierende Argumentationsmuster, das völlig unhistorisch die Militäreliten der NS-Diktatur und der DDR gleichsetzt, ermöglichte es, in der Öffentlichkeit die den DDR-Berufssoldaten verordneten Degradierungen, Personalüberprüfungen und Probezeiten zu rechtfertigen. Die Schutzbehauptung lautete: Man wolle es besser machen als bei der Gründung der Bundeswehr. Damals wies das gesamte Führungspersonal Wehrmachts- und häufig auch NS-Parteikarrieren auf. Die kommunikationspolitischen Weichen für die Begründung der von langer Hand geplanten Entsorgung vermeintlicher personeller Altlasten mit NVA-Vergangenheit waren gestellt. Mittels dieses argumentativen Vehikels konnte man in dieser Frage sogar mit dem Beifall der ehemaligen Achtundsechziger im Westen rechnen

Nach den Wiener Abrüstungsfestlegungen, auf die man sich damals in Strausberg und Bonn offiziell bezog, und gemäß den Vorgaben des 2+4-Vertrages hätten die deutschen Streitkräfte im Jahr 1994 aus 320.000 ehemaligen Bundeswehrsoldaten und 50.000 ehemaligen NVA-Angehörigen bestehen sollen. Real erfolgte die Reduzierung schließlich ohne Not schneller als vertraglich vereinbart und personell zu Lasten der NVA. Die Bundeswehr reduzierte ihr Personal um etwa zehn Prozent, während vier Jahre nach der deutschen Vereinigung nur noch etwa zehn Prozent der NVA-Soldaten in der Bundeswehr dienten.

Am 18. August 1990 hatte Bundesverteidigungsminister Stoltenberg, der Aussage seines Generals Schönbohm zufolge, vor führenden Militärs der Bundeswehr erklärt:

„1. Die NVA hört auf zu bestehen, und die Soldaten der ehemaligen NVA werden ab 15. Oktober, dem (ursprünglich) vorgesehen Tag der deutschen Einheit, vorläufig Soldaten der Bundeswehr mit den Pflichten nach dem Soldatengesetz.

2. Die Verbände der NVA werden Zug um Zug aufgelöst. Die neuen Truppenteile der Bundeswehr werden mit Angehörigen der Bundeswehr und denen der ehemaligen NVA neu aufgestellt.

3. Etwa bis zu 20 000 Berufssoldaten und Soldaten auf Zeit der ehemaligen NVA können nach Bewährung als Soldat auf Zeit für zwei Jahre auf Dauer übernommen werden. Die Gesamtstärke von 50 000 Soldaten wird sich dann zusammensetzen aus bis zu 20 000 ehemaligen NVA-Angehörigen als Berufs- oder Zeitsoldaten, bis zu 5 000 Berufs- und Zeitsoldaten aus der Bundeswehr West sowie Freiwilligen und 25 000 Wehrpflichtigen."

Hier ging es schon nicht mehr um 50.000 Mann der ehemaligen NVA, deren Übernahme Stoltenbergs Staatssekretär Wimmer und sein ostdeutscher Amtskollege noch einen Tag zuvor in Torgelow-Spechtberg in Aussicht gestellt hatten. Entweder waren den Staatssekretären die Vorstellung des Bundesministers unbekannt oder sie kolportierten bewusst falsche Zahlen.

Und weil dem zukünftigen Chef der Bundeswehr Ost klar war, dass er in einer Übergangsphase mit den abkommandierten Soldaten aus dem Westen mangels Masse und Qualifikation scheitern würde, kam er zu dem pragmatischen Schluss, „dass wir versuchen müssten, genügend Angehörige der NVA zur Mitarbeit für die geordnete Auflösung der NVA und den Aufbau der neuen Truppenteile zu gewinnen [...]. Wir brauchten die Hilfe von Offizieren und Unteroffizieren der NVA, durften aber nicht verschweigen, dass wir auf Dauer nur eine geringe Zahl von ihnen übernehmen könnten [...]."

Zwei Tage später traf eine Verbindungsgruppe der Bundeswehr aus Bonn in Strausberg ein. Sie bestand aus Brigadegeneral Ekkehard Richter und neun Offizieren, sowie Ministerildirigent Gunnar Simon und zehn Beamten. Sie sollte klären, wie die NVA am schnellsten abgewickelt werden könne und wie die Vorbereitungen zum Abzug der Westgruppe laufen. Bereits am Tag darauf erhielten viele Offiziere der Bundeswehr im Westen den Befehl, Kasernen, Flugplätze und Raketenstellungen im Osten im Detail zu erkunden.

Der militärische Chef des Vorauskommandos gewann sehr schnell den Eindruck, dass es im Ministerium für Abrüstung und Verteidigung der Noch-DDR nur eine mangelhafte Zusammenarbeit zwischen der politischen und der militärischen Führung gebe. Jeder Staatssekretär verfolge eine eigene Politik. Die militärische

Führung werde aus dem politischen Führungsprozess ausgeschlossen. Man hatte den General weder in Bonn, noch in Strausberg darüber informiert, dass Egon Bahr in Strausberg als graue Eminenz wirkte. Dieser Umstand irritierte den General Richter erheblich. Er habe leider nicht erfahren können, in welchen militärischen Fragen und bei welchen Problemen Bahr mit Erfolg habe beraten können. Der Leiter von Eppelmanns Beraterstab, Dietmar Herbst, war nach Richters Auffassung eine Fehlbesetzung: „Er schien mir in militärischen und sicherheitspolitischen Angelegenheiten ein nicht sehr kompetenter Berater des Ministers zu sein, der sich jedoch überall einschalten wollte und sich vor allem friedensbewegten Themen widmete."

Während dessen vollzog sich die vorauseilende personelle Erosion der NVA in atemberaubendem Tempo. Ende August wurden zusätzlich zu den geplanten Personalreduzierungen weitere 8700 Soldaten und Zivilbeschäftigte entlassen, die in diversen Umschulungs- und Beschäftigungsmaßnahmen kaum aufzufangen waren. Einander widersprechende Verlautbarungen über den Status von NVA-Soldaten nach dem Beitritt der ostdeutschen Länder zur Bundesrepublik führten in den Kampfeinheiten zu Unruhe. Staatssekretär Ablaß versicherte in einem Fernschreiben vom 29. August 1990 an die Kommandeure, dass die Soldaten der NVA nach dem Beitritt Soldaten der Bundeswehr würden. Bereits am Folgetag wurde das zurückgenommen. Nunmehr hieß es, dass die Dienstverhältnisse der Soldaten auf Zeit und der Berufssoldaten mit dem Beitritt ruhen würden.

Das Durcheinander der verschiedenen Verlautbarungen verdeutlichte, dass die DDR-Unterhändler in dem Prozess nur noch Statistenrollen spielten und zum Teil nicht einmal in der Lage waren, ein juristisches Regelwerk zu deuten, das sie selbst verhandelt hatten. Und die Kommandeure wurden durch die vielen nicht abgesicherten, aber ministeriell autorisierten Verlautbarungen und deren Weitergabe an ihre Unterstellten in eine Kumpanei mit den Exekutoren der Abwicklung manövriert.

Die geplanten feinsinnigen Differenzierungen in der Behandlung ehemaligen NVA-Personals waren schließlich in einer „Kommentierung der im Einigungsvertrag enthaltenen Regelungen hinsichtlich der Rechtsverhältnisse und sozialen Leistungen für die Soldaten der NVA" nachzulesen. Dort heißt es beispielsweise: „Die Dienstverhältnisse der Zeit- und Berufssoldaten, die in (als Bundeswehr) fortbestehenden Truppenteilen verwendet werden, ruhen nicht, sondern sind nunmehr mit modifiziertem Inhalt ‚Dienstverhältnisse eigener Art'. Allerdings sind ihre bisherigen Rechte und Pflichten erloschen. An ihre Stelle treten die Rechte und Pflichten nach dem Soldatengesetz mit Ausnahme der Bestimmungen, die sich auf den Eid, die Laufbahnen der Soldaten sowie die Geld- und Sachbezüge, die Heilfürsorge sowie die Versorgung [...] beziehen. In diesem besonderen Dienstverhältnis führen die Soldaten nicht automatisch den gleichen Dienstgrad, den sie in der NVA bekleidet haben, vielmehr bestimmt der Bundesminister der Verteidigung, welchen Dienstgrad diese Soldaten vorläufig führen dürfen." Mit anderen Worten: Wer für eine gewisse Übergangszeit noch gebraucht wurde, sollte zwar gewissenhaft seine Dienstpflicht erfüllen, war aber ansonsten keineswegs dem Bundeswehrsoldaten West gleichgestellt. Und da behauptete der Staatssekretär Wieczorek, es werde keine Deutschen erster und zweiter Klasse geben.

Minister Eppelmann befahl schließlich am 30. August die Entmunitionierung der Kampftechnik, die Außerkraftsetzung der Pläne der Überführung vom Frieden in den Kriegszustand und die Herauslösung der Kräfte und Mittel aus dem Diensthabenden System des Warschauer Paktes zum 1. September.

Als Anfang September immer mehr Einzelheiten der geplanten Übernahme in die Truppe durchsickerten und erkennbar wurde, welches Falschspiel die politische Führung des Ministeriums betrieb, wurde die Lage in der Armee explosiv. Dazu hatten nach Auffassung des Bundeswehrgenerals Richter auch „leichtfertige und dümmliche" Äußerungen mancher in die Truppe entsandter Bundeswehroffiziere beigetragen. Nun nahm die NVA-Generalität allen noch verbliebenen Mut zusammen und versuchte ihren letzten Trumpf auszuspielen. Bundeswehrgeneral Richter erinnert sich, dass während einer Besprechung im Strausberger Ministerium, der sogenannten Ministerlage, am 4. September NVA-Generalstabschef Grätz angesichts der Verunsicherung in der Truppe darauf hinwies, dass die Soldaten an Waffen ausgebildet seien und man bei allen angeordneten Maßnahmen darauf Rücksicht nehmen solle. Die verschämte Drohgebärde wurde von etlichen anwesenden Kommandeuren unterstützt. Sie berichteten, dass die Unruhe unter den Offizieren vor allem wegen der zahlreichen Entlassungen zugenommen habe. Der Kommandeur der 1. Mot.-Schützendivision warnte die Runde, dass die Gefechtsfahrzeuge noch aufmunitioniert und die Tore der Gefechtsparks offen seien. Es sei nicht auszuschließen, dass jemand durchdrehe und mit einem Panzer nach Berlin rolle.

Diese im Grunde hilflose, als Warnung getarnte Drohung führte lediglich dazu, dass auf Intervention des Bundeswehrgenerals die sofortige völlige Abmunitionierung der Gefechtsfahrzeuge in den Truppenteilen durchgesetzt wurde. Und die noch kurzzeitig im Amt befindliche NVA-Militärführung fand sich zum „beruhigenden Einwirken auf den Personalbestand" bereit. Dass mancher der Militärhierarchen deshalb Skrupel hatte, belegen nachdenkliche Äußerungen von Admiral Hoffmann: „Es bewegt mich die Frage, ob ich ein Verräter bin, weil ich daran mitgewirkt habe, dass die Nationale Volksarmee organisiert und ohne Widerstand in die deutsche Einheit gegangen ist. Ich fühle mich nicht als Verräter. Aber es ist wohl so, dass sich Verräter selbst nie als Verräter fühlen. Ich bin ganz einfach der Auffassung, dass mir die Verantwortung vor den Armeeangehörigen und vor dem Volk keine andere Entscheidungsmöglichkeit gab."

Der als Militärreformer angetretene Admiral ist wie andere Generale der damaligen Militärführung im Grunde eine tragische Figur. Er und seine Mitstreiter wollten der Armee in einer demokratisch erneuerten DDR eine Zukunft sichern, verloren sich jedoch in Illusionen über den Charakter der durch die Wende aufgebrochenen politischen Auseinandersetzungen. Und sie konnten oder wollten die schon frühzeitig drohenden außenpolitischen Zeichen nicht richtig einordnen. Die Dominanz der westdeutschen Parteipolitik im Volkskammerwahlkampf und die machtpolitischen Charakterlosigkeiten der Gorbatschowschen Politik des sogenannten Neuen Denkens führten dazu, dass die NVA-Generalität immer mehr zum Objekt diverser Ränkespiele und Manipulationsversuche wurde. Festgezurrt im traditionellen Bezugsrahmen von Befehl und Gehorsam waren die ihrer politischen Orientierung beraubten Generäle nicht fähig, als Machtsubjekte wirkungsvoll in das Spiel der politischen Akteure einzugreifen. Sie mussten so mit ansehen, wie die Armee, die sie geformt hatte und in der sie als Kommandeure aufgestiegen waren, von verbeamteten Juristen und willfährigen Interimspolitikern zerstört wurde.

So verfügte am 7. September der Minister per Befehl 41/90 die Beendigung der Dienstverhältnisse der weiblichen Armeeangehörigen – eine vorauseilende Anpassung an bundesdeutsches Recht, die auf Anweisung des Personalamtschefs Engelmann ohne Absprache mit der Militärführung verkündet wurde. Am 11. September 1990 schließlich kam es in Ostberlin zu einem weiteren Gespräch der Verteidigungsminister West und Ost. Stoltenberg teilte bei dieser Gelegenheit seinem Noch-Amtskollegen mit, dass die Mehrzahl der NVA-Verbände zunächst bestehen bleibe und Zug um Zug aufgelöst werde. Spätestens 1994 sei die Zielgröße von 50.000 Mann im Osten zu erreichen. Alle Kommandobehörden im Osten würden von Bundeswehrgeneralen übernommen, die nachgeordneten Verbände zum Teil von Bundeswehroffizieren, verbleibenden NVA-Kommandeuren werde man Ausbildungsunterstützungsgruppen der Bundeswehr zur Seite stellen.

Eigentlich hatten die Planer auf der Bonner Hardthöhe die Absicht, nach dem 3. Oktober die NVA viel schneller zu reduzieren und aufzulösen, um Geld zu sparen. Vertreter dieser Auffassung war nach Auskunft von General Richter vor allem Staatssekretär Carl. „In Bonn beurteilten manche die Übernahme vor allem organisatorisch, administrativ, oft nur unter dem finanziellen Aspekt.", so der General. Staatssekretär Wimmer hingegen habe eine eher moderate Auflösungsstrategie befürwortet, um den sozialen Frieden zu erhalten. Realistisch denkende Vertreter der Bundeswehrführung ängstigten sich, dass bei Durchsetzung eines rigiden Sparkurses und den damit unvermeidlichen Massenentlassungen, verbunden mit der beruflichen Perspektivlosigkeit vor allem der Berufssoldaten, die Lage doch noch eskalieren könnte und eine gesicherte und geordnete Übernahme der NVA nicht möglich sein werde.

Man brauchte also ein strukturelles Übergangsmodell, dass die Betroffenen individuell hoffen ließ und von Kurzschlussreaktionen abhielt. Und dem Minister in Strausberg oblag es, bis zum 3. Oktober die Truppe ruhig zu halten. Doch die Umsetzung dieses Auftrages gestaltete sich schwierig. Dass der im Frühjahr mit großen Worten angetretene Pfarrer fremdbestimmt handelte und offenbar verschwieg, was er seit dem Vortag wusste, zeigte sich auf der NVA-Kommandeurstagung am 12. September, einen Tag nach Eppelmanns Treffen mit Stoltenberg. Ex-Staatssekretär Ablaß beschreibt den beschämenden Vorgang: „Minister Eppelmann hatte zunächst den Einigungsvertrag erläutert, jedenfalls alles das, was bis dahin festgelegt war. Dann hatte er stapelweise Anfragen vorliegen, denn 500 Offiziere wollten etwas hören, um den Soldaten auch etwas sagen zu können. Informationen über den Einigungsvertrag waren ihnen allen sehr wichtig, aber die Frage, was wird aus den Soldaten, hatte Eppelmann nicht beantwortet und die Diskussion Theodor Hoffmann überlassen. Seine Rede war direkt als hilflos zu bezeichnen und mündete in der Äußerung: ‚Was soll ich Ihnen sagen? Ich weiß ja auch nicht, was aus mir wird.' Das führte zu lauten Rufen, die in Bezeichnungen wie ‚Zirkusdirektor' oder ‚Clown' mündeten. Noch im Mai hatte Eppelmann zu Beginn der Verhandlungen den Soldaten gesagt, er könne etwas erreichen. Nun hätte er zugeben müssen, dass er sich im Mai geirrt hatte, dass dieses oder jenes nicht möglich gewesen sei. Es war dieses seine letzte Möglichkeit offen zu reden. Er hätte unmissverständlich zum Ausdruck bringen müssen, dass es die Nationale Volksarmee nicht mehr geben werde, sondern dass nur noch eine Bundeswehr Ost mit stark verringertem Personal existieren werde [...]."

Die politische und moralische Bankrotterklärung des Pfarrers im Ministeramt hätte nicht so desillusionierend wirken müssen, wenn das verantwortliche militärische Personal der DDR vorangegangene ministeriale Äußerungen etwas kritischer gewertet und politisch gedacht hätte. So aber war man den rhetorischen Taschenspielertricks eines Selbstdarstellers aufgesessen, dem sein Staatssekretär Ablaß eine gehörige

Portion Eitelkeit und mangelndes Interesse für diverse Sachfragen attestierte.

Im Westen rüstete man sich derweil für die Übernahme. Am 14. September wurde in Bonn entschieden, welcher Bundeswehrgeneral nach dem 3. Oktober im Osten welche Kommandos übernehmen werde. Ab dem 17. September begannen Vorbereitungslehrgänge für sogenanntes Schlüssel- und Führungspersonal der NVA, das befristet weiter verwendet werden sollte. Und die DDR verabschiedete sich aus dem östlichen Verteidigungsbündnis. Am 24. September wurde die Herauslösung der NVA aus der Militärorganisation des Warschauer Vertrages vereinbart. In dem Vertrag wurde festgelegt, dass die DDR am 3. Oktober 1990 ihre Zahlungen an das Oberkommando der Streitkräfte des Warschauer Paktes einstellt und es keine finanziellen Forderungen des Warschauer Paktes an die DDR mehr gebe. Bis Ende September 1990 sollte zudem bestimmte, von der sowjetischen Seite als streng geheim eingestufte Technik der NVA an die Westgruppe der sowjetischen Armee in der DDR übergeben werden. Darunter befanden sich das hochmoderne Fla-Raketensystem der Luftverteidigung S-300 PMU *Birjusa*, die Fla-Raketensysteme der Truppenluftabwehr 9K35 *Strela-10* und 9K33 *OSA*, die Fliegerfaust 9K310 *Igla*, die operativ-taktischen Raketensysteme der Landstreitkräfte 9K14 *Elbrus* und 9K714 *Oka*, die taktischen Raketensysteme 9K52 *Luna-M* und 9K79 *Totschka*, das automatische Truppenführungssystem *PASUV*, die lasergesteuerten Panzerabwehrlenkraketensysteme *Bastion* (Rohrrakete) und *Sturm* (Hubschrauberrakete) sowie Freund-Feind-Kennanlagen wie das System *Parol* der Luftstreitkräfte.

Das Luftverteidigungssystem S-300, das außer in der Sowjetarmee nur in der NVA genutzt wurde, konnte Flugzeuge, Marschflugkörper, Drohnen und Mittelstreckenraketen in einer Entfernung von ca. 300

Kilometern und in Höhen von 300 Metern bis 30 Kilometern bekämpfen. Es war mobil genug, innerhalb von 12 Stunden seinen Standort im Umkreis von 400 Kilometern zu verlagern. Durch eigene Zielzuweisung war es in seiner Funktion bei Bedarf völlig autark. Selbst unter westlichen Fachleuten galt es 1990 als modernstes Luftverteidigungssystem der Welt. Diese Waffe befand sich im Bestand der 54. NVA-Raketenbrigade in Sanitz bei Rostock. Ein zweites System im Süden der DDR war in Aufbau. Vor der Abgabe der Raketenkomplexe an die Westgruppe wurde das System S-300 noch Vertretern der Bundesluftwaffe vorgeführt.

Schon am 14. Dezember 1989 hatte der damalige DDR-Ministerpräsident Hans Modrow entschieden, dass die im Rahmen der einseitigen Abrüstung zur Vernichtung vorgesehenen operativ–taktischen Raketensysteme 9K714 *Oka* (SS-23) zu verschrotten sind. Die SS-23 war 1985 in die NVA (zunächst im Militärbezirk V) eingeführt worden und hatte eine Reichweite von bis zu 480 Kilometern. Es war das modernste operativ-taktische Raketensystem der damaligen Zeit. Die Bundeswehr erfuhr erst 1990 von der Existenz der vier Startrampen des Militärbezirks III und der zugehörigen 24 Raketen in Jena-Forst und Weißenfels. Diese Raketen werden oft mit den SS-20 verwechselt, die aus technischen Gründen nie in der DDR stationiert waren.

Die SS-23 wurden unter großem Medieninteresse durch die Truppen selbst in ihre Bestandteile zerlegt und verschrottet. Von den Transport -und Startfahrzeugen wurde eines an das Militärmuseum in Dresden übergeben, die anderen sieben gelangten mit dem Führungssystem 9S743 *PASUV* über die Westgruppe zurück in die Sowjetunion. *PASUV*, ein automatisches Feld-Führungssystem der Landstreitkräfte zur rechnergestützten Führung und Koordinierung des Feuers der operativ-taktischen und taktischen Raketen, der

Artillerie, der Truppenluftabwehr sowie der Panzer- und Mot.-Schützenverbände, war im Zeitraum von 1986 bis 1989 schrittweise eingeführt worden. Der Plan der Maßnahmen zur Verwertung bzw. Vernichtung sensitiver Dokumente, Technik und Bewaffnung der NVA legte fest, die 26 Fahrzeuge des *PASUV*-Systems im Stab der 7. NVA-Panzerdivision zusammenzuführen. Schließlich wurde *PASUV* als Reexport zur Begleichung der Rechnung für zwölf teilweise durch die UdSSR bereits gelieferte, von der DDR aber noch nicht bezahlte Hubschrauber MI-24W bis zum 10. September 1990 an die UdSSR zurückgegeben.

Die 20 Komplexe des operativ-taktischen Raketensystems 9K14 *Elbrus* wurden ebenfalls entsprechend Befehl 42/90 am 20. April 1990 aus der operativen Gefechtsbereitschaft herausgelöst und an die Westgruppe übergeben. Derjenige Teil der Raketen, der sich in Gefechtsbereitschaft befand, wurde zuvor enttankt und neutralisiert, die Dokumentation in deutscher Sprache wurde vernichtet, die EWZ-Sätze (Ersatzteile, Werkzeug, Zubehör) aufgefüllt und mit der russischen Dokumentation komplettiert.

Die Übergabe der 41 Stück des Fla-Raketensystems der Truppenluftabwehr 9K33 *OSA* an die UdSSR erfolgte nicht vollständig, obwohl das in den Verhandlungen zum Austritt der NVA aus dem Warschauer Pakt festgelegt worden war. Zwölf Systeme mit 84 Raketen wurden durch die Bundeswehr an die US-Armee und zwölf weitere mit 924 Raketen an Griechenland verkauft. Einzelexemplare erhielten Frankreich, Großbritannien und Israel. In der Bundeswehr wurden Exemplare zu Test- und Ausbildungszwecken mit NVA-Besatzungen in Trier stationiert. Gleiches trifft auch auf die 36 Fahrzeuge des Systems *Strela-10* zu.

Im September 1990 löste Minister Eppelmann das System der Luftverteidigung der NVA auf. Die Flugabwehrraketen aller Systeme mussten von den Rampen genommen, enttankt, entmunitioniert und der Konversion zugeführt werden.

Der inzwischen entzauberte Noch-Minister exekutierte noch in den letzten Tagen vor dem 3. Oktober eine eigenwillige Symbolpolitik, mit der er sich wohl den neuen Entscheidungsträgern als getreuer politischer Schildknappe andienen wollte. Am 29. September 1990 wurde der NVA-Verband der Berufssoldaten aufgelöst, die Mitglieder bekamen die Empfehlung, sich dem Deutschen Bundeswehrverband anzuschließen. Am 2. Oktober tilgte Eppelmann – wohl auf Geheiß der Hardthöhe – flugs noch alle 299 Traditionsnamen der NVA-Einheiten. Die Bundeswehr konnte so Truppenrudimente ohne Tradition und Identität übernehmen und auflösen.

Der Einigungsvertrag vom 31. August 1990 sah für den Tag der Einheit zwar die Übernahme aller aktiven Soldaten der NVA vor, also auch ihrer Generale. Es fehlte den Interimspolitikern der DDR jedoch offenkundig an Kompetenz und vor allem an politischer Durchsetzungsstärke, das mittlerweile verjüngte und ausgedünnte Führungspersonal zu erhalten, dessen man für eine geordnete Übergabe eigentlich bedurft hätte. Die statusbewussten Entscheidungsträger der Bundeswehr ängstigten sich indessen vor der Zumutung, mit ehemaligen NVA-Generalen kooperieren zu müssen. Von ursprünglich 300 Generalen der NVA, davon 40 mit Promotion, waren im Herbst 1990 unter Eppelmann noch 24 übrig geblieben. Bis September 1990 hatten Eppelmann und Bahr eigenem Bekunden zufolge noch gehofft, dass von ihnen ausgewählte, jüngere Generale der NVA in die Bundeswehr übernommen würden. „Wenn hohe Offiziere der Wehrmacht damals für geeignet gehalten wurden, sollte das auch für die NVA gelten", meinte Bahr. Bundesverteidigungsminister Stoltenberg lehnte dieses Ansinnen kategorisch ab: „Soldaten der Bundeswehr lassen sich nicht von Generalen der NVA befehlen".

Mitte September verkündete Stoltenberg nach Aussage seines Staatssekretärs Schönbohm seinem ostdeutschen Noch-Amtskollegen, dass definitiv kein NVA-General in die Bundeswehr übernommen werde. Eppelmann sträubte sich – möglicherweise aus Scham über seine vollmundigen Versprechen gegenüber der NVA-Führung – akzeptierte letztlich jedoch die Entscheidung des in Kürze auch offiziell zuständigen Dienstherren. Wohl wissend, dass kein NVA-General in die Bundeswehr übernommen werden würde, tauschte der Minister auf Abruf noch am 15. September – wahrscheinlich auf Empfehlung aus Bonn – für die verbliebenen zwei Wochen bis zum 3. Oktober die gesamte Führungsspitze der NVA aus und setzte junge, in höchsten Führungspositionen wenig erfahrene Offiziere ein. Neuer Chef der NVA wurde Generalmajor Lothar Engelhardt.

Um die noch im Dienst befindlichen 24 NVA-Generale bis zum 3. Oktober bei Laune zu halten, stellte Eppelmann offenbar wider besseres Wissen die Übernahme von zwölf Spitzenmilitärs in die Bundeswehr in Aussicht.

Nachdem am 24. September während eines Empfangs für den Oberkommandierenden des Warschauer Vertrages, General Luschew, der offizielle Austritt der DDR aus dem Warschauer Vertrag per Unterschrift vollzogen worden war, verabschiedete Eppelmann die bisherige, mittlerweile abgelöste militärische Führungsspitze der NVA unter Admiral Hoffmann auf Schloss Wilkendorf.

Sein Staatssekretär Werner Ablaß beschreibt diesen vorletzten Akt ministerialer Feigheit mit milden Worten: „Minister Eppelmann war ziemlich abgespannt. Die Verabschiedeten waren entsprechend bedrückt. Es war vielleicht nicht sehr klug, aber ich habe zu Eppelmann gesagt, er hätte die ganze Zeit die falschen Berater gehabt. Er zuckte daraufhin nur mit den Schultern, worauf Admiral Hoffmann und die gesamte NVA-Führung aufstanden und sich verabschiedeten. Sie konnten wohl die Sprachlosigkeit des Ministers nicht mehr ertragen. Eppelmann hatte immerhin eine Zeit lang die Richtung bestimmt, der übergroße Militärapparat hörte auf sein Kommando [...]

Es war ab Mitte September etwa klar, dass keine Generäle übernommen werden würden in die Bundeswehr. Eppelmann konnte sich damit aber nicht abfinden, dieses waren Generäle, die seit dem 18. April um ihn waren. Bis zum letzten Augenblick hatte er noch Hoffnung, dass es doch klappen könnte. Wenn keine Übernahme erfolgen könnte, dann sollte die Verabschiedung am Freitag, 28. September, erfolgen. Ich habe um 9.10 Uhr morgens bei ihm angerufen und gehört, es würden keine übernommen. In wenigen Stunden mussten die Entlassungsdokumente geschrieben werden und trafen dann um 14.00 Uhr bei mir ein. Generalmajor Engelhardt hat dann die Generäle zusammengerufen und ihnen mitgeteilt, dass am 2. Oktober, 24.00 Uhr, Schluss sei. Mir war es vorbehalten, die Generäle mit wenigen Worten zu verabschieden. Damit war etwas geschehen, was eine Protestwelle ausgelöst hat. Der Staatssekretär hat die Männer verabschiedet, die vom Staatsoberhaupt bestellt worden waren. Sie haben das als ein Wegjagen empfunden. Vier oder fünf von ihnen haben auch mit mir nicht angestoßen. Der Minister hatte gesagt, er könne das aus zeitlichen Gründen nicht einrichten, weil gerade die Volkskammer tagte. Meine persönliche Meinung ist, er hätte kommen können, hat aber lieber darauf verzichtet. Ihm hat die Macht wohl Freude bereitet, aber das Ende ging ihm doch zu nahe."

Bundeswehrgeneral Richter erinnert sich, dass Eppelmann über Stoltenbergs Entscheidung verärgert gewesen sei und sich sofort geweigert habe, die letzten zwölf NVA-Generale zu verabschieden. Mit den Worten: „Das tue ich nicht, das soll Staatssekretär Ablaß machen" drückte sich der Pfarrer aus Ostberlin vor seiner dienstlichen und moralischen Pflicht. Als General Richter dem Staatssekretär Ablaß die ministeriale Weisung übermittelte, habe dieser die Akten, welche er gerade in der Hand hielt, auf den Boden geknallt und gemault: „Den Dreck muss immer ich tun."

Der Minister, der in Sonntagsreden seine moralische Integrität als Christ gerne betonte, erwies sich als nicht Manns genug, jene Offiziere würdig zu verabschieden, deren Kooperation seine fachliche Existenz als Interimsminister überhaupt ermöglicht hatte. Die letzte Amtshandlung des Ministers war der Befehl 48/90 über die Auflösung der NVA am 2. Oktober 1990 und die „Bildung gesamtdeutscher Streitkräfte". So hörte am 2. Oktober 1990 um 24.00 Uhr - nach den im Verlauf des Tages in der Truppe durchgeführten Appellen zur Außerdienststellung - die NVA auf zu bestehen. Bundeswehrgeneral Hans-Peter von Kirchbach, der in Eggesin die 9. Panzerdivision übernahm, konstatierte, dass man auf eine Armee traf, der das Rückgrat gebrochen worden war und die sich in Auflösung befand.

Minister Eppelmann, seine Berater und Staatssekretäre hatte ihren Auftrag erfüllt.

Im Rückblick wirkt das Agieren Eppelmanns widersprüchlich. Während einerseits offenkundig ist, dass etliche seiner Äußerungen und Amtshandlungen nur dem Zweck dienten, das Offizierskorps einzuhegen und von gewaltsamen Aktionen abzuhalten, meinen manche seiner früheren Weggefährten, er habe sich nach Übernahme seines Amtes zu sehr mit der NVA identifiziert. Das könnte sein langes Festhalten an der These der zwei Armeen in einem Land zumindest teilweise erklären. Auch hätte er sich möglicher Weise an die Macht über Gebühr gewöhnt und das Ziel gehabt, nach dem 3. Oktober die NVA als sein „Spielzeug" zu erhalten. Die Realitätsverweigerung des Ministers, die vor allem in den letzten Tagen vor dem Beitritt der neuen Länder zur Bundesrepublik zu erkennen war, könnte hier eine Ursache gehabt haben.

Doch es gibt noch eine dritte Erklärungsmöglichkeit: Eppelmann war zu keinem Zeitpunkt seiner Amtszeit wirklich Herr seiner eigenen Entschlüsse. Es ist belegt, dass er schon während seiner Zeit als Pfarrer und Bürgerrechtler intensive Kontakte zu Mitarbeitern der CIA-Residentur an der US-Botschaft in Ostberlin pflegte. Die CIA hatte mit Beginn der 80-er Jahre die Prioritäten ihrer Arbeit in den Staaten des Warschauer Paktes verändert. Mit Blick auf die offenbar werdenden Destabilisierungstendenzen in den sozialistischen Ländern wurde dem Aufbau und der Pflege von Gesprächskontakten zu oppositionellen Gruppen ein besonderer Stellenwert eingeräumt. Zur Abschöpfung von Informationen und zur gezielten politischen Einflussnahme bediente man sich eines neuen Mitarbeitertypus, der nicht mehr primär das klassische nachrichtendienstliche Geschäft betrieb, sondern mit soziologischem Gespür im Alltagsleben der Gesellschaft nach Ansatzpunkten für die Schwächung des Gegners suchte. Diese Neuorientierung hatte Konsequenzen für die Aufstellung des US-Dienstes in Ostberlin. Die CIA-Emissäre unterhielten stabile Kontakte zu etwa 200 DDR-Bürgern, wobei die Verbindung insbesondere zu Rainer Eppelmann von Kennern der damaligen Vorgänge als sehr intensiv beschrieben wird.

Eppelmann wurde zwischen 1978 bis 1990 von fünf namentlich bekannten US-Diplomaten und Mitarbeitern der CIA betreut und abgeschöpft. Dabei waren die Amerikaner vor allem an Informationen über die DDR-

Opposition und die Situation innerhalb der Evangelischen Kirche interessiert, was Gespräche über involvierte Personen einschloss. Von 1987 bis 1990 war der US-Diplomat Imre Elmarowitsch Lipping Eppelmanns Kontaktperson. Lipping kam ursprünglich vom militärischen US-Nachrichtendienst Defense Intelligence Agency (DIA). Allerdings konnte seine Versetzung von der DIA zur CIA von den DDR-Diensten nicht nachgewiesen werden. Der Diplomat hielt den Kontakt zu Pfarrer Eppelmann in enger Abstimmung mit seinen britischen und französischen Geheimdienstkollegen. Eppelmann erhielt zur nachrichtendienstlichen Kontaktpflege nicht nur Einladungen in westliche Botschaften, sondern suchte Lipping auch in dessen Residenz auf. Das alles war dem Ministerium für Staatssicherheit bekannt, man verzichtete aber darauf, diese Kontakte öffentlich zu machen und Eppelmann unter Umständen zur Verantwortung zu ziehen, weil man die durch eine solche Aktion zu erwartenden Dynamisierungseffekte in der Bürgerrechtsszene vermeiden wollte.

Es wäre naiv anzunehmen, dass diese langjährigen nachrichtendienstlichen Kontakte des Pfarrers ausgerechnet in der Wendezeit abgebrochen worden wären. Unabhängig davon, ob Eppelmann bewusst war, mit wem er jahrelang Umgang gepflegt hatte: Sanfte inhaltliche Unterstützung aus dem Umfeld der Ostberliner CIA-Residentur in Form informeller Gespräche mit vertrauten Personen könnte für die politische Willensbildung des Vorsitzenden der Bürgerrechtsorganisation Demokratischer Aufbruch und Ministers für Abrüstung und Verteidigung wichtig gewesen sein. Und die Vereinigten Staaten konnten – wie ihre sowjetischen Partner – kein Interesse daran haben, dass die NVA außer Kontrolle gerät und durch eine Einmischung der Armee in die Liquidation der DDR die Entwicklung an der Grenze zwischen den Militärblöcken unkalkulierbar wird.

Diese Intention beider Supermächte dürfte auch das Wirken Egon Bahrs in Strausberg bestimmt haben. Ministerlehrling Eppelmann war durch Egon Bahrs inhaltliche und politische Orientierungshilfen darauf fixiert, in den Streitkräften durch die in Aussichtstellung von Perspektiven für Ruhe zu sorgen. Dieses politische Kalkül ging so lange weitgehend ungestört auf, wie die außenpolitischen Bedingungen und der Zeitrahmen des Einigungsprozesses unklar waren. Solange konnte Egon Bahr im übergeordneten Interesse der Siegermächte für eine relativ schlüssige Argumentation und ein in sich weitgehend widerspruchsfreies politisches Alltagshandeln seines Ministers sorgen. Als jedoch nach den Kaukasusvereinbarungen die militärpolitischen Interessen der Bundesregierung und der Bundeswehrführung zur entscheidenden Orientierung für den Umgang mit der NVA wurden, taten sich zu der von dem Tandem Bahr und Eppelmann vertretenen Politik Widersprüche auf. Die Bonner Ministerialbürokratie war ebenso wie der CDU-Bundesminister Stoltenberg aus politischen und finanziellen Gründen daran interessiert, die NVA so schnell wie möglich aufzulösen. Die aus diesem Bestreben abgeleiteten Maßnahmen mussten folgerichtig die bisherigen politischen Handlungen und Argumentationen Bahrs und Eppelmanns konterkarieren. Angesichts der aus Haushaltszwängen und Statusdenken exekutierten Brachialpolitik des Bundesministeriums der Verteidigung war die im Strausberger Ministerium mühsam errichtete Kulisse sozial verantwortlichen Regierungshandelns nicht mehr aufrecht zu erhalten.

Geht man von einem solchen Erklärungsmuster aus, bekommt das widersprüchliche Verhalten Eppelmanns in Verhandlungs- und Entscheidungssituationen vor allem nach dem Abschluss der Kaukasusverhandlungen Sinn. Musste er vor Gorbatschows Ausverkauf der DDR nur die extern entwickelten Vorstellungen seines Beraters Bahr und diverser Stichwortgeber aus seinem nachrichtendienstlich instrumentalisierten Umfeld im Amt umsetzen, so sollte er nach dem 16. Juli plötzlich zusätzlich die Planungen des Bundesministeriums der Verteidigung exekutieren. Das Dilemma, am Ende zweier Weisungsstränge zu hängen – an einem informellen und einem halboffiziellen – konnte er nicht lösen. Und so versuchte er einerseits die von Anfang an betriebene Strategie der verdeckten Befriedung und Entmachtung des NVA-Offizierskorps durchzuhalten und andererseits den massiven Entlassungs- und Auflösungsvorstellungen der Bonner Ministerialbürokratie zu entsprechen. Damit wurde die ursprünglich favorisierte Beruhigungsstrategie geradezu sabotiert, weil nun Unruhe in der bis dahin duldsamen Truppe aufkam. In dieser Position zwischen allen Stühlen musste Eppelmann einen widersprüchlichen, gleichsam hilflosen Eindruck vermitteln. Insofern war der letzte Verteidigungsminister der DDR in einer tragischen Rolle, an deren Anforderungen er angesichts widerstreitender politischer Interessen verschiedener nationaler und internationaler Akteure scheitern musste.

Es blieb dem ehemaligen Staatssekretär Werner Ablaß vorbehalten, mit zeitlichem Abstand einen Nachruf zu präsentieren, der einerseits von Nachdenklichkeit und schlechtem Gewissen zeugt, zugleich jedoch davon, dass bei der Auflösung der NVA die Bundesregierung ökonomisch und damit politisch am längeren Hebel saß, während sich die DDR-Vertreter nach dem Vollzug der Währungsunion selbstgewählt in Statistenrollen wiederfanden: „Ich habe Leute kennen gelernt, die nicht die hartgesottenen Stalinisten waren, für die ich sie vorher gehalten hatte. Die also nicht so waren, wie wir es immer im Fernsehen gesehen und auch im ‚Neuen Deutschland' gelesen hatten. Die nicht dem Bild einer Armee entsprachen, die immer nur marschiert ist mit dem Blick auf die Sowjetunion. Es gab sehr viele feinsinnige und sensible Leute da, die überlegt und nachgedacht haben über den richtigen Weg. Um die hat es mir leid getan bei der Verabschiedung. Und es tut mir natürlich noch leid, dass sie nun ohne Alternative dastehen. Wir haben immer gesagt, jeder soll sozial abgesichert sein und das ist dann eben doch nicht nachzurechnen gewesen. Das habe ich immer sehr bedauert. Wir, die wir plötzlich zu Minister- und Staatssekretärsehren gekommen waren, waren ja Laienspieler. Uns gegenüber standen oder saßen Profis, mit denen wir uns auseinander zusetzen hatten. Einerseits die Profis auf der westlichen Seite bei den Verhandlungen über die Einigungsverträge, andererseits die Profis in der Nationalen Volksarmee, mit denen wir auszukommen hatten. Ohne die Hilfe vieler dieser Profis wären wir nicht zurecht gekommen."

Der um Verständnis buhlende Hinweis auf die eigene Inkompetenz macht indes die Folgen der daraus resultierenden Fehlleistungen für die betroffenen Soldaten der NVA nicht erträglicher. Für deren Status in der Bundesrepublik ist es letztlich völlig ohne Belang, ob die Definitions- und Interpretationslücken des Einigungsvertrages mangels Sachverstand oder mit politischer Absicht der ostdeutschen Verhandlungsführer oder anderer externer Interessengruppen möglich wurden. Zu besichtigen ist im Rückblick ein Beispiel für das fachliche und menschliche Versagen jener oppositionellen Wendepolitiker, die im Herbst 1989 mit dem Anspruch einer moralischen Erneuerung der DDR angetreten waren.

Dass die NVA in der Zeit des Umbruchs und der Zerstörung des Staates, den sie schützen sollte, Gewaltabstinenz übte und zu jeder Zeit die Sicherheit der Waffen und Munition gewährleistet war, findet das Wohlwollen ehemaliger Gegner. General Schönbohm schreibt: „Diese Haltung hat die NVA trotz unklarer und zum Teil widersprüchlicher Informationen bis zu ihrer Auflösung durchgehalten – eine Leistung, die hoch angerechnet werden muss." Zu diesem Lob hat der Bundeswehrgeneral allen Grund: Gegen den Widerstand einer strategisch denkenden und entschlossen auftretenden NVA-Militärführung, die sich aus dem politischen Entscheidungsprozess nicht hätte verdrängen lassen, wäre die Durchsetzung der in Bonn erdachten Auflösungsstrategie nicht möglich gewesen.

Einige NVA-Generale wirkten ungeachtet der fehlenden persönlichen Perspektive über das Ende der NVA hinaus an deren geordneter Abwicklung mit, denn auf deren Kompetenz konnte die Bundeswehrführung zu ihrem Leidwesen nicht verzichten. Keinesfalls sollten diese Offiziere jedoch in die Bundeswehr integriert werden. Vielmehr suchte man ein Konstrukt, um sich dieser personalpolitischen Hinterlassenschaft der NVA problemlos entledigen zu können, wenn man ihrer nicht mehr bedurfte. Fünf Generale/Admirale (Lothar Engelhardt, Michael Schlothauer, Rolf Berger, Klaus-Jürgen Baarß und Hendrik Born) wurden nach dem 3. Oktober 1990 als Berater in Zivil von der Bundeswehr weiter beschäftigt, mit Beendigung der Übernahme jedoch entlassen. Lediglich Sanitätsgeneral Beyer, Chef der Medizinischen Dienste der NVA, konnte als Oberst weiter dienen.

Egon Bahr bezeichnete die Auflösung der NVA als das nicht nur organisatorisch, sondern auch psychologisch komplizierteste Kapitel der Deutschen Einheit. Dieses Kapitel war jedoch mit dem 3. Oktober 1990 noch nicht erledigt.

Strategiespiel

Die relativ geräuschlose Liquidation der DDR und ihrer Armee werden im Rückblick nur verständlich, wenn der internationale politische Bezugsrahmen mitgedacht wird. Vor allem den deutschlandpolitischen Positionen der UdSSR kommt dabei eine besondere Bedeutung zu. Der aus der sowjetischen Besatzungszone hervorgegangene zweite deutsche Staat war für die politische Elite der östlichen Siegermacht aus drei Gründen von fundamentaler Bedeutung. Erstens galt er als unter großen Opfern errungene Kriegsbeute, die man langfristig sichern und wirtschaftlich ausnutzen wollte, zweitens als strategischer Aufmarschraum zur Vorfeldverteidigung des eigenen Kernlandes und drittens als teilsouveräner Juniorpartner, der nach dem Scheitern der Stalinschen Idee eines neutralen deutschen Nachkriegsstaates als Notlösung installiert und gefördert wurde.

Insofern haftete dem sozialistischen deutschen Staat während der gesamten Zeit seiner Existenz der Geruch des Illegitimen und Provisorischen an. Zwar unterstützte die Schutzmacht in wohlverstandenem Eigeninteresse die Bemühungen der DDR um innere Stabilisierung und internationale Anerkennung als souveräner Staat, doch die Beziehungen zwischen beiden Partnern waren nie wirklich gleichberechtigt. Alles, was in der DDR politisch geschah, musste sich an dem in Moskau definierten Bezugsrahmen orientieren. Eigenmächtigkeiten wurden geahndet. Das zeigte sich drastisch im Zusammenhang mit der vom damaligen Generalsekretär der KPdSU, Leonid Breshnew, geförderten und gedeckten Absetzung Walter Ulbrichts als Partei- und Staatschef im Jahr 1971. Ulbricht, der sich zur Verbesserung der Wettbewerbsfähigkeit seines Staates aus Sicht des Kremls auf unverzeihliche wirtschaftspolitische Abwege begeben hatte und eine etwas eigenständigere Deutschlandpolitik betreiben wollte, wurde durch Honecker ersetzt, der zunächst noch genau wusste, wem in Moskau er zu Dank verpflichtet war. Schritt für Schritt konnte zwar die DDR-Führung ihre außenpolitischen Spielräume erweitern, doch bis zum Schluss verstand sich Moskau als Vormund, der im bilateralen Verhältnis auf seine im Potsdamer Abkommen verankerten Besatzungsrechte pochte und jederzeit in der Lage war, in der DDR auch militärisch zu intervenieren.

40 Jahre lang wachte die Führung der UdSSR argwöhnisch darüber, dass die deutsch-deutschen Sonderbeziehungen nicht in eine Verbrüderung mündeten. Das wurde im Vorfeld des Honecker-Besuches 1987 in der Bundesrepublik besonders deutlich. Offenbar wurden sowjetische Entscheidungsträger in jener Zeit von dem nicht unbegründeten Verdacht getrieben, dass das Konstrukt der DDR-Eigenstaatlichkeit und der sozialistischen deutschen Nation langfristig weniger Bindekraft haben könnte als traditionelle gemeinsame kulturelle Wurzeln, verwandtschaftliche Beziehungen und die primäre Selbstwahrnehmung der ostdeutschen Verbündeten als Deutsche. Sowohl Ulbricht, als auch Honecker und fast alle führenden DDR-Funktionäre hatten noch Erinnerungen an einen einheitlichen deutschen Nationalstaat. Sie sahen die DDR in ferner Zukunft als Kern eines unter sozialistischen Vorzeichen vereinigten Deutschlands. Während die DDR einerseits den Schulterschluss mit ihr nahestehenden politischen Gruppierungen in der Bundesrepublik praktizierte, die KPD bis zu ihrem Verbot im Jahr 1956 und später die DKP finanziell und politisch unterstützte, profitierte sie andererseits vor allem in den 70-er und 80-er Jahren wirtschaftlich davon, dass die wechselnden Regierungen der Bundesrepublik die DDR nicht als Ausland im völkerrechtlichen Sinne betrachteten, sondern besondere Beziehungen förderten.

Bei allem Ärger der DDR-Führung über die vorenthaltene volle staatliche Anerkennung und die politischen Einflüsse aus dem Westen richtete man sich in diesen Sonderbeziehungen pragmatisch ein.

Seit Anfang der 80-er Jahre befürchtete man daher in Moskau nicht zu Unrecht, dass die unter Honecker betriebene Wirtschafts- und Sozialpolitik mit ihren hohen Finanzierungsrisiken die einseitige Abhängigkeit der DDR von der Bundesrepublik fördern könnte. Und damit wurden direkt sowjetische Machtinteressen in der globalen Auseinandersetzung mit dem Westen, vor allem mit den USA, berührt.

Die fast völlige politische und militärische Abhängigkeit der DDR von der östlichen Führungsmacht ließ den Juniorpartner in der Wahrnehmung der sowjetischen Parteihierarchen als beliebig verwendbare Verfügungsmasse im globalen strategischen Spiel erscheinen. Wie in Moskau über die Gründung dieses Staates entschieden worden war, so schien es auch legitim zu sein, die DDR bei Eintritt bestimmter für die UdSSR vorteilhafter außenpolitischer Konstellationen zur Disposition zu stellen.

Die Sichtweise der Moskauer Führung auf die Bundesrepublik war eine völlig andere. Die Bundesrepublik nahm man als potenten und daher attraktiven Wirtschaftspartner wahr. Zwar wetterten sowjetische Ideologen mit wechselnder Intensität über den westdeutschen Revanchismus, doch unterhalb der Ebene propagandistischer Erregung betrieb man Realpolitik. Bei der Suche nach einem politischen Ausgleich knüpfte Moskau vor allem nach der Wahl Willy Brandts zum Bundeskanzler und der Verkündung seiner neuen Ostpolitik direkte informelle Kontakten in das Bundeskanzleramt. Mit Billigung Breshnews installierte der damalige KGB-Chef und spätere Generalsekretär Juri Andropow einen geheimen Informationskanal zu dem damaligen Staatssekretär Egon Bahr. Dieser Kontakt bestand seit 1969 unter Federführung des KGB-Mitarbeiters Wjatscheslaw Keworkow und diente dazu, unterhalb der offiziellen Strukturen möglichst unbemerkt von den jeweiligen Bündnispartnern die von beiden Seiten gewollte Entspannungspolitik voranzutreiben. Sowohl Leonid Breshnew, als auch sein Staatssicherheitschef Andropow vertrauten Egon Bahr und setzten auf sein politisches Urteilsvermögen. Der informelle Kanal wurde von Andropow 1979 sogar dazu benutzt, die Bundesregierung präventiv über den Einmarsch der sowjetischen Truppen in Afghanistan zu informieren. Andropow wollte so Verlässlichkeit demonstrieren und einer Verschlechterung der Beziehungen zwischen beiden Staaten entgegenwirken.

Für die sowjetische Europapolitik hatte die politisch stabile und sowohl wirtschaftlich, als auch militärisch starke Bundesrepublik einen völlig anderen Stellenwert als die von Moskau abhängige DDR und deren Führung. Es liegt auf der Hand, dass die Flirts der Führungsmacht mit dem anderen deutschen Staat in Ostberlin mit Misstrauen und Ärger verfolgt wurden. Der DDR-Führung entging nicht, dass bereits Ende der 70-er Jahre, verstärkt aber nach Gorbatschows Wahl zum Generalsekretär der KPdSU im Jahr 1985, in verschiedenen sowjetischen Beraterzirkeln über die Zukunft der deutschen Zweistaatlichkeit und das Schicksal der DDR nachgedacht wurde. In Moskau begann man mit Blick auf eine zukünftige Deutschlandpolitik jenseits ideologischer Formeln wieder verstärkt in nationalstaatlichen Kategorien zu denken. Gerade vor dem Hintergrund der desolaten innen- und außenpolitischen Lage der Führungsmacht schien die Bereitschaft zu wachsen, die scheinbar noch offene deutsche Frage mit möglichst hoher politischer und wirtschaftlicher Rendite zu lösen. Und die zunehmenden Krisensymptome, welche im Alltag der DDR sichtbar wurden, förderten solche Überlegungen. Bereits 1986 informierte der Deutschlandexperte Valentin Falin seinen Generalsekretär Gorbatschow über eine Prognose des sowjetischen Professors Rem Beloussow, aus der hervorging, „dass die DDR und andere Mitgliedsstaaten des Warschauer Vertrages Ende 1989/Anfang 1990 mit gewaltigen ökonomischen Schwierigkeiten konfrontiert sein würden, die sie aus eigener Kraft nicht mehr zu überwinden imstande wären und die schwere politische, soziale und andere Komplikationen mit sich bringen könnten. Die Sowjetunion würde in dieser Zeit selbst in so starke wirtschaftliche Bedrängnis geraten, dass sie ihren Partnern und Verbündeten nicht mehr unter die Arme würde greifen können."

In der Führungsspitze des Kreml begann das intensive Nachdenken über politische Entscheidungsoptionen im Interesse des eigenen Machterhalts und der prioritären Sicherung sowjetischer Interessen. Die Aufrechterhaltung des Cordons sozialistischer Bündnisstaaten zur Sicherung des strategischen Vorfeldes in Europa überforderte die UdSSR politisch und ökonomisch zunehmend. Daher war man ab Mitte der 80-er Jahre geneigt mit der westlichen Führungsmacht zu einem Ausgleich zu kommen, wenn das ohne Gesichtsverlust zu realisieren wäre. Wenn ein Zusammenbruch der DDR und des sowjetisch dominierten östlichen Bündnissystems beinahe unausweichlich schien, konnte es außenpolitisch nur noch darum gehen, den Preis für den sowjetischen Rückzug aus Mittel- und Osteuropa in die Höhe zu treiben.

Selbst konservativ denkende sowjetische Spitzenmilitärs mussten zu dieser Zeit erkennen, dass die ökonomische Talfahrt ihres Landes den militärisch-industriellen Komplex in Mitleidenschaft zu ziehen begann. Auf dem Gebiet der Mikroelektronik, die für die Produktion moderner Wehrtechnik immer wichtiger wurde, war die UdSSR gegenüber dem Westen völlig ins Hintertreffen geraten. Die NATO begann Ende der 80-er Jahre das bislang mühsam gesicherte militärstrategische Gleichgewicht zu ihren Gunsten zu verändern. Während die USA als Führungsmacht des Westens seit Ende der 70-er Jahre intensiv bemüht waren, das östliche Bündnis zu destabilisieren, um letztlich die geostrategischen Ergebnisse des Zweiten Weltkrieges revidieren zu können, stellte sich für die Entscheidungsträger der UdSSR zunehmend die Frage nach der prinzipiellen ökonomischen und militärischen Überlebensfähigkeit ihres Landes.

Insbesondere bei der Deutschlandpolitik schienen sich Möglichkeiten für einen scheinbar existenzsichernden Ausgleich mit dem Westen zu eröffnen. Die DDR war ein Geschöpf sowjetischer Nachkriegspolitik und vor allem durch die faktische Aufrechterhaltung sowjetischer Sonderrechte als Siegermacht des Zweiten Weltkriegs in ihrer politischen Existenz strategisch völlig von der UdSSR abhängig. Die Führungs- und Schutzmacht wusste: Wenn sie diesen Staat aufgäbe, wäre er nicht mehr lebensfähig. Zugleich schien sich aber bei einer Liquidation der DDR die Möglichkeit zur Verringerung der militärischen Konfrontation beider Militärblöcke in Mitteleuropa zu eröffnen. Für die Vereinigten Staaten hingegen wäre die Preisgabe der DDR durch die östliche Schutzmacht sichtbarster Ausdruck für den Erfolg ihrer geostrategischen Anstrengungen in Mitteleuropa.

Und so wurde die Lösung der vermeintlich offenen deutschen Frage Gegenstand zunächst verdeckter politischer Aktivitäten in den Entscheidungsgremien der USA und der UdSSR. Es ist nicht abwegig anzunehmen, dass in diesem Zusammenhang auch geheime Kontakte zwischen den Nachrichtendiensten der beiden sogenannten Supermächte genutzt wurden, um die Vorstellungen und deutschlandpolitischen Schmerzgrenzen der jeweils anderen Seite auszuloten. Dass solche Kontakte bestanden, ist belegt: Der ehe-

malige Chef der CIA-Abteilung Sowjetunion/Ost-
europa, Milton Bearden, berichtete im Jahr 2004 auf
einer Tagung in Berlin über diesen nachrichtendienstlichen Gedankenaustausch. Bei der CIA pflegte man
die Kontakte zum sowjetischen KGB unter der Tarnbezeichnung „Gawrilow." So trafen sich „alle paar Monate" die Verantwortlichen beider Dienste, um sich
gegenseitig zu informieren und strittige Fragen zu
klären. Und die DDR, an deren Grenze sich beide Militärblöcke gegenüberstanden, wurde ab Mitte der 80-er
Jahre ökonomisch und politisch immer instabiler, was
die Interessen beider Großmächte direkt tangierte.
Die von der inneren Systemkrise geschüttelte DDR
stand schließlich 1989 nicht mehr nur strategisch zur
Disposition. Sie war vielmehr durch ihre politische Destabilisierung zu einer massiven politischen Belastung
der wirtschaftlich mit dem Rücken zur Wand stehenden Schutzmacht UdSSR geworden. Einen Un-
ruheherd an der Grenze der Systeme konnte man
gerade jetzt nicht brauchen. Zu groß wäre die Gefahr
gewesen, in einen bewaffneten Konflikt zu geraten, der
zum Krieg mit dem Westen hätte eskalieren können.
Eine massive Konfrontation mit dem Westen war die
DDR in den Augen sowjetischer Strategen angesichts
eigener wirtschaftlicher Schwäche und militärischer
Überforderung der UdSSR nicht wert. Sie schien aber
als Verhandlungsmasse brauchbar zu sein.
Im Sommer des Jahres 1989 setzte sich bei den Be-
ratern Gorbatschows endgültig die Meinung durch,
dass es von Vorteil sein könnte, die DDR als Partner
preiszugeben und an ihrer Stelle die ökonomisch stär-
kere BRD zu umwerben. Das konnte man natürlich
weder Honecker, noch der nach seiner Ablösung
inthronisierten neuen DDR-Führung offen sagen. So
wurden in offiziellen Gesprächen die üblichen Freund-
schaftsbekundungen ausgetauscht, und die Entscheidungsträger der DDR konnten den Eindruck gewinnen,

nach Honeckers Ablösung sei mit Gorbatschows politischer Unterstützung zu rechnen. Beruhigend erklärte Gorbatschow im Oktober 1989 gegenüber Krenz: „Du musst wissen, alle ernsthaften Politiker, wie Thatcher und Mitterrand, Andreotti und Jaruzelski, sogar die Amerikaner, obwohl in deren Position neue Nuancen sichtbar werden, - alle wollen nicht die Wiedervereinigung".

Doch diese Äußerungen erwiesen sich bald als Nebelkerzen für die Verschleierung der wahren deutschlandpolitischen Absichten Gorbatschows. Schiere politische und wirtschaftliche Not sowie die sukzessiv vollzogene Annäherung des Generalsekretärs an die außenpolitischen Positionen seiner amerikanischen Verhandlungspartner mündeten schließlich darin, dass Gorbatschow das lästig gewordene Protektorat DDR im Interesse eigener Machtsicherung zur Disposition stellte. Insbesondere nach der Öffnung der Mauer am 9. November 1989 ging es für Moskau nicht mehr darum, ob die DDR als Bündnispartner fallengelassen würde, sondern nur noch um die Höhe der damit zu gewinnenden politischen und ökonomischen Rendite.

Bei seinem Treffen mit US-Präsident Bush am 2. Dezember 1989 auf dem Kreuzfahrtschiff Maxim Gorki vor Malta sprach sich Gorbatschow schon nicht mehr prinzipiell gegen eine Wiedervereinigung Deutschlands und dessen Mitgliedschaft in der NATO aus. Es ging ihm um eine möglichst lautlose und politisch vorteilhafte Liquidation der DDR. Gorbatschow war zudem verhandlungsstrategisch in der Defensive. Der ehemalige amerikanische Sicherheitsberater, Zbigniew Brzezinski, beschrieb am 18. Dezember in einem Interview mit der Zeitung *Newsweek* die politische Essenz des Treffens so: „Eigentlich ging es um den massiven und dynamisch voranschreitenden Zerfall des sowjetischen Imperiums. Bush und Gorbatschow standen – und stehen – beide vor der Gefahr, vom zunehmenden

Tempo der Geschichte überholt zu werden. Ich denke schon, dass mit dem Gipfel von Malta das in Jalta begonnene Kapitel abgeschlossen wurde. In Jalta konnten sich die Sowjets durchsetzen und die Vorherrschaft über Mitteleuropa erlangen. In Malta hat Bush von Gorbatschow Garantien erhalten, dass er gegen ein Herausdrängen der Sowjets aus Osteuropa nichts unternehmen wird."

Zu diesem Zeitpunkt hatten sich die Bundesregierung und die USA bereits auf die Forderung nach Wiedervereinigung Deutschlands bei voller NATO-Mitgliedschaft festgelegt.

Bereits während des NATO-Gipfels in Brüssel, der unmittelbar nach Bushs Treffen mit Gorbatschow stattfand, legte der US-Präsident die Bedingungen für eine Zustimmung der Vereinigten Staaten zur deutschen Einheit dar. Demnach müsse jede Regelung das Verbleiben Deutschlands in der NATO und in der Europäischen Gemeinschaft sichern und die Rechte der Alliierten gebührend berücksichtigen. Und in der *International Herald Tribune* vom 8. Dezember war zu lesen, dass das deutsche Problem an Aktualität gewonnen habe, da das Machtvakuum in Ostdeutschland immer größer werde und die Gefahr bestünde, „dass der Mob regiert". Die westdeutsche Kontrolle könne unter diesen Umständen als einzige Möglichkeit erscheinen, politische Autorität wiederherzustellen.

Indessen mochten sich der französische Staatspräsident Francois Mitterand und seine britische Kollegin Margret Thatcher die Vereinigung beider deutscher Staaten nur als Ergebnis eines länger währenden europäischen Integrationsprozesses vorstellen. Insbesondere Thatcher hätte nach Auskunft der *International Harald Tribune* „gern erst 10 bis 15 Jahre Demokratie in Osteuropa" gehabt, „bevor irgendwer beginnt, Landkarten zu verändern".

Während in westlichen Hauptstädten und Think Tanks die dramatischen Entwicklungen in der DDR und im Warschauer Pakt intensiv und öffentlich diskutiert wurden, fixierte sich die östliche Führungsmacht in Gestalt des Generalsekretärs der KPdSU auf den Abrüstungsprozess – offenbar völlig übersehend, dass das eigene Militärbündnis bereits vom Zerfall gezeichnet war. Diese falsche Prioritätensetzung sollte fatale Folgen haben. Als der neue DDR-Ministerpräsident Hans Modrow am 4. Dezember 1989 nach Moskau reiste, um sich gemeinsam mit den Vertretern der anderen Warschauer-Pakt-Staaten von Gorbatschow über dessen Treffen mit Bush informieren zu lassen, wurde die deutsche Frage überhaupt nicht thematisiert. Gorbatschow referierte ausschließlich über Vereinbarungen zur Abrüstung und die Perspektiven der Beziehungen zu den Vereinigten Staaten. Später wurde berichtet, dass Gorbatschow deutschlandpolitisch völlig unvorbereitet nach Malta geflogen war.

Bush hingegen hatte die Frage nach den Perspektiven beider deutscher Staaten durchaus thematisiert und erwischte seinen Gegenüber kalt. Modrow kommentierte diesen Vorgang: „Gorbatschow saß dem Westen in den Verhandlungen wie ein nackter Mann gegenüber. Er war – ich will nicht sagen, ihr Kasper – aber jemand, der unvorbereitet hinging, ein bisschen viel redete und glaubte er mache Weltpolitik. Das hat die Gewichtsverteilung entschieden verschoben." Angesichts eines solchen Verhandlungsverlaufs musste der DDR-Ministerpräsident in Moskau lästig wirken, als er sich um ein persönliches Gespräch mit Gorbatschow bemühte. Erst durch eine Intervention des Gorbatschow-Beraters Valentin Falin kam es schließlich doch noch zu dem Treffen. Modrow verstand nicht, warum Gorbatschow sich für die Situation in der DDR nicht interessierte, wo sich doch die Ereignisse förmlich überschlugen. Doch sein Gesprächspartner hatte sein ostdeutsches Protektorat offenbar bereits abgeschrieben. Warum sollte er sich lange mit Vertretern eines Staates abgeben, der ohnehin bald von der Landkarte verschwinden würde?

Nach außen hin wurde das heile Bild unverbrüchlicher Freundschaft jedoch noch aufrecht erhalten. So wurde auf einer Tagung des ZK der KPdSU am 8. und 9. Dezember in Moskau verkündet, dass die UdSSR solidarisch zur DDR stehe. Gorbatschow erklärte "mit aller Entschiedenheit, dass wir die DDR nicht im Stich lassen werden."

Modrow wertete das fälschlicherweise als ernstgemeinte Unterstützung seines Erneuerungskurses. Doch Gorbatschows Politbürokollege Alexander Jakowlew und sein außenpolitischer Berater Anatoli Tschernjajew hatten die DDR längst aufgegeben. Spätestens seit Ende 1989 hatte man hinter verschlossenen Türen im sowjetischen Außenministerium intensiv darüber nachgedacht, wie man die DDR möglichst ohne Gesichtsverlust loswerden könne.

Ein erneutes Treffen mit dem DDR-Regierungschef sollte auf Betreiben der Gorbatschow-Berater eigentlich gar nicht mehr stattfinden. Der KPdSU-Generalsekretär empfing Modrow am 30. Januar 1990 schließlich doch, nur um ihm in bester traditionell sowjetischer Herrschaftsmanier mitzuteilen, dass die UdSSR nun die Wiedervereinigung Deutschlands befürworte. Gorbatschow hatte sich zu diesem Zeitpunkt mit US-Präsident Bush informell bereits grundsätzlich hinsichtlich der Bündniszugehörigkeit eines vereinten Deutschlands verständigt. Die ursprünglich durch die UdSSR geforderte Neutralität Deutschlands war vom Tisch. Modrows am 2. Februar in Ostberlin verkündeter und offenbar zumindest in Grundzügen mit Gorbatschow abgestimmter Dreistufenplan für die Schaffung eines neutralen vereinigten Deutschlands auf dem Wege einer Konföderation sorgte daher in

Washington für Irritationen. Bush schickte am 8. Februar eigens seinen Außenminister James Baker nach Moskau, um sich zu vergewissern, dass Modrow mit seiner Neutralitätsvision nicht die Ansichten Gorbatschows wiedergab. Nach Gorbatschows Gespräch mit Bundeskanzler Helmut Kohl am 10. Februar 1990 in Moskau, bei dem es letzterem offenbar gelang, noch vorhandene sowjetische Bedenken im Zusammenhang mit dem deutschen Vereinigungsprozess zu zerstreuen, war der Weg frei für die endgültige außenpolitische Entmündigung der DDR. Gorbatschow und Kohl sprachen wie selbstverständlich über das Schicksal eines souveränen Staates, dessen Regierung man im Vorfeld des Treffens nicht einmal konsultiert hatte. Gorbatschow-Berater Falin kommentierte den Vorgang später: „Am 10. Februar wurde die Vereinigung Deutschlands als de facto gelöste Aufgabe verkündet, ohne jegliche Bedingungen, ohne die Zusammenhänge mit der Regelung der äußeren Aspekte aufgeklärt zu haben. Die Deutschen erhielten damit eine Carte blanche, was, wie und wann zu tun war. Flugs kehrte man die Formel ‚4+2' bereits zwei Tage später in ‚2+4' um [...]. Die Vier Mächte hatten damit das Recht eingebüßt, ‚Verhandlungen über Deutschland' zu führen." Kennzeichnend für die imperiale Denkweise in der damaligen sowjetischen Nomenklatura ist, dass Falin seine Kritik an Gorbatschows Verhandlungsführung nicht in erster Linie mit dem Verrat an der DDR begründet, sondern moniert, dass sein Generalsekretär leichtfertig sowjetische Rechte als Siegermacht gegenüber „den Deutschen" preisgegeben hatte. Denn die Formel „4+2" hätte das Primat der Siegermächte in den Verhandlungen festgeschrieben. Bei „2+4" entschieden formal die beiden deutschen Staaten – flankiert durch die Alliierten. Nun hatte die Bundesregierung deutschlandpolitisch mit den Segen Moskaus freie Hand und konnte in die Innenpolitik der DDR eingreifen, ohne befürchten zu müssen, dass deren Schutzmacht intervenierte. Und nicht nur das. In der Folge dieses Treffens entwickelte sich eine politische Kumpanei zwischen Moskau und Bonn, die auf eine Erpressung der DDR-Regierung im Interesse der Bundesrepublik hinauslief. Während der Außenministertagung der 23 Staaten der NATO und des Warschauer Paktes vom 11. bis 13. Februar 1990 im kanadischen Ottawa nötigte nach Auskunft Falins der sowjetische Außenminister Schewardnadse auf Bitten seines westdeutschen Amtskollegen Genscher den DDR-Außenminister Oskar Fischer, „dem Druck der BRD nachzugeben und die Konstruktion ‚2+4' ebenfalls gutzuheißen. Damit beschnitt man der Deutschen Demokratischen Republik von vornherein das Recht, gegen das ihr zugedachte Urteil gegebenenfalls Berufung einzulegen."

Nachdem sich USA und UdSSR deutschlandpolitisch prinzipiell geeinigt hatten, lag es im Interesse beider Führungsmächte, dass der Prozess zur Liquidation der DDR weitgehend störungsfrei verläuft. Der mit sowjetischer Unterstützung aufgebaute Machtapparat der DDR musste in diesem Kontext als Unsicherheitsfaktor erscheinen. Ein gewaltsamer Umbruch oder gar ein Bürgerkrieg in der DDR als Folge eines Staatsstreichs waren weder im Interesse der westlichen noch der östlichen Führungsmacht, weil die daraus jeweils resultierenden bündnispolitischen Prozesse kaum hätten beherrscht werden können. Also war durch die Einflussnahme beider Führungsmächte dafür zu sorgen, dass insbesondere die modern ausgerüstete und ausgebildete NVA während des gesamten Insolvenzverfahrens kontrollierbar blieb. Dieses Ziel wurde erreicht, und Egon Bahr, der die Interessenlage beider Führungsmächte kannte und in ihrer beider Sinne agierte, leistete als außenpolitischer Berater des Ministers Eppelmann seinen Beitrag dazu. Auch informelle Kontakte sowjetischer Nachrichtendienste zu entscheidungsbefugten Vertretern der DDR-Militärelite dürften für die Ruhigstellung der ehemaligen Waffenbrüder genutzt worden sein. Insofern erscheinen die Exekutoren der staatlichen Auflösung in der DDR-Übergangsregierung als Protagonisten eines strategischen Spiels, dessen Idee und dessen Regeln sie nicht verstehen konnten.

Was sich zudem kurzfristig an diplomatischen Verschleierungsaktionen auf dem internationalen Parkett abspielte, trug nicht unerheblich zur Verunsicherung der DDR-Militärs bei und erweist sich im Rückblick als Kulisse für die Täuschungsmanöver ostdeutscher Interimspolitiker gegenüber der Armee. Ende April 1990 lehnte Gorbatschow die NATO-Mitgliedschaft eines vereinten Deutschlands im Gespräch mit der DDR-Regierungsdelegation unter Leitung des neuen Ministerpräsidenten, Lothar de Maizière, offiziell noch ab. Im Rückblick muss auch das als taktisches Spiel zur Verbesserung der eigenen Verhandlungsposition gegenüber der Bundesregierung sowie zur Täuschung der Öffentlichkeit gewertet werden. Denn während seines Gipfeltreffens mit US-Präsident Bush Ende Mai 1990 in Camp David ließ Gorbatschow sich, obwohl sein Berater Falin im Vorfeld des Treffens auf die geopolitischen Konsequenzen hingewiesen hatte, von US-Präsident Bush endgültig auf die Tolerierung des deutschen Einigungsprozesses zu den Bedingungen des Westens festlegen. In die Enge getrieben, akzeptierte der Generalsekretär, dass jeder Staat, und damit auch das vereinigte Deutschland, das Recht habe, über seine Bündniszugehörigkeit selbst zu entscheiden.

Hans Modrow meinte in einem 2010 gegebenen Interview dazu: „Gorbatschow kann heute viel darüber reden, die NATO nach Osten auszudehnen sei nie verabredet worden – sein Verhalten hat dafür jedoch die Tür geöffnet. [...] Gorbatschows Rolle bei der Vereinigung der beiden deutschen Staaten bestand darin, dass er so rechtzeitig kapitulierte und sowjetische Interessen preisgab, dass sich die USA in allem, was danach folgte, völlig durchsetzen konnte." Die Interessen der DDR seien in diesem Zusammenhang ohne Belang gewesen.

Am 16. Juli 1990, bei den Verhandlungen Gorbatschows mit Kohl in Moskau und im Kaukasus, bot Kanzler Kohl Gorbatschow eine großzügige finanzielle Unterstützung an. Nun sicherte Gorbatschow ihm mit großer Geste zu, was seit Camp David auch halboffiziell schon entschieden war: Die volle Souveränität des vereinten Deutschlands und die freie Wahl des Bündnisses. Das von sowjetischer Seite unter größter Geheimhaltung vorbereitete Treffen fand nicht nur unter Ausschluss von DDR-Regierungsvertretern statt, sondern auch die Mitglieder der sowjetischen Parteiführung und Regierung erfuhren über die Ergebnisse lediglich durch die Medien. Erst zwei oder drei Tage nach Abschluss der Verhandlungen erhielten die Regierungsmitglieder die Dokumente des Kaukasus-Geschäfts zur Kenntnisnahme und Zustimmung. Dafür hatten der Generalsekretär der KPdSU und sein Außenminister gute Gründe: Möglicher Widerstand innerhalb der eigenen Führung gegen das geplante Geschäft sollte zuverlässig ausgeschlossen werden. Es war ein Akt autokratischer Geheimdiplomatie, der durch Überrumpelung der eigenen Entscheidungsträger und Berater Fakten schaffen sollte.

Wohl wissend, welche juristischen, wirtschaftlichen und sicherheitspolitischen Folgen ein nach Artikel 23 erfolgter Anschluss der DDR an die Bundesrepublik haben würde, verkaufte das Duo Gorbatschow-Schewardnadse seinen Bündnispartner gegen klingende Münze.

Am 14. August erklärte der Gorbatschow-Berater Wjatscheslaw Daschitschew in der Ostberliner Zeitung *Der Morgen*, dass der Nutzen, den die UdSSR von der deutschen Einheit habe, vor allem darin bestehe, dass man nun von der Last der ständigen Konfrontation mit dem Westen und dem Wettrüsten befreit sei und zugleich die Isolation seines Landes in Europa durchbrechen könne. In Verbindung mit der finanziellen Morgengabe der Bundesrepublik für die Begründung der neuen Partnerschaft erschien die Preisgabe der DDR daher aus Sicht Gorbatschows als vorteilhaftes Geschäft. Schließlich wurden am 10. September, zwei Tage vor Abschluss der 2+4-Verhandlungen in Moskau, zur Unterstützung des sowjetischen Truppenabzuges aus der DDR Zahlungen der Bundesrepublik in Höhe von 12 Milliarden D-Mark und ein zinsloser Wirtschaftskredit von drei Milliarden D-Mark vereinbart.

Es ist offenkundig eine PR-Legende, dass Kohl es war, der in Moskau und im Kaukasus Gorbatschow die NATO-Mitgliedschaft Deutschlands abgerungen habe. Gorbatschow hatte seinem amerikanischen Partner letztmalig in Camp David signalisiert, dass er nichts dagegen habe. Letztlich erwies sich alles nur als eine Frage des Preises. Und Kohl sorgte mit zusätzlichem Geld auch dafür, dass die Lage in der Westgruppe der Truppen auf dem Gebiet der DDR beherrschbar blieb. Die Einführung der D-Mark in der DDR machte im Juli 1990 der Westgruppe jeden Einkauf von dringend nötigen Verbrauchsgütern wegen fehlender „harter Währung" unmöglich. Das hätte zu einer gefährlichen Destabilisierung der Verhältnisse in den Kasernen führen können. Daher wurden der Westgruppe von der Bundesregierung als Soforthilfe 1,4 Milliarden D-Mark zur Verfügung gestellt und der Umtausch ihrer Ostmark in speziell in den Dienststellen eingerichteten Bankfilialen gestattet.

Vertreter der DDR waren bei den Beratungen im Kaukasus über die Zukunft ihres Staates nicht anwesend, ja sie waren nicht mal eingeladen worden. Die Absprache zwischen Kohl und Gorbatschow fand ohne

Konsultation der Parlamente und Regierungen der betroffenen Länder statt. Diese Verfahrensweise musste vor allem bei der militärischen Elite der DDR Verbitterung auslösen. Der ehemalige Chef des NVA-Hauptstabes, Generaloberst Streletz, bemerkte später: „Kein Land im Warschauer Vertrag hat so gewissenhaft und termingerecht alle militärischen Verpflichtungen erfüllt wie die DDR. Aber kein Land des Warschauer Vertrages wurde 1989/90 von Gorbatschow, dem Oberbefehlshaber des Bündnisses, und Schewardnadse so hinterhältig verraten und verkauft, wie die DDR."

Die Widerstände gegen die deutsche Einheit waren zunächst vor allem in Paris und London massiv ausgeprägt gewesen. Der französische Staatspräsident Francois Mitterrand hatte noch am 22. November 1989 bei einem Besuch in Ost-Berlin geäußert, dass er nachhaltig für den Fortbestand der DDR eintrete. Gegenüber BRD-Außenminister Hans-Dietrich Genscher sagte er: „Ein wiedervereinigtes Deutschland, als eine eigenständige Macht, unkontrolliert, ist unerträglich für Europa." Die britische Premierministerin Margret Thatcher hielt in der Tradition klassischen britischen Gleichgewichtsdenkens ein geeintes Deutschland für eine ernsthafte Herausforderung der seit dem Zweiten Weltkrieg erreichten Stabilität auf militärischem und wirtschaftlichem Gebiet und spielte zunächst auf Zeit. Frau Thatcher ängstigte sich wohl vor einem vereinten Deutschland, das in Europa die ökonomische und politische Führungsrolle übernehmen könnte. Sie und Mitterrand wollten sogar die Verhandlungen über die deutsche Einheit in ihrer Eigenschaft als Siegermächte des Zweiten Weltkrieges ohne Beteiligung der Deutschen durchführen. Nur die USA und die Bundesrepublik Deutschland befürworteten eine schnelle Vereinigung. Nach Gorbatschows Kaukasus-Geschäft mit Kohl brach der politische Widerstand

in Paris und London gegen die deutsche Einheit zusammen. Maßgeblich für die Zustimmung Thatchers und Mitterands zur staatlichen Einheit Deutschlands dürften zudem die vertraglichen Festlegungen einer Obergrenze von nur 370.000 Soldaten in Deutschland, davon 50.000 in der DDR und 320.000 in der BRD, gewesen sein. Bisher hatten die BRD 495.000 Mann und die DDR 184.000 Mann in den Streitkräften unter Waffen gehalten. Und Gorbatschow hoffte, dass die Milliarden aus Bonn sein politisches Überleben sichern könnten. Doch diese Hoffnung erwies sich schon im Sommer 1990 als trügerisch. Der außenpolitischer Berater Gorbatschows, Anatolij Tschernajew, sagte damals: „Gorbatschow regiert längst in einem zerfallenen Reich. Er ist nicht mehr in der Lage irgend etwas konsequent umzusetzen, selbst wenn er sich dazu entschließt. Und nicht weil die Bürokraten ihn daran hindern, sondern weil er längst über keine Mittel mehr verfügt, seine Entscheidungen durchzusetzen. Die Partei wird von niemandem mehr anerkannt. Die Sowjetorgane sind hilflos. Die Verantwortlichen in der Wirtschaft sitzen zwischen zwei Stühlen. Sie wissen nicht ihre Freiheit zu nutzen."
In welche Kanäle die 15 Milliarden D-Mark aus der Bundesrepublik Deutschland schließlich tatsächlich flossen, kann nur vermutet werden, doch sicher ist der Verdacht nicht von der Hand zu weisen, dass damit mancher der heutigen sogenannten Oligarchen in Russland den Grundstock für sein späteres Vermögen legte.
Valentin Falin, langjähriger Berater Gorbatschows in außenpolitischen Fragen, sagte am 27. Januar 2008: „Gorbatschow hat nicht nur die DDR vernichtet, sondern auch die Sowjetunion." Mit dem völkerrechtlich fragwürdigen Deal zwischen dem politisch am Abgrund stehenden Gorbatschow und dem wie selbstverständlich für die noch souveräne DDR sprechenden Bundes-

kanzler des anderen deutschen Staates waren die NATO-Mitgliedschaft Deutschlands und die Entscheidung besiegelt, dass es im vereinten Deutschland nur die Bundeswehr geben werde. Das war zugleich der Startschuss zur Auflösung der NVA, des Warschauer Vertrages und zum Abzug der GSSD. Somit waren auch alle Planungen Eppelmanns und der NVA-Generäle zu Makulatur geworden. Eppelmanns Idee „Ein Land-zwei Armeen" war Geschichte.

Bei den 2+4-Verhandlungen am 12. September 1990 wurde der "Vertrag über die abschließenden Regelungen in Bezug auf Deutschland", also eine Art Friedensvertrag mit Deutschland unterzeichnet. Kanzler Kohls Äußerungen zu Folge stand das „Fenster der deutschen Wiedervereinigung" nur ganz kurz offen. Nur die positive Meinung der Amerikaner und die Gorbatschow von Bonn versprochenen finanziellen Mittel seien dafür ausschlaggebend gewesen, dass am 12. September 1990 der 2+4-Vertrag unterzeichnet wurde. Und Helmut Kohl konnte als „Kanzler der Einheit" unter den Mantel der Geschichte schlüpfen.

Mit den Unterschriften unter die Verträge wurden die Voraussetzungen für die Einheit Deutschlands geschaffen und gleichzeitig alle europäischen Grenzen festgelegt und gegenseitig akzeptiert - auch die Oder-Neiße Grenze und der endgültige Verzicht auf Ostpreußen, was Kohl in den Verhandlungen lange zu umgehen versucht hatte. Deutschland musste seine Streitkräfte verringern und auf den Besitz von ABC-Waffen verzichten. Die Bodenreform in Ostdeutschland sollte nicht rückgängig gemacht werden dürfen. Die Rolle der Alliierten in Deutschland endete. Der Abzug der sowjetischen Westgruppe aus Ostdeutschland bis 1994 und der Alliierten aus Westberlin und der BRD wurde festgelegt. Es gab nun keine Reparationsforderungen mehr an Deutschland und keine Einschränkungen seiner Souveränität. Somit stand der Vertrag völkerrechtlich über einem Friedensvertrag. Zugleich wurde die DDR als Völkerrechtssubjekt im Grunde schon vor dem 3. Oktober 1990 getilgt. Welche Bindekraft konnte in der Folge ein Konstrukt wie der am 31. August 1990 unterschriebene Einigungsvertrag haben, wenn eine der vertragschließenden Seiten nicht mehr existierte? Und warum sollte die Bundesregierung mit der in Auflösung befindlichen NVA anders verfahren als mit der Wirtschaft oder den Sozialsystemen des von der politischen Bühne verschwundenen ostdeutschen Staates?

Entsorgung

Schon vor dem 3. Oktober 1990 steckten die von General Richter kommandierten Bundeswehroffiziere, die für den Aufbau des Bundeswehrkommandos und der Bundeswehrverwaltung Ost vorgesehen waren, im DDR-Ministerium für Abrüstung und Verteidigung in Strausberg ihre Claims ab. Handstreichartig wurden Büros, Sekretärinnen und Material sowie Kraftfahrer gesichert. Das DDR-Hoheitszeichen wurde in den noch benötigten NVA-Formularen übertüncht. Man machte sich geschäftsmäßig an die Aussonderung von Menschen und Material.

Es begann auch die Jagd nach NVA-Souvenirs. Bei den in den Osten abkommandierten Offizieren der Bundeswehr kam die jahrelang antrainierte Schnäppchen-Mentalität des von der Werbung geprägten fröhlichen Konsumenten zum Vorschein. Vielleicht spielte auch infantiles Triumphgefühl eine Rolle. Jeder bediente sich nun aus der Hinterlassenschaft des vormals gefürchteten, nunmehr gedemütigten Gegners. Orden und Medaillen, Ehrendolche der NVA, Marx-, Lenin- und Thälmann-Büsten, selbstgebastelte Truppengeschenke, VVS-Messtischblätter – alles war souvenirverdächtig und schmeichelte dem Ego einiger Bundeswehroffiziere.

Dieses Verhalten offenbarte ein eigenartiges Selbstbild der westdeutschen militärischen Funktionselite. Komfortabel ausgestattet mit dem wohligen Gefühl scheinbarer moralischer und politischer Überlegenheit leisteten sich etliche der in den Osten abkommandierten Bundeswehrangehörigen Entgleisungen, die ihnen von ihrer um Befriedung des verbliebenen NVA-Personals besorgten Führung ausdrücklich verboten worden waren. Man machte Beute. Hatte die Führung des Bundeswehrvorauskommandos ihr Personal nicht im Griff? Solche Erscheinungen kommen naturgemäß in den Erinnerungen der verantwortlichen Bundeswehr-generale nur am Rande vor. Seine auch aus Sicht militärischer Ehrbegriffe fragwürdige Einstellung gegenüber den ehemaligen NVA-Soldaten offenbarte der politisch konservativ orientierte CDU-Karrieregeneral Schönbohm mit der Bemerkung, er trete keine Nachfolge der NVA-Militärführung an und habe somit auch keine Obhutspflicht gegenüber den nun seinem Befehl unterstehenden ostdeutschen Soldaten. Als diese Haltung kolportiert wurde, bemühte er sich flugs um eine Korrektur und betonte seine Fürsorgepflicht für alle Soldaten seines Kommandobereichs.

Und so verlief die formale Übernahme der NVA durch Indienststellung des Bundeswehrkommandos Ost: Am 3. Oktober 1990, um 10.00 Uhr wurden alle Mitarbeiter, Offiziere, Unteroffiziere, Soldaten und Zivilbeschäftigten des Ministeriums für Abrüstung und Verteidigung der ehemaligen DDR in Strausberg, auf dem großen Platz mitten im weitläufigen Karree des Ministeriums, zusammengerufen. Die DDR-Fahnen im gesamten Objekt waren schon in der Nacht zuvor durch die Dienstflaggen der Bundeswehr ersetzt worden. Es sollte nach dem Willen des nunmehr funktionslosen Ex-Ministers Eppelmann ein würdiger Appell der Übernahme der NVA durch die Bundeswehr werden. Aber seine Vorstellungen gingen nicht auf. Der von ihm geplante symbolische Akt, die NVA-Flagge einzuholen und die Bundeswehr-Flagge zu hissen sowie beide Nationalhymnen abzuspielen, wurde von Bundesminister Stoltenberg, der nun in Strausberg das Sagen hatte, aus dem Programm gestrichen. Man wollte in Bonn einen klaren Schnitt. Die NVA war ja formal bereits am Vortag außer Dienst gestellt worden. Großes Zeremoniell war nicht erwünscht. Es blieb bei der Verlesung des Tagesbefehls und einer Rede des Bundeswehrgenerals Schönbohm. Eppelmanns Rede wurde zwar von Schönbohm abgenickt, man „vergaß" aber sie zu drucken. Ein großer Teil der schon im Ministerium in Strausberg tätigen Bundeswehroffiziere nahm gemeinsam mit ihren Frauen am Appell teil, die Frauen der DDR-Offiziere waren zu dieser Veranstaltung nicht zugelassen.

Generalleutnant Jörg Schönbohm, Staatssekretär für Sicherheitspolitik, Bundeswehrplanung und Rüstung, war von Stoltenberg zum Insolvenzverwalter der NVA ernannt worden. Das Bundeswehrkommando Ost galt als strukturelle Interimslösung und durfte bis zum Abzug der sowjetischen Westgruppe nicht der NATO unterstellt sein. Als Schönbohms Stellvertreter wurde der Generalmajor Werner von Scheven eingesetzt. Zum Stab dieses Kommandos in Strausberg gehörten 240 Offiziere und Unteroffiziere der Bundeswehr und zunächst noch 320 Offiziere und Unteroffiziere der abzuwickelnden NVA sowie 200 Zivilisten. Insgesamt hatte man vorerst 2000 Soldaten aus Westdeutschland in den Osten kommandiert.

Aufgaben des Bundeswehrkommandos Ost waren die Auflösung der Dienststellen der NVA, die Erhaltung der Einsatzfähigkeit ausgewählter Dienststellen, die Sicherstellung und Bewachung des NVA-Kriegsgerätes und der Munition, die Grenzsicherung an der Küste sowie die Sicherung des Luftraumes. Dazu wollte die Bundeswehr ursprünglich das 35. und 36. Jagdbomber-Geschwader auf Flugplätze der NVA verlegen, nahm aber wegen der Anwesenheit der Westgruppe davon Abstand.

Schönbohm forderte bei der Indienststellung des Bundeswehrkommandos Ost von den seinem Befehl unterstehenden Soldaten der bisherigen Bundeswehr „Aufgeschlossenheit, Hilfsbereitschaft und Geduld für ihre neuen Kameraden". Zu Selbstgerechtigkeit bestehe kein Anlass. Doch die Geschlossenheit der gesamtdeutschen Streitkräfte sei nur durch eine eindeutige „Absage an die Grundsätze der DDR und ihrer früheren Armee" zu erreichen. Außerdem wies Schönbohm die neuen Kameraden aus dem Osten darauf hin, dass ihr Weg in die Bundeswehr nur gelingen könne, wenn sie zuvor „aus Einsicht und Überzeugung den Bruch mit der Ideologie der DDR vollzögen."

Mit anderen Worten: Wer nicht bereit war zumindest äußerlich seinen früheren politischen Überzeugungen abzuschwören und das offizielle DDR- und NVA-Bild des neuen Deutschlands zu übernehmen, würde in der neuen, alten Bundeswehr keinen Platz haben.

Den Ton in der Armee gaben nun Bundeswehroffiziere an: „Wir sind nicht als Berater, sondern als Führer hier", hieß es in einem Papier des Zentrums Innere Führung der Bundeswehr. Westdeutsche Patenverbände wurden den NVA-Einheiten zur Seite gestellt. Bundeswehroffiziere besetzten alle Führungspositionen bis unterhalb der Divisionen. Im Zuge der Umstrukturierung wurden 200 Truppenteile neu aufgestellt.

Bis 1994 stationierte man 58.000 Soldaten aus dem Westen im Osten. Die Bundeswehroffiziere (West) kamen Dienstags früh zur Arbeit und fuhren am Donnerstagabend wieder ab. Sie bezogen ein höheres Gehalt als ehemalige NVA-Offiziere und auch mehr Geld als ihre Kameraden im Westen. Die sogenannte „Buschzulage" lag zwischen 1400 und 1800 DM monatlich. Hinzu kam das Trennungsgeld. Unter den verbliebenen NVA-Offizieren kursierte die Abwandlung eines Spruchs des Dichters Bert Brecht: „Alle sind gleich, aber die Westoffiziere im Osten sind gleicher.".

Für die NVA-Berufssoldaten in Probezeit galten eine Vielzahl erniedrigender Bedingungen. Sie wurden im Dienstgrad um ein bis zwei Stufen herabgesetzt. Begründet wurde das mit dem anderen Beförderungssystem und dem anderen Stellenschlüssel der NVA. Ihre Dienstgrade wurden so verändert, als hätten sie bis zum 3. Oktober ihre Karrieren in der Bundeswehr absolviert - ein Konstrukt rückwirkender Anwendung von Beförderungsrichtlinien der Bundeswehr, das zudem die Personalkosten senkte. Denn diese rückwirkende Orientierung an der Laufbahnordnung der Bundeswehr galt nicht für die Höhe der Dienstbezüge oder die Berechnung der Rentenansprüche. Ehemalige NVA-Soldaten erhielten höchstens ca. 65 Prozent des Wehrsoldes ihrer Kameraden aus der BRD. Ein Oberstleutnant aus dem Osten verdiente ca. 1500 DM, während ein ranggleicher Offizier der alten Bundeswehr mit gleichen dienstlichen Aufgaben mit monatlich ca. 5000 DM bezahlt wurde. Auch für die Berechnung der Rentenansprüche übernommener NVA-Soldaten galten Sonderregelungen. Unteroffiziere der Bundeswehr konnten mit 52 Jahren, Offiziere mit 60 Jahren aus dem aktiven Dienst entlassen werden. Sie erhielten dann 75 Prozent ihrer Dienstbezüge aus der aktiven Zeit. Ehemaligen NVA-Berufssoldaten wurde dieser Dienst nicht angerechnet, sie erhielten nur 35 Prozent der letzten Dienstbezüge und konnten erst mit 65 Jahren in Rente gehen.

Hinzu kamen politisch motivierte Zurücksetzungen. Die Abschlüsse an Militärakademien in Staaten des Warschauer Paktes und der DDR wurden wegen angeblich zu hohen Ideologieanteils der Studiengänge nicht anerkannt. Hingegen kooperierte die Bundeswehr im Rahmen der NATO von Anfang an problemlos mit Militärs aus den neu zum westlichen Bündnis gehörenden osteuropäischen Staaten, die zumeist sowjetische Militärakademien oder auch die Militärakademie der DDR in Dresden absolviert hatten. Von Gleichbehandlung oder der früher in Aussicht gestellten Integration der NVA in die Bundeswehr auf Augenhöhe konnte also keine Rede sein. Vielmehr gerierte sich die Bundeswehrführung so, als habe sie einen Krieg gewonnen und könne nun in Siegermanier agieren. Nur Wenigen fiel bei diesem kleinlichen, mitunter rachsüchtigen Umgang mit ehemaligem NVA-Personal auf, dass die Bundeswehrführung nur in dieser komfortablen Position war, weil die Streitkräfte der DDR das durch ihre Gewaltabstinenz im Wendeherbst des Jahres 1989 und ihre Kooperationsbereitschaft nach der Volkskammerwahl im März 1990 letztlich ermöglicht hatten.

Den zuständigen Bürokraten auf der Harthöhe fehlte schon vor dem 3. Oktober psychologisches Fingerspitzengefühl. Übernommene NVA-Wehrpflichtige sollten 100 DM weniger Sold bekommen als ihre West-Kameraden. Die Berufssoldaten aus der NVA wollte man nicht zur Ableistung des Bundeswehrgelöbnisses zulassen. Allen sollte die Ausgangsuniform vorenthalten werden. „Wir lassen uns von denen unsere Bundeswehruniform nicht beschmutzen", hieß es. Zeitweise kursierten Überlegungen, die Offiziere der NVA in ihren alten DDR-Ausgangsuniformen herumlaufen zu lassen, ohne jedwede Rangabzeichen, nur mit dem Aufnäher „Bundeswehr". Angesichts solcher Gedankenspiele fragte Willi Wimmer (CDU), Parlamentarischer Staatssekretär des Bundesverteidigungsministeriums, ironisch, „ob wir den Judenstern wieder einführen sollten.".

Das Zentrum Innere Führung der Bundeswehr gab vor der Übernahme der ostdeutschen Rest-Armee eine Informationsschrift „Der Soldat der NVA" heraus. Offizieren, die in die „Ostwüste" kommandiert wurden, sollte dieses Papier Hilfe beim Umgang mit ihren neuen Kameraden geben. Die vermeintlich wissenschaftlich gestützte Analyse war darauf ausgerichtet, die Angehörigen der NVA als fachlich und geistig minderbemittelt darzustellen: Der Mensch aus der Ostarmee sei ungeübt im Umgang mit Zeitungen und glaube an alles was darin steht. Es sei kein Korpsgeist zu spüren, man habe es mit lauter Leuten zu tun, deren Fähigkeit zur Selbststeuerung unterentwickelt sei. Der Kamerad Ost zeige Schwierigkeiten, höhere Stufen der Ableitung und Abstraktion zu erreichen.

Nicht jeder der in den Osten abkommandierten Bundeswehrsoldaten nahm das als Leitfaden für sein Verhalten mit. Viele bemühten sich um einen respektvollen Umgang mit den ehemaligen potenziellen Gegnern. Doch an der juristischen und im Truppenalltag institutionalisierten Ungleichbehandlung ehemaliger NVA-Berufssoldaten änderte das nichts. Während in der Truppe gemeinsame Arbeit zur Lösung fachlicher Aufgaben dominierte, sorgte die Bonner Ministerialbürokratie durch ihr Verwaltungshandeln dafür, dass die Unterschiede zwischen den nun gemeinsam dienenden Soldaten ehemals gegnerischer Streitkräfte weiterhin offensichtlich blieben. Ideologisch borniert und den Denkmustern des zuende gegangenen Kalten Krieges nicht weniger verhaftet als die DDR-Militärführung bis 1989. Nur musste die Bundeswehrführung diese mittlerweile anachronistische Einstellung nie kritisch hinterfragen.

Trotzdem erledigten die NVA-Soldaten die Übergabe ruhig. Die Bundeswehr übernahm ja eine Organisation, die auf Gehorsam aufgebaut war. Offiziere sahen ihren Ehrgeiz darin, ihre Einheiten in geordnetem Zustand zu übergeben. Viele waren geradezu erleichtert, dass mit der Übergabe an die Bundeswehr das Chaos unter Interimsminister Eppelmann sein Ende nahm. Offiziere der Bundeswehr stellten schon nach kurzer Zeit im direkten Kontakt zu ihren einstigen Gegnern fest, dass ihr klischeebehaftetes Bild der Korrektur bedurfte. Der westdeutsche Kommandeur der 9. Panzerdivision, Brigadegeneral Kirchbach, meinte Ende April 1991: „Wir dürfen das erwiesenermaßen vorhandene professionelle Können der ehemaligen NVA nicht verdammen. Wir müssen darauf aufbauen. Professionelles Können, die Bereitschaft zur Leistung

können aus der ehemaligen NVA als positives Erbe in die deutschen Streitkräfte eingebracht werden."
Der Umgang der Bundeswehroffiziere vor Ort mit dem Restpersonal der NVA schwankte zwischen Ablehnung, zaghafter Kooperation und bereitwilliger Akzeptanz. Und selbst der jeder Sympathien für den einstigen Gegner unverdächtige General Schönbohm musste eingestehen, dass die faktische feindliche Übernahme der NVA durch die Bundeswehr ohne die loyale Arbeit der NVA-Spezialisten nicht zu bewältigen gewesen wäre. Einmal beklagte er sich bei Stoltenberg: „Wo keine Ex-NVA-Offiziere mehr da sind, läuft nichts mehr. Wie soll ich die Streitkräfte zusammenführen, wenn die Spezialisten weg sind?"
Insbesondere die Bewachung des Kriegsgerätes erwies sich als hochbrisante Aufgabe. In den von der NVA errichteten Depots lagerten 370 Flugzeuge, 9487 Panzer und Schützenpanzerwagen, 2465 Geschütze, 191 Kriegsschiffe, 1,2 Millionen Pistolen und Sturmgewehre und 330 000 Tonnen Geschosse, Granaten, Bomben und Raketen. Nicht gezählt die Radaranlagen, Abschussfahrzeuge für Raketen, LKW mit verschiedenen Kofferaufbauten und noch vieles mehr. Die Lage war deshalb so kompliziert, weil die Hochspannungszäune um diese Depots auf Befehl der Bundeswehrführung aus humanitären Gründen abgeschaltet und abgebaut wurden und neue Depots vorzugsweise auf ehemaligen NVA-Flugplätzen eingerichtet werden mussten. Nicht nur die westdeutsche Unterwelt, sondern auch internationale Waffenschieber zeigten ein auffälliges Interesse an den Waffen- und Ausrüstungsdepots der NVA. Schönbohm dazu: „Wir sitzen auf einem Pulverfass". Die Bewachung musste nun von mehr als 7.000 Wehrpflichtigen und etwa 2.000 Unteroffizieren sichergestellt werden.
Die in den Osten abkommandierten Bundeswehroffiziere hatten auch keine Vorstellungen davon, wie viele

komplett aufmunitionierte Panzer und SPW sowie Transportfahrzeuge mit Munition in den fünf Komplexlagern der Landstreitkräfte zur Mobilmachung von fünf zusätzlichen Mot.-Schützen-Divisionen standen. In jedem Lager befanden sich 93 Kampfpanzer für drei Mot.-Schützen-Regimenter und 94 Panzer für die Panzerregimenter der Mot.-Schützen-Divisionen. Für die Artillerieregimenter der Divisionen waren je 72 Geschütze eingelagert. Doch nicht nur die wehrtechnische Hinterlassenschaft der NVA bereitete der Bundeswehrführung Kopfzerbrechen. Schwieriger gestaltete sich die geräuschlose personelle Abwicklung der DDR-Streitkräfte. Am 3. Oktober 1990 übernahm der Bundesminister der Verteidigung die Verantwortung für noch 88.797 NVA-Soldaten. 22.676 waren Offiziere, 1.076 Offiziersanwärter, 394 Sanitätsoffiziere, 85 Sanitätsoffiziersanwärter, 22.579 Unteroffiziere, 2.170 Unteroffiziersanwärter, 1.049 Mannschaften. 38.760 Soldaten standen im Grundwehrdienst. Die 50.028 Berufssoldaten galten zunächst als sogenannte Weiterverwender. Der größte Teil von ihnen wurde schließlich entlassen. Bis zum 31. Dezember 1990 mussten die letzten noch vorhandenen Berufssoldaten der NVA im Alter über 50 Jahren gehen. 3.027 Offizieren, 7.639 Unteroffizieren und 207 Mannschaftsdienstgraden wurde die Übernahme in die Bundeswehr mit zweijähriger Probezeit in Aussicht gestellt.

Das wichtigste Ziel der Bundeswehrbürokraten blieb die Entlassung von Berufssoldaten. Nur ein kleiner Restbestand von Berufsoffizieren und Unteroffizieren mit speziellen Kenntnissen sowie Personal für den Wachdienst wurde vorerst noch benötigt. Damit exekutierte die Bundeswehr unter dem Deckmantel scheinbarer abrüstungspolitischer Sachzwänge das, was in westdeutschen Medien schon vor dem 3. Oktober lauthals gefordert worden war: „Auflösen ohne

Rest" oder „Wenn die Diktatur fällt, müssen auch ihre Werkzeuge fallen."

Für arbeitsrechtlich kaum anfechtbare Entlassungen ehemaliger NVA-Offiziere sorgten die dienstbeflissenen Mitarbeiter der Stasi-Unterlagenbehörde. Kaum, dass die staatliche Einheit vollzogen war, musste jeder Berufssoldat der NVA einen Fragebogen zu möglicher Tätigkeit für das MfS ausfüllen. Nach der ersten Überprüfung gab es eine zweite Runde. Keine Behörde war verpflichtet, individuelle Schuld nachzuweisen. Die Streitkräfte waren als Element der DDR-Sicherheitsarchitektur selbstverständlich für das MfS von besonderem Interesse gewesen. Wie hätte sich ein junger Offizier der NVA einem Verbindungsoffizier des MfS im Truppenteil verweigern sollen? Würde ein Leutnant der Bundeswehr dem Militärischen Abschirmdienst Auskünfte verweigern? Wer Kontakte zum MfS zugab, wurde sofort entlassen, wer die Wahrheit verschwieg ebenfalls. So verfügte die Bundeswehr mit dem Stasi-Argument über ein perfektes Instrument zur schnellen Entsorgung nicht mehr benötigten NVA-Personals. Das denunziatorische Verfahren war indes nicht nur personalpolitisch von Vorteil, sondern ermöglichte auch die weitere Diskreditierung der DDR-Streitkräfte und ihres Offizierskorps in der Öffentlichkeit. Vermeintliche Stasi-Verstrickungen von Offizieren und Berufssoldaten schienen die institutionell betriebene militärhistorische Geschichtsklitterung zu stützen. Dass der von den Politikern behauptete Integrationsprozess der beiden deutschen Armeen keiner war, zeigte sich schnell. Nicht nur durch die Besetzung der Kommandostellen und die unterschiedliche Höhe des Soldes und der sozialen Absicherungen, sondern auch manche Meinungsäußerung in den Medien machte das deutlich. So erklärte der frühere Generalinspekteur der Bundeswehr, Ulrich de Maizière, in der *ZEIT* vom 16. November 1990, dass die notwendige Annäherung und

Kameradschaft „keine Konvergenz in der politischen, rechtlichen und ethischen Substanz des Soldatenberufs" bedeuten dürfe. Der ZEIT-Autor Bernd C. Hesslein nahm das nicht hin, sondern fragte mit einer Anspielung auf die Vergangenheit des Karrieremilitärs: „Aber war nicht der einstige Wehrmachts-Oberstleutnant selbst schon einmal einer anderen Substanz des Soldatseins unterworfen? Ehe allzu viel selbstgefälliger Stolz gegenüber den neuen Kameraden aus der aufgelösten NVA die Köpfe der Bundeswehrsoldaten umnebelt, sollte man sich daran erinnern, dass die heute hochgelobten Errungenschaften für die Bundeswehr nicht von Anfang selbstverständlich waren. Sie wurden bekämpft und mussten erkämpft werden. [...] Es wird keine Zwei-Klassen-Bundeswehr im Bereich des Kommandos Ost geben, versichern die westdeutschen Kommandeure vor Ort. Das mag ihrer Überzeugung und ihren guten Absichten entsprechen. Doch dem stehen bürokratische und ideologische Hemmnisse entgegen. Alle NVA-Kommandeure haben einen Vorgesetzten aus der Bundeswehr an ihrer Seite. Viele von ihnen sind einen Dienstgrad heruntergestuft worden, weil in der NVA angeblich schneller befördert wurde als in der Bundeswehr üblich. Der Sold ist auf altem DDR-Niveau eingefroren. Die Differenz zum gleichen Bundeswehrrang-West beträgt Tausende von Mark. Und über allen hängt noch die Drohung, gekündigt zu werden. Prüfung und Bewährung ist angesagt. Die Probezeit beträgt bis zu zwei Jahren, das Vierfache dessen, was in der Wirtschaft als zumutbar gilt. Gerechtfertigt wird solche De-facto-Diskriminierung mit dem Hinweis, die NVA sei eine Parteiarmee gewesen; ein Vergleich mit der nahezu vorbehaltlosen Übernahme von Wehrmachtssoldaten deshalb nicht erlaubt. Wirklich nicht? Gewiss, man musste nicht der NSDAP angehören, um in der Wehrmacht zu Rang und Einfluss zu kommen. Eine Mitgliedschaft war sogar eher verpönt.

Und doch hat sich diese ehrpusselige Armee zum blinden Diener des NS-Staates gemacht und dabei Ehre und Ansehen verloren. Die Gründer der Bundeswehr, die aus führenden und verantwortlichen Posten dieser Wehrmacht kamen, haben für sich in Anspruch genommen, getäuscht und missbraucht worden zu sein und aus dieser Erfahrung gelernt zu haben. Die Politiker der Bundesrepublik, voran der Zivilist und Antimilitarist Konrad Adenauer, haben es ihnen geglaubt und ihnen vertraut. Aus dem Versprechen und der Bewährung dieser Soldaten ist die Bundeswehr entstanden. Hat die heutige Führungsgeneration das vergessen? Weiß sie nicht, mit welcher Vergangenheit die erste Garnitur der Bundeswehr vor vierzig Jahren in den neuen Rock geschlüpft ist und den neuen Eid auf die demokratische Republik gesprochen hat, als wäre nichts gewesen? Hat sie keine Erinnerung an die eigene Geschichte, die ja auch ein gerüttelt Maß an Affären und Skandalen mit unbelehrbaren Kommissköpfen und Wehrmachtideologen enthält? Oder gilt bei ihnen noch unbewusst, was in Hitlers Wehrmacht zur blutigen Doktrin wurde und bei Konrad Adenauer politische Maxime war, dass ein Kommunist auch als Soldat kein Kamerad sein darf?"

Dazu wäre anzumerken: Als Adenauer für den Aufbau der Bundeswehr auf frühere Wehrmachtsoffiziere setzte, tat er das wohl weniger, weil er ihrer Läuterung vertraute, sondern eher, weil er für die schnellstmögliche Schaffung einer einsatzfähigen Armee ihrer Fachkompetenz bedurfte. Die damalige DDR-Führung verhielt sich beim Aufbau von Kasernierter Volkspolizei und NVA ähnlich, und zwar mit Billigung der sowjetischen Schutzmacht. Daher sind historische Vergleiche der Situation Mitte der 50-er Jahre mit den Bedingungen bei der Auflösung der NVA im Grunde sinnlos. Denn das Berufspersonal der DDR-Streitkräfte war in dem ursprünglich in Aussicht gestellten Umfang längerfristig für die Bundeswehr zur Aufrechterhaltung des Dienstbetriebes nicht zwingend erforderlich. Es gab schon nach wenigen Jahren keine Aufgaben mehr, welche die Bundeswehr nicht mit ihrem westdeutschen Stammpersonal allein hätte erfüllen können. Die Mehrheit der ehemaligen NVA-Berufssoldaten konnte ihre speziellen Fachkenntnisse nicht gegen gesicherte berufliche Perspektiven tauschen. Längerfristige Chancen erhielt nur, wer sich dauerhaft als nützlich und unverzichtbar erwies, weil seine Kompetenzen durch die Bundeswehr sonst nicht hätten abgedeckt werden können, z. B. hinsichtlich der Bedienung und Wartung noch in der Bundeswehr zum Einsatz kommender NVA-Technik.

Es erhebt sich in diesem Zusammenhang auch die Frage, ob der diskriminierende Umgang mit dem in der Nachwendezeit geläuterten NVA-Offizierskorps nur aus infantilen Überlegenheitsgefühlen des einstigen Gegners und vermeintlichen Siegers in der Systemauseinandersetzung oder aus Geldnot – wie oft behauptet – resultierte. Bei genauerer Betrachtung dürfte ein anderer Grund zumindest eine ebenso große Rolle für die Behandlung der einstigen militärischen Funktionselite der DDR gespielt haben: Angst. Die Angst, die alte Bundeswehr könne ihren politischen und ideologischen Bezugsrahmen verlieren, sie könne durch die Neuzugänge aus dem Osten innerlich aufgeweicht werden. Die *Frankfurter Allgemeine* schreibt in ihrer Ausgabe vom 22. November 1990 mit Erleichterung: „Die Gefahr, es in der Bundeswehr mit einem politischen Fremdkörper zu tun zu bekommen, der den demokratischen Geist der Streitkräfte beeinträchtigen könnte, erscheint bei näherem Zusehen geringer, als zunächst befürchtet werden konnte." Und das Blatt beruhigt seine Leser mit der noch durch Minister Eppelmann verfügten Entlassung aller Offiziere mit einem Alter von über 50 Jahren und aller Generale, was bis zum 2. Oktober erfolgt war. Die „überzeugtesten Anhänger des alten Regimes" seien also nicht mehr da. Überdies könnten von den zu diesem Zeitpunkt noch im Dienst befindlichen länger dienenden Soldaten der NVA nur 23.000 endgültig übernommen werden. Davon seien nur 1000 Fachoffiziere und 3000 Truppenoffiziere. Weil sie nur Zweijahresverträge erhalten würden, gebe es genügend Zeit für die Personalauswahl, so dass gute Aussichten bestünden, „dass am Ende dieser Probezeit das Ergebnis nicht viel anders aussehen wird, als hätte man die NVA jetzt ganz aufgelöst und sich das Offizierskorps im östlichen Teil der Bundesrepublik unter den Entlassenen neu ausgewählt. Der Rahmen der Zahlen für die endgültige Übernahme ehemaliger NVA-Offiziere ist namentlich in den tonangebenden Rängen der Stabsoffiziere so eng, dass die Bundeswehr von ihnen kaum verändert werden könnte."

Für die betroffenen Regionen hatte die Entlassung von NVA-Soldaten und die Auflösung ganzer Standorte gravierende soziale Konsequenzen. In Burg bei Magdeburg waren 30 Prozent und in Eggesin 35 Prozent der Familien, einschließlich der ehemaligen Offiziere, betroffen von Kurzarbeit oder Arbeitslosigkeit. Durch die Entscheidungsträgheit der Bonner Ministerialbürokratie wurde dieser Prozess sozialpolitischer Deklassierung einer ganzen Berufsgruppe noch verschärft.

Das quantitativ begrenzte Kontingent der in den Osten abkommandierten Bundeswehrsoldaten war offenkundig mit der Abwicklungsaufgabe fachlich überfordert, was man in Bonn auch vor dem 3. Oktober hätte wissen können. So verwundert es nicht, dass sich bereits im November 1990 Meinungsverschiedenheiten zwischen dem Bundeswehrkommando Ost und dem Bundesministerium der Verteidigung in personalpolitischen Grundsatzfragen entwickelten. Mitte November 1990 beklagte der neu eingesetzte stellvertretende Befehlshaber des Bundeswehrkommandos Ost, von Scheven, dass man ohne weitere personalpolitische Entscheidungen nicht mehr in der Lage sein werde die Verwahrung der von der NVA übernommenen Materialmengen sicherzustellen. Es sei daher notwendig, verstärkt aus dem Dienst ausscheidende „Wissensträger der ehemaligen NVA" im Dienst zu halten. Weil noch im November die Beschäftigungsperspektiven für ehemalige Berufssoldaten der NVA in der Bundeswehr völlig ungeklärt waren, bestand überdies die Gefahr, dass dem Bundeswehrkommando Ost dringend benötigte Spezialisten davonlaufen. Auch der Wachbetrieb zur Sicherung der Waffen- und Munitionsbestände wäre ohne NVA-Personal zusammengebrochen. Nun musste das Bundeswehrkommando gegensteuern. General Schönbohm warnte: „Im Westen scheint man noch immer nicht ganz zu erkennen, dass Opfer und neue Schwerpunkte notwendig sind, um hier im Osten den Übergang zu bewältigen. Aufgrund der gesamtwirtschaftlichen Lage und der psychologischen Situation ist der Osten der viel schwächere Partner. Die Bundeswehr im Westen wird 1991 um etwa vier Prozent der Berufs- und Zeitsoldaten gekürzt, hier hingegen werden es vierzig Prozent sein – und das geht manchem noch nicht schnell genug."

Ende 1990 befürchteten im Osten eingesetzte Kommandeure (West), dass ab Januar 1991 die Funktionsfähigkeit ihrer Verbände nicht mehr zu gewährleisten sein werde, wenn keine Entscheidung über den Verbleib von NVA-Personal getroffen wird. Dass angesichts dieser Degradierung ehemaliger NVA-Soldaten zur personalpolitischen Verfügungsmasse der Bundeswehr keine Identifizierung mit dem neuen Dienstherren zu erwarten sei, leuchtete auch dem Chef des Bundeswehrkommandos Ost ein: „Wir fordern jetzt ihre Mitarbeit, weil wir sie brauchen, müssen aber in wenigen Monaten viele von ihnen entlassen. Dies ist die eigentliche Schwierigkeit: Mitarbeit und Zuverlässigkeit zu verlangen und dabei den meisten erklären zu müssen, dass sie auf Dauer keine Chance haben." Dieser Satz zeigt die Grenzen der als Exportschlager der Bundeswehr vielzitierten Inneren Führung im Osten.

Erst Mitte Januar fiel schließlich in Bonn die Entscheidung, dass 7.000 NVA-Offiziere als Soldaten auf Zeit für zwei Jahre übernommen werden. In einem Papier zum Regierungsentwurf für den Verteidigungshaushalt 1991 vom 21. März 1991 des Bundesministers der Verteidigung wurden nur noch insgesamt 30.000 Planstellen für ehemalige NVA-Soldaten ausgewiesen. 5.000 davon waren befristete Stellen für die Wahrnehmung von Abwicklungs- und Übergangsaufgaben (Betrieb und Bewachung von 55 Material- und Munitionslagern, Bewachung von Liegenschaften, Betrieb von Übungsplätzen, Weiterbetrieb des Luftrettungsdienstes). 25.000 ehemalige NVA-Soldaten wurden auf Probe übernommen und standen für Ausbildung und Dienstgestaltung in den neu aufzustellenden Bundeswehrtruppenteilen im Osten zur Verfügung. Von diesen waren 4.007 Offiziere, 15.167 Unteroffiziere und 5.826 Mannschaftsdienstgrade.

Der Befehlshaber des Bundeswehrkommandos Ost, Generalleutnant Jörg Schönbohm, kündigte am 11. März 1991 auf einer Kommandeurtagung der Bundeswehr an, dass von 400 aufzulösenden Truppenteilen bis Ende März 130 und bis Ende Juni weitere 250 aufgelöst sein würden. Die Neuaufstellung von Truppenteilen nach Bundeswehrstruktur habe bereits begonnen. Noch einmal betonte der General, was die Übernahme der DDR-Streitkräfte de facto bedeutete: Keine Vereinigung zweier Armeen, sondern einseitige Auflösung der NVA: „Die Bundeswehr hat sich mit relativ kurzer Vorbereitungszeit einer schwierigen Aufgabe gestellt, der Aufgabe, eine bisher gegnerische Armee zu übernehmen, sie aufzulösen und gleichzeitig

einen Teil des Personals in die eigenen Reihen einzu-
gliedern."

Und die forsche Bundeswehrgeneralität misstraute
selbst denjenigen Neubürgern aus dem Osten, die nur
als Wehrpflichtige in der Bundeswehr dienten. Es hätte
ja sein können, dass diese vom Wendeherbst des Jahres 1989 infizierten Soldaten sich mit bestimmten
Gruppen der Bevölkerung solidarisieren würden. Der
verunsicherte Befehlshaber rechnete jedenfalls im
Frühjahr 1991 mit einer solchen Möglichkeit: „Die sich
in der Bevölkerung ausbreitende soziale Unruhe bereitet mir Sorge. Wir wissen nicht, wieweit sie auf die
Truppe übergreifen kann. Es wäre außerordentlich ver-
hängnisvoll, wenn in dieser noch instabilen Lage die
ersten Soldaten öffentlich demonstrierten.".

Doch bald erwiesen sich diese Befürchtungen als
grundlos. Im Bundeswehrkommando Ost kam der
Ausleseprozess ehemaliger NVA-Berufssoldaten schnell
voran. Der in Berlin erscheinende *Tagesspiegel* veröffentlichte am 2. Juli 1991 ein Interview mit dem Chef
des Territorialkommandos Ost, Generalmajor Werner
von Scheven. Darin erklärte dieser, dass die Übernahmechancen für ehemalige NVA-Offiziere eher gering
seien. 7.500 Ex-NVA-Offiziere habe man zunächst für
zwei Jahre auf Probe übernommen. Davon würden
aber nur 4.500 benötigt. Weiteren 5.000 Offizieren
werde im Zuge der Abwicklung der Einrichtungen, in
denen sie bisher eingesetzt waren, bis zum Jahresende
gekündigt. Die 7.500 Bewerber für eine dauerhafte
Übernahme müssten Truppenpraktika und Fortbil-
dungslehrgänge besuchen. Die politische Überprüfung
erledige der Militärische Abschirmdienst. Die Chancen
auf eine Übernahme seien für die meisten Bewerber
geringer als 1:1. Es gebe Kompaniechefstellen, für die
sich zwei oder drei Offiziere bewerben. Grundsätzlich
seien die NVA-Offiziere engagiert, belastbar, fundiert
fachlich ausgebildet und verstünden sich als Profis.

Der Bundeswehrführung ging es nur um die personelle Absicherung der Übergangszeit, bis man in der Lage sein würde, die entsprechenden Dienstposten im Osten mit westdeutschem Personal zu besetzen. Dieser Prozess vollzog sich schrittweise. Von den 2.110 Obersten der NVA aus dem Jahr 1990 waren 1991 noch 28 in der Bundeswehr im Dienst, von 8.180 Oberstleutnanten noch 612. Und das mit herabgesetzten Dienstgraden. Nach zwei Jahren Probezeit wurden schließlich nur 600 Offiziere, 11.200 Unteroffiziere und 800 Mannschaften (Mannschaftsdienstgrade) der NVA übernommen.

Verteidigungsminister Rühe meinte 1992 auf einer Kommandeurtagung in Leipzig vor 400 Obersten, Generalen und Admiralen: „Die Bundeswehr hat wie keine andere gesellschaftliche Institution ernst gemacht, die Teilung durch Teilen zu überwinden." Im Saal saß nur ein einziger ehemaliger Oberst der NVA, der Chefarzt des Bundeswehr-Zentralkrankenhauses in Berlin. 1995 dienten nur noch knapp 11.000 ehemalige NVA-Angehörige in der Bundeswehr und der Bundeswehrverwaltung. Einen Prozess, der zu solchen Ergebnissen führte, Integration zu nennen, ist sicherlich auch in den Augen unvoreingenommener Betrachter gewagt. Noch im Jahr 2010 behauptete Bundespräsident Christian Wulff: „Die Bundeswehr ist nach dem Mauerfall ein Vorbild für Integration. Als Armee der Einheit haben die Streitkräfte eine Vorreiterrolle beim Zusammenwachsen und der Überwindung der Teilung seit 1989/90 eingenommen.".

Die DDR und die NVA sind seit mehr als zwanzig Jahren Geschichte. Doch selbst heute noch ängstigt sich mancher vor diesem Staat und seiner Armee, als gingen von ihnen akute Gefahren für die Bundesrepublik aus. Im November 2011 beantragte die *Junge Union* auf dem Leipziger CDU-Parteitag, das öffentliche Tragen von Symbolen des vermeintlichen DDR-Unrechtsstaates, darunter auch der NVA-Uniform, unter Strafe zu stellen.

Viele ehemalige NVA-Soldaten sind angesichts vielfältiger Diskriminierungen frustriert. In einem Brief vom 2. Januar 2011 schrieb Generalleutnant a. D. Grätz an den Vorsitzenden des Deutschen Bundeswehrverbandes Oberst Kirsch:

„Aus meiner Sicht ist es längst Zeit, den Mut aufzubringen und deutlicher die Rolle der NVA und anderer bewaffneter Organe der DDR im Prozess der Einigung darzustellen.

‚Friedliche Revolution', ‚Gewaltfreie Wende', ‚Deutsche Wiedervereinigung ohne Waffen', - so oder ähnlich fanden sich jene Ereignisse von 1989/1990 in den Medien wieder. [...] Ich bin weit davon entfernt, das Verdienst der Gewaltlosigkeit [...] allein an die Fahne der NVA heften zu wollen. Der Besonnenheit der Menschen in der DDR – der Partei und Staatsführung ebenso wie der Opposition, der Funktionsträger in den Kommunen genau so wie der einfachen Menschen in den Betrieben, der Bürgerbewegung ebenso wie des Machtapparates des Staates, die NVA und ihre Führung eingeschlossen, - allein ist es zu verdanken, dass die Ereignisse im Herbst 1989 friedlich und unblutig verlaufen sind. Das zu betonen scheint mir deshalb so dringend geboten, weil heute, mehr als 20 Jahre danach, der eine oder andere Politiker, zumeist Bürgerrechtler aus der DDR, glaubhaft machen möchten, dass dieser Verdienst allein der Bürgerrechtsbewegung zukomme. Gegen solche, die Wahrheit entstellenden Versuche, wende ich mich mit aller Entschiedenheit. Bei aller Anerkennung der Rolle, die die Bürgerbewegung in diesem Prozess spielte, die Waffen waren in unserer Hand. Und diese Waffen blieben in den Depots und Waffenkammern, aus ihnen fiel kein Schuss, dank der besonnenen Haltung aller Soldaten der NVA. [...] Das ist unser Verdienst, unser Anteil an der Gewaltlosigkeit, das ist historische Wahrheit, und das lassen wir uns durch nichts und niemanden streitig machen." Die Wirkung solcher Aktivitäten früherer NVA-Offiziere dürfte sich allerdings in Grenzen halten. Zwar schlug Thomas de Maizière in seiner Eigenschaft als Bundesminister der Verteidigung im Oktober 2011 nachdenkliche Töne an, doch nett gemeinte Fragen allein verändern in der Regel nichts, wenn sie nicht zu Antworten und politischen Handlungen führen. Bei der Neueröffnung des Militärhistorischen Museums der Bundeswehr in Dresden erklärte Thomas de Maizière: „Der bestimmende Ordnungsrahmen für das Traditionsverständnis der Bundeswehr ist selbstverständlich die Werteordnung des Grundgesetzes. Diese lässt den nötigen Spielraum, vorbildliche soldatische Haltung und militärische Leistung aus allen Epochen der deutschen Militärgeschichte in das Traditionsgut der Bundeswehr zu übernehmen. Solche Vorbilder soldatischer Haltung für unsere Bundeswehr sind vor allem in folgenden Eigenschaften des Soldaten zu finden:

Loyalität und Führungskraft, charakterliche Integrität und herausragendes fachliches Können, Tapferkeit, Anstand und Fairness, Bescheidenheit und treue Pflichterfüllung, Disziplin, Zuwendung und Hingabe an seine Kameraden. Solche Vorbilder gibt es in allen Dienstgradgruppen, vom einfachen Soldaten bis zum General. Aber Können und Haltung allein machen noch kein Vorbild aus. Es muss stets ein ethisch wertvolles Motiv, eine innere persönliche Einbindung in einen Wertekanon geben. Lassen sie mich heute – hier in Dresden – die Frage aufwerfen, ob man auch in der NVA Traditionswerte finden kann. Kann vorbildlich genannt werden, wie einige Soldaten der NVA – ihre nahende Auflösung vor Augen – zuverlässig und diszipliniert ihre Waffen und Munitionsbestände vor Missbrauch geschützt haben? Ist es für das Urteil wichtig, dass manche überzeugte Kommunisten waren? Ein anderes Beispiel: War die Gehorsamsverweigerung des Stasi-Oberstleutnants Harald Jäger am Berliner Grenzübergang Bornholmer Straße am Abend des 9. November 1989 eine vorbildliche Einzeltat? Von seinen Vorgesetzten allein gelassen, hatte dieser, nur auf sein Gewissen hörend, auf eigene Faust entschieden, die Kontrollen einzustellen und die Grenzübergangsstelle zu öffnen. Ich kann und will für solche Beispiele heute keine Antwort geben. Ich will sie aber zur Diskussion stellen. Was macht es aus, dass aus einer Einzeltat eine Tradition werden kann? Vorbilder, zumal vorbildliche Einzeltaten, begründen noch keine Traditionen. Sie sind jedoch Voraussetzung dafür."

Der Minister, der von Auflösung und nicht von Integration der NVA spricht, macht es sich allerdings zu einfach. Die Sicherung der Waffen und Munition, die geordnete Übergabe ganzer Kampfeinheiten und deren Technik waren keine vorbildlichen Leistungen einiger NVA-Soldaten, wie er vorgibt, sondern vieler Tausend Soldaten, Unteroffiziere und Offiziere über einen langen Zeitraum, weit über das Beitrittsdatum hinaus. Die Frage, ob es für die Beurteilung dieses Verhaltens wichtig sei, dass sich unter diesen Soldaten auch Kommunisten befanden, zeugt von der politischen Verklemmtheit und Heuchelei der öffentlichen Debatte über die DDR und ihre Armee. Solange die Ministerialbürokratie ehemalige Soldaten der DDR rechtlich und sozial anders behandelt als Soldaten der Bundeswehr – etwa hinsichtlich der Altersversorgung – sind solche Ministerworte Wechsel ohne Wert. Sie haben eher Placebo-Charakter und sollen Verständnis vorspiegeln, wo keines ist.

Das offizielle Geschichtsbild der Berliner Republik und der Bundeswehr setzt andere Prioritäten. In der Traditionsrichtlinie der Bundeswehr ZVD 10/1 vom 16. Februar 1995 heißt es: „Unstrittig ist jedoch, dass die [...]

aufgelöste NVA [...] keine Tradition für die Bundeswehr stiften kann". Dem ist durchaus zuzustimmen, doch nicht aus den bundeswehroffiziellen, sondern aus anderen Gründen. Eine Einordnung der NVA in das Traditionsbild der Bundeswehr ist angesichts der politisch unterschiedlichen Prägung beider Armeen unsinnig. Man kann die jeweils völlig anderen Entstehungsbedingungen, Traditionslinien, Führungsgrundsätze, Bündniszugehörigkeiten und vor allem die unvereinbaren politischen Zwecksetzungen beider Armeen nicht nachträglich mit der Tünche zeitlosen deutschen Soldatentums und wechselseitigen Verständnisses zukleistern. Was nie zusammengehörte, kann auch nicht zusammenwachsen. Man muss den ehemaligen Gegner aus dem Kalten Krieg auch nicht nachträglich von der Lauterkeit der eigenen Ansichten und den Verdiensten um die Einheit überzeugen wollen.

Außerdem: Die Bundeswehr war und ist - unter anderem durch die Kriegseinsätze auf dem Balkan und in Afghanistan - keine Armee, in deren Geschichtsbild die Traditionen der NVA einschließlich ihres demokratischen Wandels im Wendeherbst 1989 einen Platz finden könnten. Die Bundeswehr stand und steht in fremden Ländern im Kriegseinsatz für die Sicherung westlicher strategischer Machtpositionen. Sie ist mittlerweile durch ihre Neuausrichtung als Eingreiftruppe für Out of Area-Einsätze ein Instrument zur Durchsetzung globaler geostrategischer Ambitionen des Westens geworden. Und es ist absehbar, dass ungeachtet der mit der Bundeswehrreform verknüpften Verkleinerung der Truppe, solche Einsätze – etwa zur Sicherung knapper Rohstoffressourcen oder zur Freihaltung der Handelswege für die westliche Wirtschaft – zunehmen werden. Was sollten ehemalige NVA-Soldaten mit einer solchen Armee und ihren Traditionen zu schaffen haben?

Realistischer ist die Rückbesinnung auf die eigene Geschichte, die ja mit der Abwicklung nicht ausgelöscht wurde. Statt darüber zu klagen, dass die Bundeswehrführung erwartungsgemäß und formal logisch NVA-Traditionen aus der Militärgeschichte der Bundesrepublik hinausdefinieren und den einstigen Gegner politisch diskreditieren möchte, besinnen sich viele ehemalige NVA-Soldaten auf ihre Identität. Ihr Selbstbild ist nicht davon abhängig, ob die Bundesregierung ihnen gestattet nach dem Ausscheiden aus dem Dienst die Bezeichnung a. D. (außer Dienst) hinter der Rangbezeichnung zu führen. Die Dienstgrade der NVA-Soldaten wurden von der DDR verliehen und nur die Regierung der DDR hätte sie ihnen aberkennen können. Nachträglich von der bundesdeutschen Administration verfügte ausgrenzende Zusätze zu den Rangbezeichnungen (gedient in „fremden Streitkräften" und seit 2005 „außerhalb der Bundeswehr") zeugen nicht gerade von politischer Souveränität der dafür Verantwortlichen. Die Verwendung der Rangbezeichnungen ohne diskriminierenden Zusatz in der Öffentlichkeit verbieten zu wollen, während gleichzeitig das Tragen von NVA-Uniformen und Orden erlaubt ist, weil ja diese Armee offiziell nie aufgelöst wurde, wirkt wie ein Akt administrativer Verwirrtheit.

Geschäfte

Ende Juli 1990 erhielt Egon Bahr einen Hinweis aus dem Bundesministerium der Verteidigung, dass es verdienstvoll wäre, „wenn wir soviel wie möglich von dem militärischen Material bis Oktober loswerden könnten." Dabei handelte es sich nach Aussage des Ministerberaters um Waffen und Ausrüstungen im Wert von 80 Milliarden D-Mark. Minister Eppelmann sah die Aufgabe seiner Behörde ohnehin primär in der Abrüstung. Die Bitte aus Bonn schien dieser Orientierung zu entsprechen. Nun, da die deutsche Einheit beschlossen war, würde die Bundeswehr die Verantwortung für die militärtechnische Hinterlassenschaft der NVA übernehmen müssen. Und sowohl die Konversion, als auch die sichere Lagerung von Militärtechnik und Munition würden teuer. Mit dieser Hypothek wollte sich die Bundeswehr nicht belasten. Nun eröffnete Minister Eppelmann – weitgehend unbelastet von ethischen Erwägungen – den technischen Ausverkauf der NVA. Obwohl die Modrow-Regierung Exporte von Waffen und anderem Kriegsmaterial verboten hatte, wurde diese außen- und wirtschaftspolitische Selbstbeschränkung der DDR unter dem christlich-demokratischen Ministerpräsidenten de Maizière und dem erklärten Pazifisten Eppelmann aufgegeben.

Mit Befehl 31/90 vom 16. August 1990 wies Eppelmann die „Beschleunigung der bisher eingeleiteten Maßnahmen bei der Verwertung von Material und Ausrüstung durch Verkauf" an. Weiter heißt es dort: „In den Verkauf von Wehrmaterial sind die für die Beschaffung der NVA bisher genutzten militärischen und zivilen Organe/Organisationen stärker als bisher einzubeziehen". Der Bedarf ausländischer Interessenten an NVA-Material sollte bis zum 30. August ermittelt und Eppelmann zur Bestätigung vorgelegt werden. Staatssekretär Marczinek ergänzte den Befehl am 22.

August 1990 mit der Festlegung über den Export und Reexport von Waffen und Ausrüstungen in die Herstellerländer. Damit wurde die Rückführung von Rüstungsgütern in jene Länder des Ostblocks geregelt, aus denen die DDR sie importiert hatte.

Von der Verwaltung Beschaffung und Instandsetzung der NVA unter Generalleutnant Ehrenfried Ullmann wurde eine Generalliste erstellt, aus der hervorging, welche Waffen zu welchem Preis verkauft werden sollten. Diese Liste enthielt die Pistole Makarow zu einem Preis von 10 DM und das Sturmgewehr Kalaschnikow, je nach Ausführung, zu einen Preis von 45 bis 50 DM. Schutzanzüge wurden für 140 DM pro Stück angeboten. Bis zum 3. Oktober 1990 lagen im Eppelmann-Ministerium bereits Bestellungen aus 44 Ländern vor. Nahezu täglich kamen Käufer nach Strausberg und wollten Verträge abschließen.

Das Trio Eppelmann, Ablaß und Marczinek war allerdings betriebswirtschaftlich wenig bewandert. Um diese Kompetenzlücke auszugleichen, engagierte man mit Vertrag vom 17. August 1990 die Unternehmensberatung Dr. Acker & Co. Diesem Unternehmen, das nun die Anbahnung von Verträgen mit potentiellen Interessenten an NVA-Wehrtechnik übernehmen sollte, wurde eine Provision von 0,75 Prozent des jeweiligen Verkaufswertes zugebilligt. Eppelmann ernannte zudem zwei Sonderbeauftragte für den Reexport von Rüstungsgütern in die UdSSR und die Länder des Warschauer Vertrages. Mit diesen Ländern wurde über die Rückgabe von Militärtechnik im Wert von ca. 600 Millionen D-Mark verhandelt. Davon entfielen 207 Millionen DM auf Polen, 119 Millionen DM auf Ungarn und 70 Millionen DM auf die ČSR (zu Preisen von 25 Prozent des Neuwertes).

Die Firma Ascon aus Köln erhielt einen Vertrag für den Weiterverkauf von über 550.000 ABC-Schutzanzügen der NVA und der sowjetischen Westgruppe an Saudi-

Arabien. Ein Vertrag zur Verwertung militärischer Bekleidung über ca. 2,4 Milliarden DM mit fünfjähriger Laufzeit wurde mit einer privaten Firma in Rottenburg am Neckar abgeschlossen. Der 43-teilige Ausrüstungssatz eines Soldaten wurde dabei mit 69,80 DM ausgepreist. Eppelmann soll sich sogar an den Pariser Modemacher Lagerfeld gewendet haben, mit der Frage, ob es denkbar sei, die große Zahl nicht mehr benötigter Uniformen im Fashion-Business weiter zu verwenden. Das hätte dann wohl der spezifische Beitrag der DDR zur internationalen Haute Couture werden sollen.

Ein Vertrag mit der Nummer Nr. 10/51/90 vom 30. September 1990 mit der Firma WSB Schrott- und Rohstoffhandel in Hamburg sah die Lieferung von gepanzertem beweglichen Gerät vor. Am 28. September unterzeichnete Staatssekretär Marczinek mit der amerikanischen Waffenhandelsfirma CIC International Ltd. einen Vertrag über 374 Millionen DM, der die Lieferung von 40 MiG-21, 40 MiG-23, 15 SU-22 M4 (alles Kampfflugzeuge), 750 Fla-Geschützen, 35 Hubschraubern, 550 Kanonen und Haubitzen, 1.500 Panzerabwehrlenkraketen, 350.000 Sturmgewehren Kalaschnikow und 50.000 Pistolen, 100.000 Panzerbüchsen und zwei Raketenschnellbooten besiegelte, teilweise zum Weiterverkauf u.a. an Pakistan, Ecuador und Bulgarien.

Mit dem belgischen Unternehmen BEIJ-MA Military Department vereinbarte Marczinek am 29. September 1990 die Lieferung von Minensuchschiffen, Reedeverkehrsbooten, Grenzschutzbooten und sechs Versorgungsschiffen des Typs Dars mit einem Umsatzvolumen von über 60 Millionen DM. Die Hamburger Firma Sava International Produktgesellschaft mbH sollte zehn Feldlazarette (220 LKW und 150 Anhänger) für 4,45 Millionen DM zum Weiterverkauf an den Iran erhalten. In der kurzen Zeit vom 2. Juli, dem ersten Tag nach Inkrafttreten der Währungsunion, bis zum 30. August (Zweite Durchführungsbestimmung zum Treuhandgesetz) wurden 18 Verträge zum Export von NVA-Technik und -Bewaffnung abgeschlossen. Weitere 47 Verträge folgten bis zum 3. Oktober 1990. Fast alle wurden durch Staatssekretär Marczinek unterzeichnet oder gegengezeichnet.

Nun wurde die Bundeswehr munter. Es zeigte sich plötzlich, dass sich im Gegensatz zu den Annahmen der Bonner Ministerialbürokratie mit dem scheinbar wertlosen NVA-Material gute Geschäfte machen ließen. Am 3. September 1990 wies Staatssekretär Pfahls aus dem Bundesministerium der Verteidigung unter Bruch der DDR-Souveränität den Staatssekretär Ablaß an, den Verkauf von NVA-Wehrmaterial zu stoppen. Es sollte vermieden werden, dass Ressourcen der NVA zwischenzeitlich abgegeben oder veräußert werden. Der weitere Verkauf solle künftig mit der Verbindungs- gruppe der Bundeswehr in Strausberg abgestimmt werden. Am 29. September wurde die Realisierung aller bereits abgeschlossenen Lieferverträge gestoppt. Die Bundeswehr wollte das Geschäft selbst machen und hielt die ausgesetzten Verträge lange unter Ver- schluss. Man wartete ab, bis sich die Vertragspartner selbst meldeten. Um jedoch größere Vertragsstrafen zu umgehen, mussten in vielen Fällen, wenn auch in ver- änderter Form, die vom Eppelmann-Ministerium abge- schlossenen Verträge schließlich bedient werden. Während der Amtszeit Eppelmanns wurden somit trotz der vielen Verträge nur ca. 3,5 Prozent der Militärtech- nik und Ausrüstungen der NVA verkauft.

Der bekennende Pazifist sagte später, er habe von dem Waffenhandel nichts gewusst. Er könne sich auch nicht mehr an die Unterzeichnung des Befehls 31/90 erinnern. Dass angesichts dieser Geschäfte nicht nur Begehrlichkeiten der Bundeswehrführung, sondern auch ihr Misstrauen in die Amtsführung unter Minis- ter Eppelmann geweckt wurde, zeigt sich daran, dass am 18. Oktober 1990 das Antikorruptions-Referat des

Bundesministeriums der Verteidigung in Strausberg eine Zweigstelle einrichtete. Volker Kähne, ehemaliger Westberliner Staatsanwalt und Chef des Referates, traf am 4. November 1990 in Strausberg ein. Es soll damals 50 Verdachtsfälle für kriminelle Handlungen unter Beteiligung von Offizieren der NVA gegeben haben. Aber nur in drei Fällen konnte Anzeige erstattet werden. Doch was Eppelmann und seine Staatssekretäre begonnen und betrieben hatten, bis sie aus Bonn zurückgepfiffen wurden, erwies sich nur als kleines Vorspiel für die Geschäfte, die nach dem 3. Oktober 1990, nun in Verantwortung der Bundeswehr, über die Bühne gingen.

Drahtzieher der Waffengeschäfte war der bereits erwähnte Staatssekretär im Bonner Verteidigungsministerium, Ludwig Holger Pfahls, der seine politische Karriere unter anderem der Protektion durch den früheren Verteidigungsminister Franz Josef Strauß verdankte. Es war jener Pfahls, der später auch in den Korruptionsfall Karl-Heinz Schreiber involviert war. Offenbar, um die sich nun anbahnenden großen Geschäfte mit der NVA-Wehrtechnik zu verschleiern, wurde keine exakte Inventur des übernommenen NVA-Materials durchgeführt, obwohl NVA-Offiziere eine solche exakte Bestandsaufnahme vorbereitet hatten.

Aus der Amtszeit Eppelmanns lagen nunmehr bereits Lieferanfragen aus 70 Ländern vor. Vor allem Staaten, die bereits sowjetische Kriegstechnik in ihren Armeen einsetzten, sahen eine Chance, kostengünstig ihre Rüstungsbestände aufstocken zu können.

Lag die Bundesrepublik bis 1989 mit jährlichen Waffenverkäufen von etwa einer Milliarde DM im internationalen Mittelfeld, so rückte sie ab 1990 hinter den USA und Russland auf Platz drei in der Welt vor. Obwohl der Export von Waffen aus der BRD in Krisengebiete gesetzlich nicht erlaubt war und es ein Kriegswaffenkontrollgesetz gab, störte das Pfahls nicht. Zumal

Bundeskanzler Kohl den USA als deutschen Beitrag zum Aufmarsch am Golf (Operation Desert Storm) NVA-Material versprochen hatte. Die Bundesregierung beteiligte sich zwar nicht direkt am Krieg gegen den Irak, aber für 740 Millionen DM wurde NVA-Kriegsgerät an die Länder, die gegen den Irak kämpften, geliefert. Den USA wurde ein Leistungspaket im Wert von 1,2 Milliarden DM angedient, das neben Waffenlieferungen auch das Training der Soldaten an dieser Technik beinhaltete. Israel forderte im Bundesverteidigungsministerium 35 verschiedene NVA-Hightech-Waffen an, darunter die geheime Radarstation der Truppenluftabwehr P-40.

39 ehemalige Landungsschiffe und Jagdkorvetten, plus 5.000 Schuss Munition inklusive der Ausbildung indonesischer Marinesoldaten auf den Schiffen umfasste der durch Hermesbürgschaften abgesicherte Vertrag mit Indonesien im Wertumfang von 501 Millionen DM. Diese Schiffe wurden dann im Bürgerkrieg Indonesiens gegen die Rebellen in Ost-Timor eingesetzt. Die Türkei erhielt 300 Schützenpanzerwagen, Infanteriewaffen mit Munition, Panzerfäuste und Pioniertechnik, die in der Osttürkei gegen die rebellierenden Kurden eingesetzt wurden.

Der ehemaligen Bundesminister Christian Schwarz-Schilling (CDU) betrachtete damals die Kriegsschauplätze auf dem Balkan als lohnendes Zielgebiet für NVA-Waffenlieferungen der Bundesrepublik: „Statt sie hier mit enormen Kosten zu vernichten, könnte man sie dort sinnvoll einsetzen". Doch keiner der Verantwortlichen im Bundesministerium der Verteidigung war darüber aussagefähig, wie verschiedene NVA-Waffen, einschließlich MiG-21 und Kampfuniformen der NVA, in das Kriegsgebiet nach Kroatien gelangt sein könnten.

US-amerikanische Militärs interessierten sich vor allem für die in der NVA genutzten Raketenkomplexe,

Radar-, Laser- und Feuerleittechnik, sowie Freund-Feind-Kennanlagen. Auf der 30 Positionen umfassenden Lieferliste für die USA standen auch 90 T-72 Panzer, 14 MiG-23 Kampfflugzeuge, 5 Su-22 Jagdbomber, ganze Batterien Fla-Raketen und Raketenschnellboote, die teilweise zum Training der US-Soldaten vor dem Krieg gegen den Irak verwendet wurden.

Selbst sogenannte neutrale Länder entwickelten Begehrlichkeiten. So erhielt Finnland aus NVA-Beständen 97 Panzer T-72, 140 Schützenpanzer BMP und 22 Minenräumgeräte für 202 Millionen DM. Österreich orderte neun Panzer, drei Raketenstartanlagen und 30 Eisenbahnrampen für 1,2 Millionen DM. Und Ungarn übernahm 28 Kampfhubschrauber MI-24. Nach Ägypten gingen zwei Feldlazarette und 30 ABC-Spürpanzer. Die Liste könnte fortgesetzt werden.

Nebenher fiel der Bundesrepublik mit der Auflösung der NVA eine besondere militärpolitische Rendite zu, die Egon Bahr beschreibt, wenn er sagt: „Die Einheit kam zur rechten Zeit, um der Bundeswehr und der BRD-Wirtschaft Abrüstung zu ersparen. Das Material der NVA leistete im wesentlichen die Abrüstung für Deutschland, zu der wir im Rahmen der Wiener Verhandlungen verpflichtet waren. Die Bundeswehr schränkte sich nur um 10 Prozent ihrer Soldaten ein, bei der NVA blieben nur 10 Prozent übrig.".

Selbst 16 Monate nach der Auflösung der NVA durch die Bundeswehr sah sich der zuständige Minister Stoltenberg nicht in der Lage vor dem Bundestag Aussagen über eine endgültige Bestandsaufnahme der NVA-Waffen und Munition zu machen. Die unübersichtlichen, teilweise kriminellen Praktiken beim Verkauf des Kriegsmaterials durch die Bundeswehr sollten vor der Öffentlichkeit verschleiert werden. Eine Anfrage der Abgeordneten Dagmar Enkelmann an den Bundestag am 13. Mai 1993 zum Verbleib der NVA-Waffen, insbesondere der drei hochmodernen Fla-Raketensysteme S-200 *Wega* für die Bekämpfung von Flugzeugen und Marschflugkörpern ab 250 Kilometer Entfernung, blieb ohne Antwort. Die Beschaffung jedes in der NVA eingesetzten *Wega*-Systems hatte die DDR-Bürger ca. 100 Millionen Mark gekostet. Später wurde bekannt, dass die Bundeswehr je eine Führungs- und Zielzuweisungskabine K-9 des Komplexes *Wega*, eine Rundblickstation P-14, einen Höhenfinder PRW-17, 26 Raketen 5W28, je zwei Startrampen 5P72 sowie eine Start- und Leitkabine an die US-Armee übergeben hatte.

Unbekannt ist bis heute, wohin die fast handelsüblichen Pioniergeräte der NVA verschwunden sind, darunter 1.600 Straßenbaumaschinen, 3.200 Holzbearbeitungsmaschinen, 1.230 Wasseraufbereitungsanlagen, 2.790 Brückenbau- und Übersetzmittel oder auch die 1.790 Sperr -und Räummittel.

Eine militärischen Gepflogenheiten entsprechende Übergabe der NVA-Technik an die Bundeswehr fand nie statt. Es geschah vor Ort „wie vorgefunden". Die Technik wurde in drei Kategorien eingeteilt, die sich am Bedarf und der Eignung für die Bundeswehr sowie der Funktion und Betriebssicherheit entsprechend den Vorschriften der Bundeswehr orientierten.

Unter die Kategorie 1 fiel Technik, die für eine zeitlich begrenzte Nutzung in der Bundeswehr vorgesehen war, wie der Jagdbomber MiG-29, das Trainingsflugzeug L-39, die Hubschrauber MI-8 und MI-24, die Schützenpanzer BMP-1 und BMP-2, das Raketen-Küstenschutz-System 4K51 *Rubesh*, die Fliegerfaust *Strela-2*, die Raketen-Korvette *Projekt 151* und das kleine Raketenschiff *Tarantul*.

Zur Kategorie 2 zählte Technik, die vorübergehend zur Aufrechterhaltung des Betriebes der Bundeswehr in den neuen Ländern erforderlich war, darunter Sturmgewehre Kalaschnikow AK-74, Armeefahrzeuge, Tanklaster, Transport- und Hebemittel, Funkstationen und Küstenschutzboote.

Zur Kategorie 3 gehörten Geräte, die von jeglicher Weiternutzung ausgeschlossen wurden und somit zur Verschrottung und Verwertung (Verkauf oder kostenlose Abgabe) freigegeben wurden. Diese zog man in sogenannten Konzentrierungspunkten zusammen, um den Bewachungsaufwand zu minimieren. Die zunächst bundeseigene und im Jahr 1994 privatisierte Material Depot Service Gesellschaft mbH (MDSG) wurde teilweise mit der Bewachung von nicht kampffähigem Gerät beauftragt. Für den Verkauf des Gerätes war die bundeswehreigene FEBEG zuständig. Große Mengen militärischen Materials wurden verschenkt, verkauft oder vernichtet, zumeist ohne Nachweis. Welche Waffen den einzelnen Verwendungskategorien zugeordnet wurden, blieb den vor Ort eingesetzten Bundeswehroffizieren überlassen.

24 Jagdbomber MiG-29 wurden für längere Zeit in die Bundeswehr übernommen, zusammen mit 33 NVA-Kampfpiloten, die bis zu Ausmusterung zumeist als Sparringpartner für westliche Kampfpiloten herangezogen wurden und – so auch in den USA auf der Nellis Air Force Base – zur Gegnerdarstellung eingesetzt waren. 99 Prozent der Übungskämpfe entschieden die NVA-Piloten für sich. Als die MiG-29 im Jahr 2004 an Polen für einen symbolischen Euro pro Stück verkauft wurden, war noch ein NVA-Pilot als Postbote auf einer L-39 der Bundeswehr im Einsatz.

Die MiG-29 galt zu dieser Zeit als bestes Jagdflugzeug der Welt. Kein westlicher Kampfjet erreichte bei wesentlichen Flugeigenschaften wie Wendigkeit, Geschwindigkeit und Schub-Gewichtsverhältnis ein ähnlich hohes Niveau. Überrascht waren die Piloten der Bundeswehr vom Helmvisier des russischen Jets. Wenn man auf einen bestimmten Modus schaltete, wurde ein Zielokular am Pilotenhelm aktiviert. Jede

Bewegung des Kopfes ging an den Waffenrechner und per Sprachcomputer wurde das Feuer für die Luftkampfraketen freigegeben. Bei den NATO-Partnern galten die deutschen MiG-29-Piloten als die gefährlichsten Gegner im Manöver. Ihre Maschinen wurden im Jargon als Killerjets bezeichnet. Nicolas Mongillo, US-Top-Gun-Einsatzoffizier bekannte: „Ein Deutscher in einer russischen MiG-29, dass ist unser Worst-Case-Szenario. Da fliegen wir gegen eine Bedrohung, wie sie hoffentlich nie im Ernstfall vorkommt.".

Somit stellte die Auflösung der NVA für die Bundeswehr keineswegs – wie öffentlich immer wieder beteuert – eine finanzielle Belastung dar. Vielmehr wurden mit den Steuergeldern von DDR-Bürgern für den Verteidigungsfall beschaffte Waffen in Kriegen eingesetzt oder für die Vorbereitung westlichen Militärpersonals auf Kriegseinsätze benutzt. Das hatten die Initiatoren der Wende, die einst angetreten waren Schwerter zu Pflugscharen umzuschmieden, nicht beabsichtigt, auch wenn sich manche heute daran nicht mehr zu erinnern vermögen.

Im Folgenden kommen ehemalige Offiziere der NVA zu Wort, die den Prozess der sukzessiven Zerstörung und schließlich bürokratisch vollzogenen Abwicklung der DDR-Streitkräfte erlebt haben. Und es erweist sich: Manche der in den vergangenen zwanzig Jahren sorgsam gepflegten politischen Legenden halten einer sachlichen Überprüfung nicht stand.

Zeitzeugen

Ingo Höhmann: Die Armee wurde verraten

Oberstleutnant a. D. Ingo Höhmann
Jahrgang 1953
1989/90 Kommandeur eines Mot.-Schützenbataillons
in Hagenow

Es gab offensichtlich bei jenen DDR-Bürgern, die noch loyal zu ihrem Staat standen, die Hoffnung, dass die Armee sich der völligen Auflösung der staatlichen und politischen Ordnung entgegenstellt. Das war in meinen Augen eine Legitimation für ein stabilisierendes Eingreifen der Streitkräfte. Die DDR-Regierung hätte in der damaligen Situation jedes Recht der Welt gehabt, den Ausnahmezustand auszurufen.

Meine militärische Laufbahn begann im Juli 1971 an der Offiziershochschule der Landstreitkräfte *Ernst Thälmann* in Löbau. Vorher hatte ich Baufacharbeiter gelernt und diese Berufsausbildung vorfristig beendet. Es war damals üblich, dass man vor dem Besuch der Offiziershochschule einen Beruf erlernte. Offizier wollte ich schon immer werden. Ich konnte mir gar nichts anderes vorstellen.

Ich bin Jahrgang 1953 und in der DDR aufgewachsen. Daher war für diese Berufswahl auch der politische Hintergrund wichtig. Das war mein Staat. Eine noch größere Rolle spielte für mich aber die Faszination des Berufes. Ich hatte viele Filme über das Militär und den Krieg gesehen, es gab die sowjetischen Helden des Großen Vaterländischen Krieges, mit denen ich mich identifizieren konnte. Als Jungen spielten wir Filmhandlungen nach. Mir war klar: Du wirst Offizier für

196

dein Land und für eine Idee. Und ich wollte Soldaten führen. Das hatte nichts mit Fahnenschwenken und demonstrativen Bekenntnissen zur DDR zu tun. Das war für mich normal.

Und ich wollte schon immer zu den Mot.-Schützen. Die Offiziere im Wehrkreiskommando waren damals sehr erstaunt, dass einer freiwillig zur Infanterie wollte, denn das war ja nun keine populäre Waffengattung. Doch ohne eine gut trainierte Infanterie kann man trotz aller militärischen Hightech auch heute noch keinen Krieg gewinnen. Das haben die Amerikaner im Irak und in Afghanistan schmerzlich erfahren müssen.

An der Offiziershochschule konzentrierte ich mich vor allem auf die militärischen Fächer, während meine erste Prüfung im Fach Dialektischer und Historischer Materialismus weniger glücklich ausfiel. Ich wollte erst dann Mitglied der SED werden, wenn ich sicher war, dass ich den Herausforderungen des Offiziersberufes gewachsen bin.

Damals gab es im zweiten Studienjahr das erste Truppenpraktikum. Das wollte ich abwarten, um zu sehen, ob ich Soldaten führen kann. So stand ich also mit 19 Jahren zum ersten Mal vor einer Gruppe Soldaten. Danach wusste ich, dass das für mich nicht nur ein Beruf, sondern eine Berufung ist. Ich war begeistert, euphorisch, ich wusste: Ich kann das.

In Löbau waren wir nach drei Jahren Studium die ersten Absolventen mit Hochschuldiplom. Nun wollte ich in das Mot.-Schützenregiment 3 in Brandenburg, wo ich schon mein zweites Truppenpraktikum absolviert hatte. Ich wusste, dass dieses Regiment mit Schützenpanzern BMP ausgerüstet werden sollte und dafür war ich ja ausgebildet worden. Bis zur Umrüstung fuhren die Mot.-Schützen in diesem Regiment noch mit dem Schützenpanzerwagen 152, der in der Truppe die saloppe Bezeichnung Eisenschwein trug.

Die Erfahrungen aus dem letzten Truppenpraktikum im 2. Bataillon, in der 6. Kompanie, waren gemischt. Den Soldaten wurden vom Kommandeur und seinen Kompaniechefs relativ viele Freiheiten erlaubt. Die EK-Bewegung spielte eine Rolle, und ich hatte insgesamt den Eindruck, dass die Führung recht lasch agierte. Dort wollte ich meinen Dienst als Offizier nicht aufnehmen. Doch am ersten September 1974 trat ich als Zugführer gerade in dieser 6. Kompanie meinen Dienst an. Die Kompanie ging dann zum Wachdienst nach Potsdam. Und dort kamen irgendwelche Leute auf die Idee, mich zu fragen, ob ich nicht FDJ-Sekretär im Bataillon werden wolle. Ich war ziemlich beleidigt, denn ich wollte Truppenführer werden. Das erkannte man schließlich an und der Kelch ging an mir vorüber. Danach wurde ich in das 1. Bataillon, in die 3. Kompanie versetzt. In diesem Bataillon fühlte ich mich als Zugführer wohl. Der Bataillonskommandeur entsprach meinem Leitbild eines Offiziers: Hart aber gerecht.

Die Truppe machte straffe Ausbildung und brachte Leistung. Allerdings gab es auch hier die EK-Bewegung mit den Sonderrechten für die Soldaten im dritten Diensthalbjahr. Mir war klar, dass unter diesen Umständen ohne klare und engagierte Führung nichts zu erreichen wäre. Also war ich von September bis November täglich von 6.00 Uhr bis 22.00 Uhr in der Einheit. Ich habe meinen Unteroffizieren gezeigt, wie ich mir den militärischen Tagesablauf vorstelle und damit gleichzeitig dafür gesorgt, dass den Soldaten im dritten Diensthalbjahr deutlich Grenzen gezeigt wurden. Damit bekam ich eine Grundordnung in die Einheit.

Mit der Entlassung der Soldaten, die ihren Dienst abgeleistet hatten, waren schließlich diejenigen weg, die durch die 18 Monate davor schon verdorben waren. Und die nun in das dritte Diensthalbjahr aufrückenden Soldaten wussten, wo bei mir die Schmerzgrenzen liegen. Natürlich hatten die Gefreiten als stellvertretende Gruppenführer, Stubenälteste oder Aufsichtshabende bei der Schießausbildung eine besondere Verantwortung und die meiste Erfahrung. Das honorierte ich durchaus. Dass ich die nun nicht unbedingt zum Revierreinigen einteilen ließ, verstand sich von selbst. Die standen Dienste als GuvD (Gehilfe des Unteroffiziers vom Dienst) oder UvD (Unteroffizier vom Dienst) und hatten damit besondere Pflichten. Das verstanden die Soldaten. Damit hatte es sich aber auch. Angemaßte Sonderrechte im Innendienst für die Gefreiten gab es nicht. Damit konnten die neuen Soldaten nicht mehr willkürlich von den Dienstälteren herumgescheucht werden, was in der Truppe durchaus honoriert wurde. Nach einem halben Jahr, im März 1975, wurde mein Zug bester Zug im Bataillon und sechs meiner Soldaten wurden vorfristig zum Gefreiten befördert.

Zu diesem Zeitpunkt war schon klar, dass ich im Mai nach Solnetschnogorsk bei Moskau zum Schützenpanzerlehrgang gehen würde. Wir waren so etwa dreißig Offiziere. Die zweimonatige Ausbildung überzeugte mich. Als ich zurück kam, hatte ich den Wunsch, an einer sowjetischen Militärakademie zu studieren.

Nach der Rückkehr in die Truppe stand die Bataillonsausbildung auf dem Truppenübungsplatz Klietz an. Und weil mein Kompaniechef genau in dieser Zeit Urlaub erhielt, eigentlich gegen alle Gepflogenheiten, wurde mir die Führung der Kompanie übertragen. Die Übung wurde noch mit den alten SPW 152 gefahren. Das Ergebnis der von mir geführten Kompanie schien zu überzeugen und der Bataillonskommandeur sagte mir, ich solle mich schon mal darauf vorbereiten im Oktober die erste Kompanie zu übernehmen. So war ich also mit 22 Jahren für knapp einhundert Mann und zehn Schützenpanzer verantwortlich. Wo, außer in der Armee, wurde einem in diesem Alter soviel Vertrauen entgegengebracht?

Als der neue, technisch kompliziertere Schützenpanzer BMP eingeführt wurde, verließen viele ältere Offiziere ihre bis dahin inne gehabten Dienststellungen als Kompaniechefs. Der SPW 152 war ja im Grunde ein gepanzerter LKW gewesen. Nun fühlten sich etliche der älteren Offiziere durch den BMP überfordert. Damit kam es zu einem Generationswechsel auf der taktischen Strukturebene. Plötzlich fanden sich sehr viele junge Offiziere in den Dienststellungen als Kompaniechefs wieder. In späteren Jahren sollte sich diese Entwicklung durch den permanenten Personalmangel in Folge der demographischen Veränderungen noch verstärken.

Weil immer weniger junge Leute in das wehrdienstfähige Alter kamen, fehlte natürlich auch der Nachwuchs für die Laufbahnen als Berufsunteroffizier und Berufsoffizier. Also intensivierte man die Nachwuchsgewinnung schon in den Schulen und versuchte den Dienst in den Laufbahnen als Soldaten auf Zeit attraktiver zu machen. Mit dem Jahr 1976 bekam ich zum ersten Mal Grundwehrdienstleistende, die Anträge auf Ausreise in die BRD gestellt hatten. Warum man diese Leute eingezogen hatte, leuchtete mir nicht ein. Wir bildeten die zu Soldaten aus und nach ihrer Ausreise würden sie im Kriegsfall möglicherweise auf uns schießen. Wir verlangten von ihnen den Fahneneid zu schwören, was in diesem Fall ein Meineid war. Das war für mich nicht nachvollziehbar. Dass in der Gesellschaft insgesamt und damit auch bei den Wehrpflichtigen die Zustimmung zur Staatspolitik zurückging, merkte man damals schon. Und die Wehrpflichtigen konnten sich in der NVA zum Teil Äußerungen und Disziplinlosigkeiten leisten, für die sie in jeder anderen Armee der Welt im Strafvollzug gelandet wären. Bei uns hieß es immer, wir müssten die politisch-ideologische Arbeit verbessern. Manche Leute hatten eben Narrenfreiheit. Und durch die Drittelung der Einheiten nach Diensthalbjahren wurden diese Erscheinungen noch verstärkt. Vor allem die jungen Unteroffiziere hatten es schwer sich gegenüber den sogenannten Entlassungskandidaten durchzusetzen. Die Unteroffiziersausbildung war zu kurz und die Absolventen wurden sofort ins Feuer geschickt. Die sollten sich als 19-Jährige gegenüber zum Teil älteren Unterstellten durchsetzen und einen gewissen Abstand halten. Das hat nicht jeder geschafft. Junge Offiziere mussten sich dieser Situation ja auch stellen, nur waren sie in der Regel besser darauf vorbereitet und hatten gegenüber den Unterstellten einen wesentlich größeren Kompetenzvorteil. Ohne Disziplin und einen gewissen Abstand zwischen Kommandeur und Unterstellten funktioniert keine Armee. Meine Idealvorstellung war immer, dass die Wehrpflichtigen zu uns kommen und man dann mit diensthalbjahreshomogenen Einheiten kontinuierlich Ausbildung machen kann, bis die Truppe einsatzbereit ist und die nötige Geschlossenheit aufweist. So ist das dann in den 80-er Jahren auch auf der Grundlage neuer Ausbildungspläne gemacht worden.

Nach zwei Jahren als Kompaniechef mit allen Höhen und Tiefen wurde ich für ein Jahr Stellvertreter des Stabschefs im 2. Bataillon. Dann wurde ich Stabschef im ersten Bataillon. Das galt schon als Vorstufe für die Delegierung an die Militärakademie. In der Zeit spitzte sich die Krise in der Volksrepublik Polen zu. Bei aller Traurigkeit, dass die politische Entwicklung dort so aus dem Ruder lief, rückblickend sage ich: Das war für die Armee auch ein Motivationsfaktor. Man sah, dass die Lage auch sicherheitspolitisch immer ernster wurde und dass die Ausbildung in der Tat der Vorbereitung für einen denkbaren Einsatzfall diente. Der sogenannte Ernstfall war nicht mehr abstrakt, sondern eine plötzlich jederzeit denkbare Option.

Plötzlich waren im Truppenalltag Dinge möglich, die früher gar nicht gingen. Nun durften wir einen zweiten Mann als Fahrer für den Schützenpanzer ausbilden. Das wäre im Kriegsfall ohnehin notwendig gewesen. Jetzt machten wir es. Auch die politische Arbeit, die bis dahin recht formal betrieben wurde, bekam einen realen Hintergrund. Die geforderte hohe Gefechtsbereitschaft war nun den Soldaten vermittelbar. Das fand ich für die Gesundung der Armee gut.

Und es herrschte in der Truppe die Meinung, dass wir die von den polnischen Ereignissen ausgehende Systemgefährdung machtpolitisch in den Griff bekommen würden. Ich hätte damals auch im Falle einer militärischen Intervention des Warschauer Vertrages in Polen meine Pflicht erfüllt. Doch eine solche Militäraktion wäre wohl wesentlich anderes abgelaufen als wir uns das damals vorstellten. Dass die Polnische Armee letztlich alleine in der Lage war die Situation zumindest zeitweise zu stabilisieren, war die wesentlich bessere Lösung.

Während der Polen-Krise im Sommer 1980 gab es zusätzliche Bataillons- und Regimentsübungen. Trainiert wurde die Überführung der Struktur in den Status *Gefechtsbereitschaft bei Kriegsgefahr*. Ich erinnere mich, dass während einer Regimentsübung auf dem Truppenübungsplatz Klietz der Befehl zum sofortigen Abbruch der Ausbildung kam. Der Bataillonskommandeur wurde zur Besprechung mit dem Regimentskommandeur befohlen. Ich musste die 30 Schützenpanzer des Bataillons in einer Waldschneise in einer Doppelreihe auffahren lassen. In der Mitte standen die Paletten mit den Kampfsätzen an Munition für jeden BMP, 40 Granaten für die Kanone, vier Panzerabwehrlenkraketen, die Kassetten mit Munition für das Panzer-Maschinengewehr und die Munition für die Schützenwaffen der Gruppe. Die Soldaten saßen nach dem Stopp ab und traten neben den Fahrzeugen an.

Das übliche Fluchen beim schnellen Absitzen unterblieb dieses Mal. Es war eine ungewohnte Ruhe in diesem Wald. Ich gab in dieser Stille nur den Befehl: „Aufmunitionieren!". Dann ging ich die Kolonne entlang. Die Soldaten munitionierten die Panzer ohne die üblichen Frotzeleien untereinander auf. Ich habe nie am Sinn meines Berufes gezweifelt. Hätte ich jemals Zweifel gehabt, dort im Wald wären sie für alle Zeiten beseitigt gewesen.

Zum Abschluss der Übung wurde etwas gemacht, was völlig unüblich war. Sonst bestand der Abschluss einer Übung immer im Fahren der 5. Fahrübung auf der Panzerstrecke bis zum Regimentsstandort. Dieses Mal rollte die gesamte Kolonne während des morgendlichen Berufsverkehrs auf dem Rückmarsch nach Brandenburg durch Rathenow. Das war eine Demonstration militärischer Stärke in der Öffentlichkeit. Man wollte zeigen, dass die DDR sich auf die brisante Situation eingestellt hatte. Das war auch jedem unserer Soldaten klar. Im Regiment wurden die Schützenpanzer abgestellt und die Soldaten durften sich bei voller Gefechtsbereitschaft ausruhen. Die Betten wurden mit den Decken ohne Bezug abgedeckt und die Soldaten schliefen im Kampfanzug.

Im September 1981 schickte man mich für vier Jahre zum Studium an die Frunse-Militärakademie nach Moskau – zuerst ein Vorbereitungsjahr mit viel Russischunterricht, dann kam die Familie nach. Das war eine schöne Zeit. Ich lernte dort viel. Die Ebenen Regiment, Division und Armee spielten in der Ausbildung eine Rolle. Man konnte auch viele Kontakte zu Genossen aus anderen Ländern knüpfen. In bestimmten Situationen half man sich gegenseitig. Und ich erlebte nie, dass die Moskauer negativ auf uns reagierten, wenn wir mit unseren doch sehr an die Wehrmacht erinnernden Uniformen im Stadtbild auftauchten.

Die Veränderung der Militärdoktrin der UdSSR bekamen wir sehr genau mit. Zwar galt der Angriff noch als Hauptgefechtsart, aber die Organisation von Verteidigungsoperationen spielte eine immer größere Rolle. Wir wurden mit der Zeit in der Planung von Regimentsoperationen immer experimentierfreudiger, etwa indem wir den Einsatz eines Panzerbataillons und eines Mot.-Schützenbataillons in der ersten Staffel der Verteidigung durchspielten. Und das hätte rechnerisch funktionieren können.

Nach vier Jahren wollten wir aber endlich wieder nach Hause. So kam ich also als Stabschef zum Mot.-Schützenregiment 29 in Hagenow. Mein Regimentskommandeur praktizierte einen eigentümlichen Führungsstil. Er hatte im Regiment eine Günstlingswirtschaft organisiert, in der es nicht nach Sachkompetenz, sondern nach dem Zugriff auf knappe Ressourcen und das Gewähren von Gefälligkeiten ging. Der Chef duzte jeden und hatte überall hin Kontakte. In der Regimentsführung saßen Leute, die ihm irgendwie verpflichtet waren. Ich wurde zum ersten Mal während meiner Militärzeit mit Erscheinungen konfrontiert, die meinen Vorstellungen über die Ethik des Offiziersberufes völlig widersprachen. Eines Tages sagte einer der Offiziere zu mir, im Kasernenladen der MHO sei „Kommandeursware" eingetroffen. Ich solle mir mal ansehen, ob ich etwas gebrauchen könne. Da wurden also bestimmte knappe Konsumgüter für den Bedarf der Regimentsführung zurückgehalten. Solche Praktiken waren zwar im Grunde ein Spiegelbild der Situation im damaligen DDR-Alltag, aber mir war das zuwider.

Damit waren Konflikte mit dem Kommandeur des Truppenteils vorprogrammiert. Jemand, der unabhängig blieb und damit nicht erpressbar war, passte nicht in das etablierte Kumpelsystem und war zudem noch ein Sicherheitsrisiko. Als ich ihn unter vier Augen auf die Missstände hinwies, gab er mir recht. Doch dann fing er an gegen mich zu intrigieren. Nun machte ich nichts mehr richtig. Und von der Beurteilung dieses Mannes hing das weitere berufliche Fortkommen ab. Die Konflikte spitzten sich soweit zu, dass das auch die Divisionsführung mitbekam. Der Regimentskommandeur wollte mich unbedingt loswerden. Erst wollte man mich im Divisionsstab für den militärdiplomatischen Dienst werben. Als ich meinen Gesprächspartnern erklärte, dass ich zur Armee gegangen sei, um Truppen zu führen, hatte sich das Ansinnen erledigt. Der Oberstleutnant, der das Gespräch führte, sagte zu mir: "Genosse Major, sie sind in meiner Laufbahn der erste, der ein solches Angebot ablehnt."

Dann bestellte man mich, ohne mich über den Zweck der Reise zu informieren, nach Prora auf Rügen an die Offiziershochschule *Otto Winzer,* an der ausländische Offiziere ausgebildet wurden. Hier sollte ich Stellvertreter des Kommandeurs für Ausbildung werden. Auch das war im Grunde ein Top-Angebot, das sicher manch anderer sofort akzeptiert hätte. Doch ich lehnte das ab. Ich hätte einen entsprechenden Befehl befolgt, aber nur mit knirschenden Zähnen. Und ich hätte mir ausbedungen, vor Übernahme einer solchen Aufgabe zunächst als Lehroffizier arbeiten zu können, um mich in das Metier einarbeiten zu können. Ich wäre als Ausbilder auch ins Ausland gegangen – etwa nach Nicaragua. Doch das passte im Grunde alles nicht zu meinen beruflichen Zukunftsplänen.

Nachdem diese Versuche, mich wegzuloben, gescheitert waren, bot man mir eine Arbeit in der operativen Abteilung des Militärbezirks V an. Das war fachlich eine reizvolle Aufgabe, weil der Militärbezirk im Verteidigungsfall Basis für die Bildung der 5. NVA-Feldarmee gewesen wäre. Im Stab des Militärbezirks konnte man Einblick in die Planung von Armeeoperationen gewinnen. Die sogenannte scharfe Einsatzplanung oblag zwar einem eng begrenzten Personenkreis, doch als

Fachmann konnte man auch aus den daraus abgeleiteten Planungsaufgaben seine Schlüsse ziehen.

Ich sagte aber gleich, dass ich nur ein Jahr in Neubrandenburg bleiben und danach wieder in die Truppe zurückkehren wolle. Das konnte keiner verstehen, weil die Arbeitsbedingungen in diesem Armeestab fast zivil waren. Man arbeitete von 08.00 Uhr bis 17.00 Uhr. Um 16.45 Uhr klappte man seine GVS- und GKdos-Arbeitsbücher zu (GVS: Geheime Verschlusssache, GKdos: Geheime Kommandosache) schloss sie im Panzerschrank ein und hatte dann – anders als in der Truppe – seinen geregelten Feierabend. Es gab keine Unterstellten, die Ärger bereiten konnten. Wir waren zwölf operative Offiziere – alles gestandene Leute.

1987, als ich im Armeestab begann, mussten die operativen Dokumente entsprechend der neuen defensiven Militärdoktrin des Warschauer Vertrages überarbeitet werden. Das war für mich schon interessant, weil ich dabei auf meine in Moskau erworbenen Kenntnisse zurückgreifen konnte. So bekam ich unter anderem Einblick in die Mobilmachungsplanung und erfuhr endlich auch, wo mein Regiment im Verteidigungsfall eingesetzt worden wäre. Im Grunde kannte ich nach dem einen Jahr die Verteidigungsaufstellung der Armee bis zum letzten Schützenloch, weil ich die verschiedenen Standorte aufsuchen musste und so immer den realen Hintergrund der operativen Planung wahrnehmen konnte.

Doch ich wollte eigentlich Kommandeur eines normalen Mot.-Schützenregiments werden. Um General zu werden, muss man Regimentskommandeur gewesen sein.

Mittlerweile, es war 1988, sah man schon, dass sich die Armee sehr veränderte. Oberleutnante waren mittlerweile wegen des akuten Personalmangels Bataillonskommandeure. Die jungen Offiziere wurden dafür auf Sechs-Monatelehrgängen vorbereitet. Immer mehr

Unteroffiziere auf Zeit mussten als Zugführer eingesetzt werden. Unterleutnants wurden als Zugführer der
ersten Züge Stellvertreter der Kompaniechefs. Unteroffiziere fungierten als Politstellvertreter. Die jungen
Offiziere mit Hochschulabschluss kamen erst nach
einer einjährigen Berufsausbildung oder der Ablegung
des Abiturs und dem vierjährigen Studium in die Truppe. Das alles war Ausdruck nicht nur der zum Teil
suboptimalen Nachwuchsgewinnung, sondern auch
des demografischen Wandels in der DDR. Und weil es
zuwenig Offiziersnachwuchs gab, war man bestrebt,
die Offiziersschüler um jeden Preis zu halten.
Das konnte nicht ohne Konsequenzen für das Niveau
der Ausbildungsleistungen und das Berufsethos der
zukünftigen Offiziere sein. Etliche Lehroffiziere von
Offiziershochschulen, die man in der Truppe wieder-
traf, klagten darüber, dass sich die Offiziersanwärter
alles erlauben könnten, weil man alles toleriere, um zu
verhindern, dass der Führungsnachwuchs den Dienst
quittiert. Und wenn man die Leutnants der 80-er Jahre
dann in der Truppe erlebte, merkte man sehr schnell,
dass es hier sowohl fachlich als auch hinsichtlich der
Durchsetzungsfähigkeit zum Teil erhebliche Defizite
gab. Die schrittweise Zersetzung der gesellschaftlichen
Strukturen und Werte ergriff in den 80-ern Schritt für
Schritt auch die Armee. Traditionelle Bindekräfte
schwanden, die politische Führung geriet zunehmend
in die Defensive, und was blieb, waren Abbilder früherer Stärke und Geschlossenheit. Was gut war, wurde
nicht weiterentwickelt, erkannte Schwächen nicht konsequent beseitigt. Das war zu einem erheblichen Teil
ein Führungsproblem. Und dass im Offiziersspeise-
raum eines Regiments Witze über die Partei- und
Staatsführung erzählt werden, hätte es in den 70-er
Jahren auch nicht gegeben.
Warum sollte zudem ein junger Offizier die Belastungen des Dienstes auf sich nehmen, während sich in

anderen Bereichen der Gesellschaft die liberale Spaßkultur des Westens zu etablieren begann. Wie sollten Kommandeure traditionelle Werte wie Disziplin, Pünktlichkeit und Ordnung durchsetzen, wenn sie in Familien und Schulen in immer geringerem Maße vermittelt werden konnten. Das klassische Leitbild der Armee als Schule der Nation funktionierte in der DDR der 80-er Jahre nicht mehr. Es erwies sich als scheinbares Relikt vergangener Zeiten, das von der realen gesellschaftlichen Entwicklung überrollt wurde. Und ohne Disziplin, Pünktlichkeit und Ordnung kann eine Armee ihre Aufgaben nicht erfüllen. Und auch das häufig als Drill denunzierte Exerzieren hat ja seinen Sinn. Wenn ich im Panzer erst überlegen muss, welchen Schalter ich umlegen soll, habe ich im Gefecht keine Überlebenschance. Es ist keine neue Erkenntnis, dass Handlungsabläufe mindestens zweihundertmal trainiert werden müssen, bis sie auch unter Extrembedingungen automatisch beherrscht werden.

Auch gewisse strukturelle Veränderungen führten zu einer Schwächung der Geschlossenheit. Früher hatte ich als Kompaniechef einhundert Mann. Wenn die im Flur antraten, war der voll. Jetzt gab es in jeder Mot.-Schützenkompanie Dienststellungen, die erst im Mobilmachungsfall besetzt worden wären. Es gab etliche Leute, die nur innendienstfähig waren, also für die Gefechtsausbildung ausfielen. Da gingen teilweise Mot.-Schützenkompanien mit 50 oder 60 Mann zur Ausbildung. Das war die Hälfte des Soll-Bestandes. Aber die Ausbildung sollte ohne Abstriche sichergestellt werden. Teilweise waren nur einer bis 1,5 Züge einer Kompanie einsetzbar. Auch die Organisation des Wachdienstes im Regiment wurde so zum Problem. Wie sollte man bei einer Stärke von 2000 Mann im Regiment Tag für Tag 120 Mann für Wachaufgaben zusammenbekommen, ohne Einheiten zu zerreißen. Und wenn diese Einheiten dann zur Schieß- oder Taktik-

ausbildung gingen, fehlte ihnen ein Teil des Kampf-
bestandes. Was sollte man da für eine Ausbildung
machen? Dabei waren durch die Bildung diensthalb-
jahreshomogener Bataillone die rein strukturellen Bedingungen für die Ausbildung und Geschlossenheit
eigentlich verbessert worden. Nun gab es jeweils im
ersten und zweiten Bataillon Wehrdienstleistende eines
Diensthalbjahres, während im dritten Bataillon Reservisten für drei Monate dienten. Damit wurden auch die
Ausbildungsleistungen verschiedener Bataillone real
vergleichbar und man brauchte für ein Bataillon nur
noch eine Ausbildungsplanung.
Ich jedenfalls wollte 1988 in die Truppe zurück. Mein
Leiter Operativ stellte eine Flasche auf den Tisch und
versuchte mich zum Bleiben zu überreden, doch ich
war vierunddreißig und wollte noch etwas erreichen.
Stabsarbeit hätte mich auf Dauer weder beruflich be-
friedigt, noch mich weitergebracht. Und weil hinsichtlich meiner weiteren Perspektive nichts entschieden
wurde, tat ich zum ersten Mal im Leben etwas, das ich
bei anderen Offizieren immer verachtet hatte: Ich
schrieb unter Umgehung des Dienstweges eine Eingabe
an den Verteidigungsminister. Mir war bekannt, dass
im Mot.-Schützenregiment 29 in Hagenow die Kom-
mandeursposten des 1. und des 3. Bataillons frei
werden würden. Ich bot daher an, als Bataillonskommandeur in die Truppe zurück zu gehen. Nun wurde
innerhalb einer Woche entschieden, dass ich zurück
ins Regiment als Stabschef gehen sollte. Durch Protektion bekam ein Anderer diese Position. So wurde ich
also in Hagenow Kommandeur des 1. Bataillons. Hier
setzte ich erst einmal meinen Führungsstil durch. Es
gab massive Probleme: Exzessiver Alkoholkonsum in
der Kaserne. Aber wir hatten nicht mehr die Probleme
mit der EK-Bewegung, weil alle Soldaten des Bataillons
dem zweiten Diensthalbjahr angehörten. Zuerst sorgte
ich dafür, dass die Position der Unteroffiziere gestärkt

wurde. Und die merkten ziemlich schnell, dass sie meine Vorstellungen von Disziplin umzusetzen hatten, wenn sie einigermaßen ruhig leben wollten.

Eine abgesessene Mot.-Schützengruppe bestand aus sieben Mann. Dann hatte man noch den Fahrer und den Richt-Lenkschützen. Mein 1. Bataillon war mit Schützenpanzern BMP ausgerüstet. Man hatte ja damals diese abenteuerliche Struktur, dass in den 1. Bataillonen BMP und in den anderen Bataillonen Schützenpanzerwagen, also Radpanzer eingesetzt wurden. Das hing mit der neuen Militärdoktrin zusammen.

Das Alkoholproblem bekam ich relativ schnell in den Griff, indem ich ein Exempel statuierte. Es hatte sich eingebürgert, dass die Soldaten, wenn sie tranken, die leeren Flaschen aus dem Fenster auf die Straße zwischen den Kasernengebäuden warfen. Eine Stubenbesatzung meines Bataillons wurde in ihrer Freizeit beim Biertrinken erwischt. Die waren nicht betrunken, hatten auch nicht randaliert, aber den Vorfall konnte ich nicht ignorieren. Ich ließ das Bataillon im Karree antreten und verhängte eine vierwöchige Ausgangs- und Urlaubsperre für die betroffenen Soldaten. Damit war für sie der Weihnachts- und Silvesterurlaub gelaufen. Laut Befehl des Ministers hätten 50 Prozent des Personalbestandes über die Weihnachtsfeiertage und 50 Prozent zu Silvester nach Hause fahren können.

Wie es der Teufel will, war wenige Tage später eine Sitzung des Parteiaktivs im Regiment. Die betroffenen Soldaten hetzten nun die Soldaten in diesem Gremium auf. Mir wurde vorgeworfen, dass ich mit der Disziplinarmaßnahme gegen den Urlaubsbefehl des Ministers verstoßen würde. Und nun erlebte ich das, was mich schon als Zugführer und Kompaniechef immer gestört hatte: Versuche, politisch in den Prozess der Einzelleitung einzugreifen. Es gab Aussprachen mit Vertretern des Divisionsstabes. Ich nahm den Befehl nicht zurück. Ab diesem Zeitpunkt hatte ich keine Alkohol-probleme mehr in meiner Einheit, weil jeder wusste, dass ich entschlossen war, die Vorschriften durchzu-setzen.

Im Dezember 1988, zwischen Weihnachten und Sil-vester, wurden plötzlich 10.000 Soldaten zusätzlich in die Volkswirtschaft beordert. Das 1. Bataillon des Mot.-Schützenregiments 29 hatte zum Einsatz in der Volks-werft Stralsund anzutreten. Das 2. Bataillon musste auf die Baustelle des Kernkraftwerks Nord, die Artille-rieabteilung kam nach Rostock, ins Düngemittelwerk. Das 3. Bataillon und das Panzerbataillon bestanden aus gedienten Reservisten, die eine dreimonatige Auf-frischungsausbildung erhielten. Jetzt stellte sich mir folgende politische Frage: Wir holen junge Leute aus dem Arbeitsalltag, um sie 18 Monate als Soldaten aus-zubilden. Wir stecken sie aber für ein halbes Jahr als Arbeitskräfte in die Volkswirtschaft. Gleichzeitig ziehen wir über 30 Jahre alte, gediente Reservisten, die in der Regel Familie haben und die in der Wirtschaft Leistung bringen, aus den Betrieben ab. Die so entstandenen Lücken versuchen wir, durch die jungen Soldaten im Grundwehrdienst zu schließen. Aber wie sollte man das erklären? Wie sollte man vor einem solchen Hin-tergrund die geforderte 85-prozentige Gefechtsbereit-schaft der Soldaten in den Einheiten erklären? Wie sollte man erklären, dass wir aus unmittelbarer Nähe der Staatsgrenze West Truppen nach Stralsund ver-legen, während der Gegner nur auf eine Schwäche bei uns wartet, um uns anzugreifen? Diese Fragen stellten sich nicht nur mir, sondern auch den Soldaten.

Die Soldaten waren natürlich froh, dass sie aus dem Kasernenalltag heraus kamen. Wir verlegten also die Truppe nach Stralsund und wurden auf einem Wohn-schiff der Volksmarine untergebracht. Mir war wichtig, dass der Charakter und die Geschlossenheit des Ba-taillons bestehen blieben. Ein Vorteil war, dass ich in diesem Einsatz als Kommandeur große Entscheidungsfreiheit hatte. Niemand pfuschte mir in meine Arbeit hinein. Die 85-prozentige Gefechtsbereitschaft war zwar aufgehoben und ich hätte jedes Wochenende 100 Prozent des Personalbestandes in Urlaub schicken können. Das habe ich aber nicht gemacht. Ich habe jedes Wochenende 50 Prozent nach Hause geschickt. Wenn jemand seine Norm erfüllt und die Dienstvorschriften ordentlich eingehalten hatte, konnte er in Urlaub oder Ausgang.

Eigentlich ärgerte mich aber dieser Einsatz. Wir hätten in dieser Zeit eine Bataillonsgefechtsübung absolvieren sollen. Klar muss die Armee in der Not ran, zum Beispiel, wenn es Katastrophen gibt. Und natürlich wussten wir, dass die DDR ökonomische Probleme hatte. Aber dass das nur zu lösen sein sollte, indem die Armee als Feuerwehr in der Wirtschaft eingesetzt wurde, wollte mir nicht einleuchten.

Auch politisch wurde die Lage zunehmend unübersichtlich. Ich hatte die sowjetischen Zeitschriften *Neue Zeit* und *Sputnik* abboniert. Der *Sputnik* wurde verboten, dann wurde eine Ausgabe der *Neuen Zeit* nicht ausgeliefert, weil darin ein Interview mit einer DDR-Dissidentin zu finden war.

Auf der Volkswerft bekam man recht schnell einen Einblick in die reale Lage und in das Stimmungs- und Meinungsbild der Bevölkerung. Wir waren hier nicht als geschlossenes Bataillon eingesetzt, sondern in Grüppchen zu zwei, drei Mann, verteilt über das gesamte Werftgelände. Auf der Werft wurde in der Spätschicht und während der Nachtschicht von der Belegschaft auch Alkohol getrunken. Für die Soldaten war aber klar, dass sie nur dann alle 14 Tage nach Hause fahren können, wenn sie keinen Mist bauen. Sehr positiv wurde von den Soldaten registriert, dass einer ihrer Kameraden, der Stralsunder war, nach der Schicht nach Hause gehen und dort übernachten durfte. Er war verheiratet und hatte zwei Kinder. Dieser Soldat zog nach der Arbeit auf dem Wohnschiff seine Ausgangsuniform an, ging nach Hause und war am nächsten Morgen, 5.55 Uhr wieder zurück. Er gab seine Ausgangskarte ab, nahm an der Dienstausgabe teil, und trat wieder zur Arbeit an.

Mit den Offizieren, die während dieses Einsatzes nur Kontrollfunktionen hatten, machte ich in Stralsund Taktikausbildung. Wir hatten auf dem Wohnschiff einen Taktiksandkasten aufgebaut, an dem trainiert wurde. Ich wollte trotz dieser Situation die Truppe einsatzbereit halten. Die Volkswerft lag mit vier Schiffen im Rückstand. Der alte Generaldirektor hatte wohl in seinen Abrechnungen Potemkinsche Dörfer errichtet. Als das herauskam, musste die Armee ran, um den Rückstand aufzuholen. Es war sehr schnell klar, dass eine halbjährige Kommandierung dafür nicht ausreichen würde. So kam es dann auch. Im April 1989 wäre der Einsatz beendet gewesen, die Truppe blieb aber länger.

Schon in der ersten Woche wunderte ich mich über die Abläufe in diesem Betrieb. Da kamen sechs verschiedene Leute aus den Meisterbereichen in das Büro eines Abteilungsleiters und erhielten auf die gleiche Frage sechs verschiedene Antworten. Was da hinsichtlich der Einzelleitung passierte, war für mich undenkbar. Unsere Soldaten leisteten dort gute Arbeit, und wir hatten im Betrieb einen guten Stand. Ab April 1989 war ich zwar noch Bataillonskommandeur, wurde aber zu anderen Verwendungen abkommandiert. Ich wurde vom Stab des Militärbezirks durch die Gegend geschickt. Einsätze bei Kommandostabsübungen, Kommandierungen in Divisionsstäbe. Man merkte im Sommer, dass die politische Situation immer brisanter wurde. Es gab die Demonstrationen auf dem *Platz des Himmlischen Friedens* in Peking und man konnte im Fernsehen die Berichte über den Einsatz der Armee verfolgen. Ich befahl, dass die Truppe sich auf dem Wohnschiff diese Berichte im Fernsehen ansieht. Man spürte: Es liegt was in der Luft. Das wusste ich, ohne zusätzliche Informationen zu haben. Die Ausreisewelle über Ungarn rollte. Und es gab keine wirklich brauchbare Stellungnahme der Führung dazu. Von den Vorstellungen, wie sie Gorbatschow propagierte, hatte ich mich zu diesem Zeitpunkt schon gelöst. Nicht wegen der Perestroika, sondern aus anderen Gründen. In der UdSSR fand zu der Zeit zwischen Armenien und Aserbaidschan eine Art Krieg statt, die Sowjetarmee stand Gewehr bei Fuß und die Politiker in Moskau erklärten diesen Konflikt zu einer inneren Angelegenheit zwischen beiden Sowjetrepubliken. Da war das Ding für mich erledigt. Ich hatte anfangs auch meine Probleme mit der neuen Militärdoktrin, als man uns einreden wollte, dass auf einmal alles nicht mehr wahr ist, was man mal gelernt hatte. Später kam ich zu der Überzeugung, dass diese Orientierung auf die strategische Verteidigung im Kriegsfall hätte funktionieren können.

Dann kam der September 1989. Während eines Bataillonskommandeurslehrgangs wurde plötzlich *Einrücken* in den Speisesaal befohlen. Dort wurde ein Text des Divisionskommandeurs verlesen, dem man entnehmen konnte, dass die Front irgendwie schief steht. Dass es jetzt wirklich um die Substanz der DDR geht. Das merkte man auch an anderer Stelle. Ich hatte mit Beginn unseres Einsatzes in der Volkswerft Stralsund angeboten, dass wir Offiziere an den Wochenenden die Kampfgruppe des Werkes trainieren könnten. Das wurde auch gerne angenommen. Und mit Blick auf diese Ausbildung gab es nun seitens des offenbar völlig überforderten Ministeriums des Innern, dem die Kampfgruppen unterstanden, einander völlig widersprechende Befehle. Eigentlich waren die Kampfgruppen ab den 70-er und 80-er Jahren als Territorialverteidigungstruppe für den Fall eines Krieges strukturiert und ausgebildet worden. Nun, im Sommer 1989, sollten polizeitaktische Elemente, wie beispielsweise das Bilden von Sperrketten, trainiert werden. Dann wurde diese Weisung plötzlich wieder aufgehoben. Im Gespräch mit dem verunsicherten Parteisekretär sagte ich dann: „Bilde die Truppe für alle Eventualitäten aus, und wenn das dann gebraucht wird, wird es gemacht.".

Unser Regiment war im Spätsommer überwiegend noch im Arbeitseinsatz. Ich war zu der Zeit am Standort des Regiments in Hagenow. Die Entlassungen der Soldaten des 3. Diensthalbjahres sollten Ende Oktober erfolgen. Am 3. Oktober war ich in Stralsund, um auf dem Wohnschiff den Appell zum 7. Oktober vorzubereiten. Und am 4. Oktober abends meldete mir ein Offizier, dass die Lage in Dresden eskaliert sei und die Polizei es alleine nicht schaffe.

Unter dem Vorwand des Trainings für den Appell am nächsten Tag ließ ich am 5. Oktober den Vorbeimarsch des Bataillons und schnelles Antreten üben. Die Soldaten kannten meine Macken und wussten, wenn es klappt, dehnt der Alte das nicht aus. Viele meiner Soldaten kamen aus Großstädten wie Dresden oder Leipzig. Ich ließ die Truppe also antreten und klärte sie schonungslos über die Lage im Land auf, soweit ich sie politisch beurteilen konnte. Sinngemäß sagte ich den Soldaten: Da ich weiß, dass sie morgen, nach dem Appell, in Urlaub fahren, da ich weiß, dass sogenannte Bürgerbewegungen den Staat angreifen, erwarte ich von ihnen, dass sie sich, wenn es zu Ausschreitungen kommt, in ihren Heimatorten beim Wehrkreiskommando oder bei den Polizeidienststellen melden und sich zur Verfügung stellen. Das erwarte ich von einem Soldaten des 1. Bataillons. Ich appellierte also auch an ihren Stolz.

Am nächsten Tag war der Appell. Anschließend fand noch eine Festveranstaltung auf der Werft statt, wo schon eine ganz eigenartige, gedrückte Atmosphäre herrschte. Die Ausgelassenheit, die sonst bei solchen Anlässen üblich war, fehlte. Mein Ansprechpartner von der Werft, mit dem ich eigentlich immer gut ausgekommen war, ging auch auf Distanz. Nach dieser Veranstaltung fuhr ich entlang der Ostseeküste nach Hagenow zurück. Überall gab es Volksfeste. Die Lage war ruhig.

Als ich ins Regiment zurückkam, war erhöhte Führungsbereitschaft ausgelöst worden. Die Operative Gruppe wurde ins Planungszimmer befohlen. Für mich war klar, dass es bei inneren Unruhen durchaus zu Versuchen einer äußeren militärischen Intervention kommen könnte. Darauf sollten wir in unmittelbarer Nähe zur Staatsgrenze vorbereitet sein. Es ging nach meinem Verständnis nicht um einen Einsatz im Innern, zumal bei uns die Lage ruhig war. Außerdem waren wir für polizeitaktische Aufgaben gar nicht ausgebildet und ausgerüstet. Und nun wurden wir offiziell informiert, dass es in Dresden und Leipzig zu Demonstrationen und Ausschreitungen gekommen sei. Mir war unbegreiflich, dass man diese Situation nicht mit polizeilichen Mitteln in den Griff bekam. Am 7. Oktober abends kam es dann zu den Demonstrationen in Berlin. Von den aus dem Urlaub zurückgekehrten Soldaten ließ ich mir über die Situation in den Heimatorten berichten. Für viele Soldaten war das Erlebnis der Demonstrationen und der Polizeieinsätze schockierend. Auf jeden Fall hatte ich nun ein einigermaßen objektives Lagebild.

Nach dem 7. Oktober fanden die Entlassungen statt. Ich verabschiedete meine Unteroffiziere und forderte sie auf, sich in den gesellschaftlichen Prozess einzubringen. Schon der Tagesbefehl des Ministers vom 7. Oktober, den ich vor dem Bataillon in der Volkswerft verlesen hatte, enthielt ja die Feststellung, dass der Sozialismus in der DDR vor seiner größten Herausforderung steht. Die Entlassenen waren weg und ich hatte auf einmal ein Scheiß-Gefühl. Ich hatte plötzlich keine einsatzbereite Truppe mehr. Und das in dieser Lage. Es gab nur noch die Unteroffiziere, die Schützenpanzer-Fahrer, die aus Schwerin kamen und die ich nicht kannte und ich bekam Unteroffiziere von der Unteroffiziersschule.

Als am 9. Oktober in Leipzig diese große Montagsdemonstration stattfand, wurden in unserem Regiment zwei Hundertschaften gebildet. Bei einem Gesamtbestand von 2000 Mann im Regiment 200 Soldaten für die Hundertschaften zu finden, war ein Problem, denn das Regiment sollte trotzdem einsatzbereit bleiben. Die Masse der 200 Mann waren Angehörige der Aufklärungskompanie und Soldaten des zweiten Bataillons, des sogenannten Studienbewerberbataillons. Die hatten schon ein halbes Jahr Dienst hinter sich und eine hohe Einsatzmotivation. Ich hatte eine noch nicht ausgebildete Truppe, so dass mich das nicht berührte. Aber auf dem Exerzierplatz standen die Ural-Lkw bereit. Die Waffen wurden in Kisten verladen. In meinem Bataillon wurden die Seitengewehre eingesammelt, weil man sie für die Einsatzhundertschaften brauchte.

Ende Oktober kamen dann die neueinberufenen Soldaten. Und einen Tag vor der Einberufung unterstellte man mir weitere Unteroffiziere als Gruppenführer/Kommandanten. Da freute man sich zunächst als Kommandeur. Das waren aber Panzerleute aus dem aufgelösten Panzerregiment 8. Die wollten eigentlich als Panzerkommandanten dienen und nicht als Mot.-Schützen. Daher waren sie überhaupt nicht motiviert. Wir mussten die Leute in zwei, drei Tagen in Infanterietaktik so fit machen, dass sie die Grundausbildung übernehmen konnten. Sie maulten, dass sie das nicht gelernt hätten. „Erzählen Sie keinen Scheiß", sagte ich denen. „Hinlegen und Aufstehen und Schießen lernt jeder Soldat in der Grundausbildung."

Also machten wir Schnellkurse im Gelände. Die Einberufung fiel mit der erneuten Botschaftsbesetzung in Prag zusammen und wieder wurden die Grenzen dichtgemacht. Das wurde im Regiment über die Wechselsprechanlage bekannt gegeben.

In der Regel war es so, dass man bei 450 neuen Soldaten zwei oder drei hatte, die, wenn sie obligatorisch gefragt wurden, ob sie den Fahneneid ablegen werden, das verneinten. Das wurde dann gemeldet und dann befasste sich der Militärstaatsanwalt damit. Am nächsten Tag kam einer von den dreien zu mir und sagte, dass er sich doch vereidigen lässt. Er habe mit seinem Vater telefoniert und der habe ihm klargemacht, dass man in dieser Situation seine patriotische Pflicht zu erfüllen habe. So etwas gab es in jenen Tage auch.

Insgesamt griff eine Verunsicherung um sich. In Berlin kamen Polizisten wegen Gewalteinsatzes gegen Demonstranten am 7. Oktober vor Gericht. Der Staat stellte sich also nicht mehr vor diejenigen, denen er zuvor den Einsatz befohlen hatte. Das war eine Zäsur. Im Regiment galt immer noch Führungsbereitschaft. Die Grundausbildung verlief normal. Dann kam die Großdemonstration am 4. November 1989 in Berlin. Damals wurde an den Samstagen noch Dienst gemacht. Es wurde festgelegt, dass sich die Soldaten die TV-Übertragung ansehen durften. Der Divisionskommandeur kam in den Regimentsklub, um mit den Soldaten zu diskutieren. Das war eine richtig gute Aussprache. Manches war im Land schon anders geworden. Die Fernsehsendungen und die Zeitungen hatten sich verändert. Überall wurden die Probleme des Landes offen diskutiert. Es war, als hätten die Leute plötzlich die Sprache wiedergefunden.

Mitten in die Versammlung platzte der Offizier vom Dienst und überbrachte dem Divisionskommandeur den Befehl, den Chef der Politischen Verwaltung des

Militärbezirks anzurufen. Wir hatten vorher über die Demonstrationen gesprochen. Und nun sagte der Divisionskommandeur zur Verabschiedung, dass da möglicher Weise nicht alles so laufe, wie das alle hofften. Viel später wurde daraus eine Spiegel-Story, die 8. Mot.-Schützendivision habe damals nach Berlin marschieren sollen. Das war aber Unsinn.

Am 9. November hatte in Hagenow das Neue Forum eine Demonstration angemeldet. Wir als Offiziere beschlossen uns das anzusehen. Die Stadt hatte 15.000 Einwohner. 2.000 Mann hatte das Regiment. Und in den Wohnsiedlungen der bewaffneten Kräfte wohnten sowohl die Berufssoldaten, als auch die Mitarbeiter der Staatssicherheit. Dann gab es in Hagenow noch das Pionierbataillon und das Aufklärungsbataillon. Die Opposition hatte keine Chance die Oberhand bei dieser Veranstaltung zu erlangen. Insgesamt verlief alles ruhig. Auf dem Rückweg traf ich meine Frau, die mir sagte, dass die Grenze offen sei. Ich rief im Regiment an, wo man mir das bestätigte.

Die Öffnung der Grenze, ob aus Dummheit oder geplant, war Verrat: Nicht nur an der Armee, sondern an allen Bürgern dieses Landes, die zur DDR standen und sie erhalten wollten. Da musste doch etwas passieren. Jetzt war das, wofür wir gelebt hatten, einfach aus einer Laune heraus zur Disposition gestellt. Was sollte ich meinen Töchtern sagen, die damals zehn und elf Jahre alt und Pioniere waren, als am 10. November im Fernsehen zu sehen war, wie die Leute in Berlin auf der Mauer herumtanzten.

Ich holte die Kompaniechefs heran und befahl, dass wir am nächsten Tag, am Sonnabend, die Schießgrundübung im Bataillon vorziehen. Ich wollte in dieser unsicheren Lage so schnell wie möglich erreichen, dass meine neuen Soldaten wenigstens mit der Waffe umgehen können, denn ich ging davon aus, dass jetzt machtpolitisch die Notbremse gezogen würde. Wir bereiteten die vorzuziehende Schießübung gründlich vor. Ich konnte beruhigt nach Hause gehen.

Am nächsten Tag kam ich früh ins Bataillon und löste Gefechtsalarm aus. Die Waffen wurden ausgegeben und alles wurde bis zu der Phase *Abrücken zum Gefechtspark* durchgespielt. Dann wurde die Übung abgebrochen, die Truppe marschierte zum Frühstück und danach ging es zur Schießübung. Einer der größten politischen Scharfmacher in der zentralen Parteileitung des Regiments, ein Fähnrich von der Transportkompanie, frage mich, ob ich diese Ausbildungsmaßnahmen in dieser Situation richtig fände. Ich sah ihn an: „Genau in dieser Situation finde ich das richtig.", antwortete ich. „Dafür sind wir da." Keiner meiner Soldaten, Unteroffiziere oder Offiziere hatte irgendetwas einzuwenden, nur dieser 200-prozentige Supergenosse, hatte plötzlich die Hosen voll.

Nach dieser vorgezogenen Schießübung war ich beruhigt. Die taktische Einzelausbildung hatten wir auch schon abgeschlossen. Die Soldaten konnten sich im Gelände bewegen und schießen. Damit war mein Bataillon einsatzbereit. Schließlich die Vereidigung. Ich hatte viele Soldaten aus Leipzig. Es kamen etwa 1.200 Zivilisten: Eltern, Freundinnen, Freunde, Kollegen. Ich kommandierte diese Vereidigung. Es war Tradition im Regiment, dass anschließend, nach dem Kommando *Wegtreten* die Soldaten sich mit ihren Angehörigen treffen konnten. Dann machten sich die Soldaten zum Ausgang fertig. Und in dieser Zeit kamen wir Offiziere mit den Angehörigen ins Gespräch. Es wurden viele Fragen gestellt, aber nicht provokativ. Unter anderem wollten manche wissen, ob wir im Innern eingesetzt werden würden. Wir lagen dreißig Kilometer von der Staatsgrenze West entfernt und hatten hier unsere Aufgaben. Das wurde akzeptiert.

Die Grenze bei Hagenow war mittlerweile offen und nun begannen die Probleme. Erst war uns ein Besuch im Westen verboten, dann wurde das gestattet. Schließlich gab es die Erlaubnis für Soldaten in Zivil in Ausgang zu gehen. Die fuhren beispielsweise nach Hamburg oder Lübeck. Im Bataillon hatte ich dadurch 20 Deserteure, die dachten, dass die offene Grenze nur eine zeitweilige Lösung wäre und die Gunst der Stunde nutzen wollten. Nun begann die langsame Zersetzung der Armee. Die Militärreform, die nun proklamiert wurde, diente letztlich nur der Beschäftigung der Truppe. Das bekamen wir damals nur nicht so mit. Auch ich machte damals Vorschläge zur effektiveren Gestaltung von Ausbildungsabläufen und zur besseren Vereinbarkeit mit dem Wachdienst. Plötzlich ging das alles. Und vorerst ließ man die Armee auch in Ruhe.

Im Dezember begann das Ausbildungshalbjahr. Nun wurden Soldatenräte gebildet, alle Nase lang hockte man in irgendwelchen Versammlungen. Es gab schwache Vorgesetzte, die sich am Morgen nach dem Morgenappell mit zwanzig Soldaten hinsetzten und sich Forderungen anhörten, die durch die Regimentsführung gar nicht zu erfüllen waren. Ich ließ mich darauf nicht ein. In meinem Bataillon gab es zwar auch einen Soldatenrat, das waren aber vernünftige Leute. Als ich im Bataillon den Aufruf *Für unser Land* aushängte und als erster unterschrieb, trugen sich zwei Drittel meines Personalbestandes dort ein. Das war für mich ein Indikator, dass ich mich auf meine Truppe verlassen konnte.

Am 8. Dezember tagte in Berlin der Sonderparteitag der SED. Dieser Parteitag beschloss die Auflösung der Parteiorganisation in den Streitkräften. Das war eine politische Katastrophe, welche die Auflösung des Korpsgeistes bei den Offizieren massiv beförderte. Und genau die Leute, die mich immer kritisiert hatten, weil die Wandzeitungen in meinem Bataillon nicht bunt genug waren, fielen politisch reihenweise um. Als die erste Zusammenkunft der Genossen im Wohngebiet stattfand, fehlten genau diejenigen, die ihr Parteibuch ständig wie eine Ikone vor sich hergetragen hatten. 30 Genossen hätten es sein müssen – es kamen aber nur 12. Und es war ja nun auch viel einfacher, sein Parteibuch abzugeben.

Das bekam in der Kaserne keiner mehr mit. Mancher stellte nun plötzlich fest, dass er von der Parteiführung grob getäuscht und missbraucht worden war und eine weitere Mitgliedschaft in der Partei nicht mehr mit seinem Gewissen vereinbaren kann. Solange die Parteimitgliedschaft von Vorteil für die militärische Karriere war, ließ man an seiner ideologischen und politischen Zuverlässigkeit keinen Zweifel aufkommen. Doch als es zum Schwur kam, setzte man sich lieber ab, um nicht unter die Räder zu kommen. Mancher glaubte wohl nur so seine Karriere fortsetzen zu können. Diese Leute blickten mitleidig oder hämisch auf die paar Genossen, die ihre Überzeugung nicht wie ein dreckiges Hemd abstreiften.

Vor allem die Genossinnen in unserer Basisgruppe waren durch die Entwicklung deprimiert. Bei diesem ersten Treffen sagte ich ein paar Sätze in der Diskussion und schon war ich Vorsitzender der Basisorganisation. Parteifunktionen hatte ich immer gehabt. Nun stieg ich in die politische Arbeit ein. Im Regiment gab es 500 Berufssoldaten und 200 Offiziere. Und fast jeder von denen war Mitglied der Partei gewesen. Nun merkte man manchem die Rückzugsbewegung an. In meinem Bataillon gab es zunächst keine Austritte. Doch dann begannen Soldaten und Unteroffiziere ihre Parteidokumente abzugeben. Das sah ich noch als notwendigen Reinigungsprozess an, in dem sich die Spreu vom Weizen trennt. Doch als dann auch Offiziere austreten wollten, wurde ich hellhörig. Also legte ich fest, das bei Übungen die Offiziere ihre Parteidokumente im Brustbeutel ständig bei sich tragen. Mein FDJ-Sekretär im Bataillon nutzte die Situation aus und kam in Zivil zur Arbeit, angeblich, weil er sich in Uniform nicht von Zivilisten „anmachen" lassen wollte. Der wohnte aber in der Armeesiedlung und hatte bis zum Kasernentor nur eine kurze Strecke zu absolvieren. Den habe ich bestraft, weil ich Feiglinge im Bataillon nicht gebrauchen konnte. Dieser Offizier war übrigens auch ein ehemaliges Mitglied der zentralen Parteileitung im Regiment.

Mittlerweile hatte ich immer stärker das Gefühl, dass doch nun endlich etwas passieren müsse. Der Staat brach zusammen, jeder machte, was er wollte. In dieser Zeit zweifelte ich an der Kompetenz unserer militärischen Führung. Es gab sonst bei jeder Ausbildung eine fast lückenlose und oft sinnlose Kontrolle und Anleitung durch höhere Stäbe. Doch nun, in dieser Lage, in der die Truppenoffiziere wirklich Hilfe gebraucht hätten, ließ sich niemand von den Schreibtischstrategen blicken. Man war sich selbst überlassen. Ich wusste zwar, was ich wollte, aber die Geschlossenheit im Regiment war nicht mehr gewährleistet. Ich war überzeugt, dass wir noch gebraucht werden. Also regelte ich den Dienstbetrieb auf eigenen Entschluss so, wie ich das für richtig hielt.

Zu Silvester 1989 wurde in Berlin die DDR-Flagge vom Brandenburger Tor geholt und dann kam die Meuterei in Beelitz. Die Forderungen, die von den Soldaten gestellt wurden, waren nach meiner Auffassung von außen in die Truppe hineingetragen worden. Als ich im Fernsehen den Verteidigungsminister, Admiral Hoffmann, den ich übrigens sehr schätzte, vor diesen grölenden und schlampigen Soldaten in Beelitz sah, war ich entsetzt. Ich wusste ja, dass in Beelitz ein Ausbildungszentrum für ein Volkswirtschaftsregiment existierte. Die Soldaten sollten ausgebildet werden, dann ein Jahr schwerpunktmäßig in der Wirtschaft eingesetzt und danach noch einmal drei Monate ausgebildet werden. Das fand ich nachvollziehbar, weil wir massive wirtschaftlichen Probleme hatten. In einem halben Jahr kann man einen Soldaten gut ausbilden.

Als Hoffmann erklärte, dass die Forderungen der Soldaten erfüllt würden, ging ich sofort ins Bataillon. Denn eine der Forderungen war der wohnortnahe Einsatz. Kein Mensch hatte in der *Aktuellen Kamera* erzählt, dass das ein Wirtschaftsregiment und keine Kampfeinheit ist. Wie sollte man kurzfristig den wohnortnahen Einsatz der Soldaten in Kampfeinheiten organisieren, ohne die Truppe völlig zu desorganisieren? Wir hatten große Anstrengungen unternommen, um die Geschlossenheit der Einheiten zu erreichen und hätten nun alles auseinanderreißen müssen, ganz zu schweigen von der Tatsache, dass aus demografischen Gründen hier im Norden viele Soldaten aus den bevölkerungsreicheren Landesteilen im Süden der DDR dienten.

Und es kam der völlig undurchdachte Befehl, die Forderungen der Beelitzer Soldaten vor der Truppe zu verlesen. Mich störte schon, dass die Anrede *Genosse* durch *Herr* ersetzt wurde. Befehle interpretiert man zwar nicht, aber als ich diesen Passus vorlas, sah ich hoch und sagte: „Damit wir uns verstehen: Eine Herrenmentalität macht sich im Bataillon nicht breit."

Die Soldaten und die Parteimitglieder akzeptierten diese Eigenmächtigkeit. Das brachte sie natürlich in gewisser Weise in Konflikte. Die offiziell befohlenen Veränderungen hatten aber auch einen positiven Nebeneffekt: Es zeigte sich jetzt, auf wen man zählen konnte, und es verringerte sich auch die früher vorhandene Distanz zwischen Parteimitgliedern, die verschiedenen Dienstgradgruppen angehörten. Zu den Angehörigen meines Bataillons, die noch Parteimitglieder waren, baute sich so ein besonderes Vertrauensverhältnis auf. Wir lernten in dieser existenziellen Krise wieder uns an das zu erinnern, was diese Partei einmal ausgemacht hatte: Solidarität, Vertrauen und gegenseitige Achtung. Offiziell waren diese besonderen Beziehungen zwar mittlerweile verboten und manches musste im Dienstalltag schon halb konspirativ erfolgen. Das Verbot der parteipolitischen Arbeit innerhalb der Armee wurde nun von Leuten durchgesetzt, die früher Rügen verteilten, wenn die Soldaten im Politunterricht keine Note bekamen oder die Wandzeitungen nicht den Vorstellungen der Politabteilungen entsprachen. Das war schon eine verkehrte Welt.

Die offenen Angriffe seitens der Opposition begannen erst im Januar nach den Ereignissen von Beelitz. Die Bürgerrechtler hatten vorher wohl noch Angst, dass die Armee eingreifen könnte. Mit der Zeit, als sie die neue Armeeführung besser einschätzen konnten, wurden sie mutiger.

Hoffnung, dass sich die Lage bessern könnte, schöpfte ich kurzzeitig, als zur Liebknecht/Luxemburg-Demonstration im Januar 300.000 Leute kamen. Und die kamen nicht, weil sie mussten, sondern, weil sie wollten. Auch die Demonstration nach den Hakenkreuzschmierereien am Sowjetischen Ehrenmal in Berlin-Treptow zeigte, dass vielleicht noch nicht alles verloren war.

An dieser Demonstration nahmen damals 250.000 Menschen teil. Auch aus meinem Bataillon fuhren Genossen in Uniform zu dieser Veranstaltung. Als sie zurückkamen, berichteten sie, dass viele Demonstranten sie mit den Worten begrüßt hätten: „Da seid ihr ja endlich." Es gab offensichtlich bei jenen DDR-Bürgern, die noch loyal zu ihrem Staat standen, die Hoffnung, dass die Armee sich der völligen Auflösung der staatlichen und politischen Ordnung entgegenstellt. Das war in meinen Augen eine Legitimation für ein stabilisierendes Eingreifen der Streitkräfte. Die DDR-Regierung hätte in der damaligen Situation jedes Recht der Welt gehabt, den Ausnahmezustand auszurufen.

Ein weiteres Erlebnis vom Januar 1990 schien zu bestätigen, dass man das Steuer noch würde herumreißen können. Ich war mit dem Bataillon zum Schützenpanzerschießen im Gelände. Der sowjetische Verbindungsoffizier unserer Division, ein Generalmajor, der das Schießen beobachtete, stellte mir eine konkrete Frage, die ich auf meine Weise interpretierte: „Genosse Oberstleutnant", fragte er mich, „wie viele Offiziere ihres Bataillons haben noch ihr Parteidokument?" „Alle", antwortete ich. Offenbar gab es in der Westgruppe der sowjetischen Streitkräfte nicht nur Gorbatschow-Anhänger, und man wollte wohl ausloten, wie sich die Kampfverbände der NVA bei einem Eingreifen der Westgruppe, die ja in der DDR nach wie vor alliierte Hoheitsrechte ausübte, verhalten würden.

Doch diese Hoffnungen wurden schnell enttäuscht. Niemand in der Führungsspitze des Staates und der Armee war offenbar bereit, die Verantwortung dafür zu übernehmen, dass die NVA nicht nur in Sonntagsreden, sondern auch de facto als Stabilitätsfaktor der Zerstörung des Staates entgegenwirkt. Die damit verbundene politische Beruhigung hätte nach meiner festen Überzeugung nicht nur manchen politischen Kräften gezeigt, dass sie die Verfassung zu respektieren hatten, sondern auch Spielraum für die notwendigen ökonomischen Veränderungen geschaffen. Dabei hätten wir keine Panzer auf den Straßen gebraucht. Allein die Truppenpräsenz in der Fläche, verbunden mit der Option, den Ausnahmezustand auch wirklich durchzusetzen und ein entschlossenes Auftreten der Armeeführung in der Öffentlichkeit und in den halboffiziellen Gesprächen mit der Opposition hätten wahrscheinlich völlig ausgereicht, um die Lage zu beruhigen. Dass das nicht geschah, ist wohl der politischen Verunsicherung und Führungsschwäche der Generalität geschuldet. Doch mit der Öffnung der

Grenze war der Führung wohl der Wille zum Machterhalt verloren gegangen.

Dann begann der Wahlkampf und die Oppositionspolitiker zogen mit Unterstützung ihrer Paten aus dem Westen alle Register der billigen Agitation. Das konnte man auch in einer entlegenen Ecke des Landes wie Hagenow beobachten. Der spätere Staatssekretär im Ministerium in Strausberg, Werner Ablaß, trat in Hagenow als Wahlredner für den Demokratischen Aufbruch auf. Als ihm Fragen zur Zukunft der NVA gestellt wurden, konnte oder wollte er keine konkreten Antworten geben. „Das ist alles geklärt!", tönte der Wahlkämpfer. Die Fragesteller wurden immer vertröstet, dass er ihre Fragen nach der Veranstaltung im individuellen Gespräch beantworten wolle. Entweder hatten diese Oppositionspolitiker kein verteidigungspolitisches Konzept, oder sie wollten aus wahltaktischen Gründen ihre wirklichen Absichten nicht offenlegen. Jedenfalls duckte sich Wahlkämpfer Ablaß prinzipiell ab, wenn es konkret wurde – eine Eigenschaft, die ihn auch nach seiner Bestellung als Staatssekretär kennzeichnen sollte.

Damals tauchten in den Wahlveranstaltungen der Opposition auch schon scheinbar zufällige Besucher aus dem Westen auf, die dann auf ein Stichwort hin die Werbetrommel für das bundesdeutsche System rührten. Weil mich diese externe Einflussnahme ärgerte und ich nicht alles hinwerfen wollte, stieg ich als PDS-Wahlkampfleiter in den Hagenower Wahlkampf ein. Das widersprach zwar dem Verbot parteipolitischer Betätigung für Offiziere, aber ich sah mich als mündigen Bürger dieses Landes. Also ignorierte ich diesen Befehl des Verteidigungsministers Hoffmann. Eines hatten unsere Berufssoldaten zumindest mehrheitlich begriffen: Nur die PDS stand für den mittelfristigen Erhalt der DDR und damit auch für die Existenz der NVA. In Hagenow holte die PDS am 18. März zwar 54

Prozent der Stimmen, doch das nutzte uns jetzt nichts mehr. Im Wahlkampf hatte sich gezeigt, dass wir für die PDS etliche Wähler aus dem Kreis der Berufssoldaten mobilisieren konnten, aber zu den Parteiversammlungen kamen nur die ganz alten Genossen, die Lehrer und die ganz jungen Leute, die noch kämpfen wollten. Die mittlere Generation der Dreißig- bis Vierzigjährigen rechnete sich in der Marktwirtschaft Chancen aus und hielt sich mit ihrem parteipolitischen Engagement sehr zurück. Ein ehemaliges Mitglied der Zentralen Parteileitung des Regiments, der mich früher für die Wandzeitungen in meinem Bataillon kritisiert hatte, trat jetzt für den Verband der Berufssoldaten als Wahlkämpfer auf und agitierte gegen die PDS. Dieser Mensch machte sich kein Gewissen daraus, nun alles zu verwerfen und zu bekämpfen, wofür er früher große Reden geschwungen hatte.

Bis zum 18. März 1990 konnte ich in meinem Bataillon mein relativ autonomes Führungssystem aufrecht erhalten. Weil bis dahin noch nicht klar war, wer letzten Endes in Berlin das Sagen haben würde, hielten sich diejenigen, die ihre parteipolitische Herkunft durch vorauseilende Anpassungsbereitschaft vergessen machen wollten, noch zurück. Als dann aber feststand, dass die Allianz für Deutschland die Regierung stellen und der smarte Pfarrer Eppelmann die politische Verantwortung für die NVA übernehmen würde, brachen alle Dämme des Anstandes. Zaghaft schon in der Zeit der Modrow-Regierung und verstärkt nach dem Regierungswechsel, waren einige unserer Offiziere, die sich politisch neu orientiert hatten zur 6. Panzergrenadierdivision der Bundeswehr aufgebrochen, um Kontakte herzustellen. Diese Anbiederung war peinlich, denn die Bundeswehrführung wollte solche Begegnungen nicht und hielt sich in dieser Frage sehr bedeckt. Man hatte zudem schon vor dem 18. März gehört, dass sich irgendwelche Generale beim Neuen Forum, bei der SPD und der CDU ausheulten und sich dafür entschuldigten, dass die Armee im Herbst 1989 die Einsatzhundertschaften gebildet hatte. Das war unwürdig. Die Armee hatte in der Bevölkerung einen gewissen Stand, weil ja fast jeder männliche Bürger in ihr gedient hatte. Und die Erfahrungen scheinen nicht nur negativ gewesen zu sein. Für viele war es die Zeit, in der sie zu erwachsenen Männern mit Verantwortungsgefühl reiften. Darüber wurde am Stammtisch geredet, da merkte man auch einen gewissen Waffenstolz. Die entlassenen Soldaten waren in der Regel fair und konnten die positiven und negativen Seiten des Dienstes durchaus abwägen. Das passte natürlich den Vertretern der sogenannten Bürgerrechtsbewegung und der nunmehrigen Regierung nicht ins politische Kalkül. Wollte man bei der Abwicklung des Staates freie Hand haben, musste die Armee geschwächt werden. Manche Offiziere vergaßen nicht nur alle Prinzipien militärischen Stolzes, sondern waren froh, dass sie nun politisch keine Verantwortung mehr wahrnehmen mussten. Sie sahen sich nur noch als unpolitische Soldaten – bereit, jedem zu dienen, der mit welchen Mitteln auch immer, zu politischer Macht gelangt war. Man ließ sich gerne mit *Herr* anreden, schien damit doch der fragwürdige traditionelle Nimbus des deutschen Offiziers wieder aufzuleben.

Hinzu kamen die großen Existenzängste der Soldaten. In den Betrieben rollten die ersten Entlassungswellen. Kaum ein wehrdienstleistender Soldat konnte damit rechnen, dass er nach der Entlassung seinen Arbeitsplatz noch vorfinden würde. Studienbewerber mussten damit rechnen, dass es ihre Studienrichtung oder die Hochschule, an der sie angeboten wurde, nicht mehr geben würde.

Die neue Regierung wollte ganz schnell die Armee entmachten. Also schickte man zuerst massenhaft Soldaten und Unteroffiziere nach Hause. Drei Tage nach

Eppelmanns Amtseinführung kam der Befehl, sogar die Soldaten des ersten Diensthalbjahres zu entlassen. Man würde sie später wieder zum Wehrdienst einziehen. Das hielt ich für völlig unwahrscheinlich. Die Truppe stand schließlich nur noch Wache. Ausbildung fand fast nicht mehr statt. Und ohne ausgebildete Soldaten und Unteroffiziere konnten auch die Offiziere nichts mehr ausrichten. Die Armee wurde scheibchenweise zerstört. Hinter all dem steckte das immer gleiche Schema: Zuerst wurden Polizisten vor Gericht gestellt, die ihre Pflichten erfüllt hatten, dann traf es die Parteiführung, dann die Staatssicherheit und schließlich die NVA. Und in der Armee wurden auch alte Rechnungen beglichen und Aufstiegsambitionen gepflegt. Manch einer hoffte wohl im Ergebnis der Entlassung älterer Offiziere schneller Karriere machen zu können. Es gab plötzlich viele Reformer, die kurz zuvor noch jeden Eid geschworen hätten, dass sie sich für die DDR in Stücke reißen lassen würden, wenn es der Sache dienlich sei. Gegenüber diesen Leuten war ich ein Waisenknabe. Mir haftete eher das Etikett des pragmatischen Truppenführers an. Mit der Propaganda hatte ich es nicht so.

Die ersten Berufssoldaten wurden entlassen, manche arbeiteten jetzt in Hamburg, wohnten aber noch in der Armeesiedlung. Einige Offiziere heuerten nebenberuflich bei westlichen Versicherungsunternehmen an. Man erkannte sie daran, dass sie nach Dienstschluss in Schlips und Kragen auf Akquisitionstour gingen. Die Berufssoldaten erlebten, dass ihre militärischen Qualifikationsabschlüsse im Zivilleben keinen Wert mehr hatten. Mit der Knute der Existenzangst und der politischen Verunsicherung wurde Anpassungsverhalten erzwungen. Das alles wurde mit salbungsvollen Reden und Scheinaktivitäten verschleiert.

Dann kamen von ganz oben, aus dem Ministerium, schon Aussagen, man müsse die NVA in die deutsche

Einheit einbringen. Derweil saßen wir im Regiment ständig in irgendwelchen Versammlungen herum, wobei man kaum noch unterscheiden konnte, was reguläre Dienstversammlungen und was allgemeine Palaver über alles und nichts waren. Ständig wurden nicht bestätigte Informationen in der Truppe verbreitet. Nun tauchten bei uns im Regiment Vertreter des Bundeswehrverbandes auf – sozusagen als Vorhut der Bundeswehr. Der Regimentskommandeur predigte, dass wir uns beweisen müssten, dass wir die Truppe erhalten müssten, um sie in die deutsche Einheit einbringen zu können. Er wollte seine Karrierechancen sichern. Ich sagte meinen Offizieren: „Das ist Quatsch, was im Regiment erzählt wird. Alles, was wir jetzt noch in die Ausbildung der Soldaten investieren, wird letztlich der Bundeswehr und der NATO zugute kommen. Hat jemand von Ihnen Lust dazu? Schicken wir die Leute nach Hause. Niemand kann von uns verlangen, dass wir das Geschäft unseres ehemaligen Gegners besorgen." Und meine Offiziere trugen diese Entscheidung mit.
Ich ignorierte auch den Befehl Eppelmanns zum Austausch der Mützenkokarden und zum Entfernen des Staatswappens von den Uniformen. Das wurde im Regiment hingenommen. Als aber der Staatssekretär Ablaß einige Zeit später ins Regiment kam, und die Kommandeure begrüßen wollte, versteckten sie mich, damit meine Befehlsverweigerung dem hohen Herrn nicht übel auffiel. Ein Vorteil der damaligen Zeit war, dass man als Kommandeur nur noch durch seine Persönlichkeit überzeugen konnte. Staatlichen Rückhalt gab es nicht mehr und Karrierevorteile konnte man seinen Unterstellten auch nicht mehr bieten. Jedenfalls verschwand unser Bataillon mangels Soldaten, was die Regimentsführung sehr ärgerte, hatte sie doch gerade mein gut ausgebildetes, mit Schützenpanzern BMP ausgerüstetes Bataillon als Morgengabe

für die Bundeswehr vorgesehen. Im Bataillon gab es keinen Soldaten mehr, nur noch Unteroffiziere auf Zeit. Wir hatten uns faktisch selbst aufgelöst.

Als das passierte, nahm man mir das 1. Bataillon weg und machte mich nach meiner Rückkehr aus dem Urlaub zum Kommandeur des 3. Bataillons. Das war das Reservisten-Bataillon. Doch Reservisten wurden nicht mehr eingezogen. Also hatte ich auch in diesem Bataillon keine Soldaten. Man wollte mich politisch isolieren. Doch ich hatte ja noch meine Kontakte zu den Kompaniechefs des 1. Bataillons. Und ich konnte in der Folgezeit beobachten, dass die Regimentsführung alle Offiziere, die politisch so wie ich dachten, zu mir ins Bataillon versetzte. Uns vermeintliche Unruhestifter wollte man ruhigstellen und bei der ersten sich bietenden Gelegenheit loswerden. Wir passten nicht mehr in die neue Zeit. Zu diesem Zeitpunkt hatte sich noch kein einziger Bundeswehroffizier im Regiment blicken lassen, aber die Regimentsführung agierte, als wären sie schon da. Und während das alles passierte, wurde uns immer noch erklärt, dass es auch zukünftig zwei deutsche Armeen geben werde. Das war zwar erkennbarer Unfug, aber es wurde geglaubt, weil man es glauben wollte.

Ich ging noch einmal kurz in Urlaub. Mir war klar, dass mir nicht mehr viel Zeit bleibt und ich fasste den Entschluss, nach meinem Urlaub den Dienst zu quittieren. Im August kam der Befehl von Eppelmann, alle ehemaligen Politoffiziere zu entlassen. Dann hieß es, die NVA werde in der Bundeswehr aufgehen. Damit begann der offene Konkurrenzkampf zwischen den Offizieren. Drei Majore der Bundeswehr erschienen im Regiment und bereiteten die Übernahme vor. An mich stellte man das Ansinnen einen BMP-Lehrgang für Bundeswehroffiziere zu leiten, damit diese sich auf die Übernahme von NVA-Einheiten vorbereiten könnten. Das lehnte ich ab. Ich erklärte den Herren, dass ich nicht 19 Jahre Gegner der Bundeswehr gewesen sei, um ihren Offizieren nun zu erklären, wie unsere Kampftechnik funktioniert. Ich würde nicht auf meine letzten Tage als Offizier noch zum Überläufer werden. Ende August 1990 reichte ich meine Kündigung ein. Es gab dann noch eine Offiziersversammlung. Ich ging demonstrativ in Zivil hin und erklärte meine Beweggründe: „Das Land, dem wir einen Eid geschworen hatten, wird es nicht mehr geben und für die Ideen, denen wir uns als NVA-Offiziere verpflichtet fühlten, wird in der Bundeswehr kein Platz sein. Man wird Sie für eine gewisse Zeit noch brauchen, aber bis Ende des Jahres wird auch der größte Teil derjenigen, die Bundeswehruniform anziehen, entlassen sein. Ich lade jeden zur Silvesterfeier zu mir nach Hause ein, der im neuen Jahr noch im Dienst sein wird. Ich wette, dass ich keinen zusätzlichen Stuhl hinstellen muss."

Die Bundeswehr wollte tatsächlich mit dem 3. Oktober bestimmen, wen sie rauswerfen und wen nicht. Im Regiment war bereits für die nächste Woche die Anprobe der Bundeswehruniformen angesetzt. Das wollte ich mir nicht antun. Der Kaderoffizier fragte mich, was er denn als Entlassungsgrund in die Unterlagen schreiben solle. Ich sagte: „Sie wissen es doch." Er schrieb dann hinein, dass die Entlassung aus strukturellen Gründen erfolge. Im Grunde hatte er ja recht, in dieser Struktur hatte ich wirklich nichts verloren.

Ich war danach vier Monate arbeitslos. Als ich ab Januar 1991 einen Umschulungslehrgang machte, traf ich etliche derjenigen Offiziere wieder, die im August noch geglaubt hatten, dass sie in der Bundeswehr eine Perspektive hätten und noch drei Monate in der neuen Montur herumliefen. Wer diese Uniform angezogen hatte, den konnte ich nur verachten. Man schwört im Leben nur einmal und wechselt seine Überzeugungen nicht je nach der politischen Großwetterlage. Dieses Versagen des Offizierskorps war für mich lange Zeit ein

Trauma. Dass wir die Idee, für die wir angetreten waren und uns selbst so schnell aufgeben, hätte ich nie für möglich gehalten. In dem Moment, als es keine klare politische Linie mehr gab, fiel alles auseinander. Ein Drittel der Offiziere machte es wie ich, ein Drittel musste gehen, weil sie die falschen Dienststellungen hatten und ein Drittel ist übergelaufen. Und jene Offiziere, die Letzteres taten, wurden von der Bundeswehr als nützliche Verräter behandelt, die man nach Belieben demütigen konnte.

Nach meiner Kenntnis verlief die sogenannte Integration von NVA-Einheiten in die Bundeswehr ab dem 3. Oktober so, dass in allen Verbänden und Truppenteilen früh, um 7.30 Uhr, zur Dienstberatung Bundeswehroffiziere auftauchten und von den NVA-Kommandeuren die Übergabe der Truppen verlangten. Nach allen militärischen Gepflogenheiten befiehlt der Divisionskommandeur die Übergabe eines Regiments. Und die NVA-Kommandeure griffen nicht mal zum Telefon, um sich von der Legitimität des Übergabeansinnens zu überzeugen. Der Regimentskommandeur unseres Regiments, der alles getan hatte, was die Bundeswehroffiziere vor dem 3. Oktober von ihm verlangt hatten, musste das Regiment übergeben und wurde vom Oberstleutnant zum Major degradiert. Am 31. Dezember 1990 hatte auch er seine Papiere und musste das NATO-Oliv, an das er sich schon gewöhnt hatte, wieder ausziehen.

Techniker und Unteroffiziere konnte die Bundeswehr eine Zeitlang noch gebrauchen, dann begann auch hier die Auslese. Das war reine Beschäftigungstherapie. Die Bundeswehrführung hatte bis zur letzten Sekunde Angst, dass die NVA sich wehren könnte. Also versuchte man die Leute nicht nur zu beschäftigen, sondern die einzelnen Gruppen gegeneinander auszuspielen. Die Spaltung des Offizierskorps wurde unter anderem durch die unterschiedliche in Aussichtstellung sozialer Absicherung forciert. Abfindungen, befristete Übernahmen und eine permanente Verunsicherung hinsichtlich der beruflichen Perspektive lähmten den Widerstandsgeist.

Darüber, wer sich von der Bundeswehr instrumentalisieren ließ, wird intern nicht geredet. Ich ging vor zwei Jahren zu einem Treffen ehemaliger Offiziersschüler. Es wurde keine Frage dazu gestellt, wer 1990 überlief. Da gab es einen früher eher durchschnittlich begabten Offiziersschüler, der es bis zum Oberstleutnant gebracht hatte. Er war Kommandeur eines Regiments gewesen und von dort zum Kommando Landstreitkräfte gekommen. Der wurde 1990 vom Oberstleutnant zum Oberleutnant zurückgestuft und fing wieder als Kompaniechef einer Panzergrenadierkompanie an. Dieser Mensch prahlte bei dem Treffen mit seinen mittlerweile acht Auslandseinsätzen. In den Diskussionen wurde peinlich die politische Situation ausgeklammert. Nur Erlebnisse aus der Zeit an der Offiziershochschule wurden erzählt – so wurde niemand in Verlegenheit gebracht.

Eine besonders fragwürdige Rolle in dem ganzen Prozess bis zum 3. Oktober 1990 spielten die Generalität und die Ministerialbürokratie in Strausberg. Unmittelbar nach dem Anschluss schrieb einer dieser nun entlassenen Generale im Neuen Deutschland in Anspielung auf den Namen des Ministers Eppelmann, sie seien veräppelt worden. Und obwohl ich total schreibfaul bin, setzte ich mich hin und schrieb einen Leserbrief an die Zeitung. Darin wies ich darauf hin, dass diese Leute ja das Spiel von Eppelmann und seinen Staatssekretären mitgespielt hatten. Insofern mussten sich die letzten NVA-Generale auch nicht über ihre würdelose Verabschiedung beklagen. Mit ihnen konnte man das machen und das wussten Eppelmann und die Bundeswehrführung. Andere Generale, die Haltung hatten, nahmen vorher ihren Abschied. Entscheidend war wohl, dass sowohl das Ministerium, als auch etliche Leute der Militärführung unkritisch das zur Kenntnis nahmen und an die Truppe weitergaben, was ihnen von der politischen Führung des Ministeriums vorgesetzt wurde. Es gab sowohl über den Dienstweg, als auch über andere Kanäle ständig neue Informationen, die aber niemand überprüfen konnte.

Zeitweise wollte man uns einreden, dass die NVA noch gebraucht würde, weil der internationale Terrorismus bekämpft werden müsse. Ich konnte mir höchstens vorstellen, dass man die Fallschirmjäger aus Lehnin zur Terrorismusbekämpfung hätte einsetzen können. Doch was sollte man in dem Zusammenhang mit den 122mm-Kanonen unserer Artillerieabteilung oder den Kampfpanzern und Schützenpanzern anfangen? Das waren alles Spinnereien, mit denen die Truppe verrückt gemacht wurde. Man wusste nicht, woran man war. Angeblich liefen die Verhandlungen zu den militärpolitischen Themen noch. So ließ man die Truppe im Ungewissen, was durchaus beabsichtigt war. Und unsere oberste militärische Führung akzeptierte das alles. Keiner fand sich, der mal mit der Faust auf den Tisch schlug. Manch einer rechnete sich doch auch auf dieser Ebene Übernahmechancen aus. Man hoffte, dass das Stillhalten honoriert würde. Bis in die oberen Etagen der Hierarchie hatten die Leute ihren politischen Verstand ausgeschaltet. Und es war ja auch bequem eigenes Nichtstun mit fehlenden Befehlen entschuldigen zu können. Dass man den salbungsvollen Reden des Pfarrers Eppelmann und seiner Staatssekretäre so lange staunend zuhörte und ihm vertraute, offenbart auch etwas über die Menschenkenntnis unserer Generalität. Realitätsverlust und Wunschdenken verbanden sich so mit einem angeknacksten Selbstbewusstsein und mangelnder Courage. Die sich der Regie Eppelmanns unterwerfende Militärbürokratie war so nicht nur unfähig, für die Armee Perspektiven

zu sichern, sondern versagte auch bei der Gewährleistung des sozialen Bestandsschutzes für die Berufssoldaten, Offiziere und Zivilbeschäftigten. Und in der
Truppe konnte man angesichts der allgemeinen Verunsicherung und Führungslosigkeit auch keine Gegen-
macht zur Durchsetzung eigener Interessen mehr aufbauen. Manche Offiziere waren einfach intellektuell zu
unbedarft, und andere, die wussten, was passieren
würde, verbogen sich in einer Art und Weise, die ich
mir nie hätte vorstellen können.

Letztlich war es Verrat. Die Armee wurde verraten. Von
einem Teil der eigenen militärischen Führung. Von der
eigenen Regierung. Vom Parlament, dem sie sich unterstellt hatte. Aber auch vom politischen und militärischen Bündnispartner UdSSR. Die jetzt oft zu hö-
rende Rechtfertigung mancher Politiker und Militärs,
man habe sich der gesellschaftlichen Veränderung in
der DDR nicht entgegenstellen können, kann ich nicht
akzeptieren. Es war eine kampflose Kapitulation, in
deren Folge eine kriminelle Horde ins Land kam, die
wir bis heute nicht losgeworden sind. Das Negieren des
Klassenkampfes in der entscheidenden Phase rächte
sich bitter. All jenen, die sich heute mit ihrer damaligen Anpassungsbereitschaft an den vermeintlichen
gesellschaftspolitischen Trend brüsten, seien folgende
Bemerkungen von Friedrich Engels ins Stammbuch geschrieben: „Bei jedem Kampf ist es selbstverständlich,
dass derjenige, der den Handschuh aufnimmt, Gefahr
läuft, geschlagen zu werden; aber ist das ein Grund,
sich geschlagen zu geben und das Joch auf sich zu
nehmen, ohne das Schwert gezogen zu haben? Wer in
einer Revolution eine entscheidende Stellung befehligt
und sie dem Feind übergibt, statt ihn zu zwingen,
einen Sturm auf sie zu wagen, verdient unter allen
Umständen, als Verräter behandelt zu werden."
Dem ist nichts hinzuzufügen.

Dieter Knopf: Keine andere Uniform

Oberstleutnant a. D. Dieter Knopf
Jahrgang 1944
1989/90 Unterabteilungsleiter Kader im Ministerium
in Strausberg

Zwar dominierte der Eindruck, man habe es bei den De-
monstrationen in den Städten im Grunde mit konterrevo-
lutionären Umtrieben zu tun, aber ein bewaffneter Ein-
satz der Armee im Innern wäre nach meiner Überzeu-
gung mit den Offizieren schon nicht mehr machbar ge-
wesen. Wir hatten keine Lust, die Folgen einer verfeh-
lten und nicht durch uns zu verantwortenden Politik
auszubügeln.

Nach einem langjährigen Dienst als Politoffizier wech-
selte ich 1980 in das Ministerium für Nationale Verteidigung. Dort war ich zunächst Kaderoffizier in der Abteilung Kader des Ministeriums für den Bereich Technik und Bewaffnung. Damals war Generaloberst Werner Fleisner, und nach seinem Tod Generaloberst Joachim Goldbach Stellvertreter des Ministers für Technik und Bewaffnung und damit mein Vorgesetzter. Ich
gehörte zur Abteilung Kader des Ministeriums. 1989
war ich in dieser Abteilung Unterabteilungsleiter für
Zivilbeschäftigte.
Wir waren zuständig für die Zivilbeschäftigten im Ministerium und für die in der Verwaltung des Ministeriums eingesetzten Berufsunteroffiziere, die häufig
als Schreibkräfte tätig waren. Die politische Situation
in der DDR war zu diesem Zeitpunkt durch absolute
Führungslosigkeit gekennzeichnet. Es gab keine
brauchbaren Erklärungen für die Ausreisewelle und
keine wirklich plausible Erklärung für die Ablehnung
des Kurses von Gorbatschow. Vor allem: Es gab keine
Entscheidungen mehr. Der ganze Apparat funktionie-

rte zwar reibungslos, doch der politische Sinn der Arbeit war nicht mehr zu erkennen. Man blieb sich selbst überlassen und musste versuchen, sich in dieser eigenartigen Atmosphäre des Sommers 1989 zurecht zu finden.

Dass sich etwas anbahnte, merkte man auch daran, dass der ehemalige Chef der Hauptverwaltung Aufklärung des Ministeriums für Staatssicherheit, Markus Wolf, in seinem Buch „Die Troika" recht kritische Töne anschlug und zu der alten Führungsriege auf Distanz ging. In Strausberg, im NVA-*Klub am See* hielt Wolf 1988 eine Lesung. Damals kamen manche Politoffiziere im Ministerium auf die absurde Idee, ihren Mitarbeitern die Teilnahme zu verbieten, als sei der MfS-Generaloberst a.D. plötzlich ein Dissident. Das war schon seltsam. Durch eine solche Art des Umgangs mit unseren Mitarbeitern wurde Vertrauen in die Führung zerstört.

Überhaupt waren manche Formen des Umgangs mit unseren Offizieren und Zivilbeschäftigten geeignet, die Motivation der Leute zu beschädigen. Die Kombination dienstlicher Sanktionen mit Parteistrafen, etwa, wenn ein junger Offizier mit dem von der Kaderabteilung für ihn bestimmten Einsatzprofil nicht einverstanden war, hat manchen Engagierten vor den Kopf gestoßen. Die Stimmung unter den mir bekannten Offizieren des Ministeriums war sehr gedrückt. Es schockierte uns, dass der politischen Führung des Landes angesichts der Ausreisewelle vor allem junger Leute über die ungarisch-österreichische Grenze nicht anderes einfiel, als auf das Wirken westlicher Geheimdienste hinzuweisen. Denn schließlich lief uns ein Teil der Jugend davon, die Zukunft unseres Landes.

Die Ursachen hätte man zuerst in Innern der DDR und nicht in den Aktivitäten des Westens suchen müssen. Aus sicherheitspolitischer Sicht völlig fahrlässig war dann die Entscheidung, die Botschaftsbesetzer aus

Prag und Warschau nur über das Gebiet der DDR ausreisen zu lassen. Als wir das hörten, griffen wir uns nur an den Kopf.

Damals lief so viel schief, dass man sich fragt, ob zu dieser Zeit überhaupt noch jemand in der politischen Führung des Landes die Realitäten zur Kenntnis nahm. Die Herrschaften saßen in ihren Büros und machten Politik nach dem Pippi-Langstrumpf-Prinzip: Sie malten sich die Welt, wie es ihnen gefiel. Selbst die Leute, die sich nach dem 7. Oktober als Reformer zu profilieren versuchten, trugen diese verfehlte Politik mit, die zwischen Tatenlosigkeit und von Selbstüberschätzung geprägtem Aktionismus schwankte.

Unser Minister Keßler saß ja auch im Politbüro und verdrängte offensichtlich die Realität oder traute sich nicht, mit seinem persönlichen Freund Erich Honecker offen zu reden. Man kann im Rückblick Honecker nicht für jede politische Fehlentscheidung und seine Erkrankung verantwortlich machen. Die ganze Führung war gelähmt, reagierte nicht auf die Krisensymptome und nahm die daraus resultierenden offenkundigen Risiken in Kauf. Dabei hätte der Führungszirkel eigentlich seit dem 17. Juni 1953 wissen müssen, dass eine solche Politik existenzgefährdend ist. Doch man ignorierte die bitteren Erfahrungen. Weil die Führung des Ministeriums offensichtlich keinen Handlungsbedarf sah, blieb in Strausberg alles wie es war. Der Apparat war festgefahren. Die parteipolitische Arbeit bewegte sich in den vorgegebenen formalen Bahnen. Wer anhand von Veröffentlichungen im Neuen Deutschland darauf hinwies, dass unsere wirtschaftliche Situation mehr als kritisch war, erntete Plattitüden über die Vorzüge der sozialistischen Planwirtschaft. Mehr als hilflose Diskussionen im kleinen Kreis gab es im Ministerium für Nationale Verteidigung nicht. Ein solcher bürokratischer Apparat hatte ja in der DDR nicht die Aufgabe, Politik zu konzipieren oder zu verändern, sondern Entscheidungen der politischen Führung umzusetzen. Und diese Entscheidungen blieben aus. Daraus resultierte, dass das Selbstbewusstsein und Vertrauen der Offiziere und zivilen Mitarbeiter des Ministeriums erheblich angekratzt war und teilweise nur noch Dienst nach Vorschrift gemacht wurde. Als am 9. November 1989 die Grenze geöffnet wurde, tagte im Ministerium das Kollegium, um die Ergebnisse der ZK-Tagung auszuwerten. Das muss man sich mal vorstellen: Ein paar Kilometer weiter begann der Zusammenbruch des Staates und in Strausberg veranstaltete der Minister mit seiner Führung eine Politinformation wie in der Schule.

Doch nun endlich muckten die höheren Chargen auf und forderten mehr Realitätssinn. Plötzlich bekam man mit, dass die DDR in Gefahr war. Jedoch: Als die Kollegiumssitzung beendet wurde, waren alle so schlau wie zuvor. Auch auf der eilig einberufenen Parteiaktivtagung wurde nun Tacheles geredet. Man merkte, dass die Leute sich mit den vorgestanzten Formeln der Führung nicht mehr abfanden. Die Delegierten wollten Antworten, die sie nicht bekamen. Zwar dominierte immer noch der Eindruck, man habe es bei den Demonstrationen in den Städten im Grunde mit konterrevolutionären Umtrieben zu tun, aber ein bewaffneter Einsatz der Armee im Innern wäre nach meiner Überzeugung mit den Offizieren schon zu diesem Zeitpunkt nicht mehr machbar gewesen. Wir hatten keine Lust, die Folgen einer verfehlten und nicht durch uns zu verantwortenden Politik auszubügeln. Das Offizierskorps war ja stark in den Alltag der Bevölkerung in den Standorten einbezogen. Jeder konnte sehen, dass viele Forderungen der Demonstranten berechtigt waren. Und auf diese Leute hätte man schießen sollen? Das wäre zu diesem Zeitpunkt nicht vermittelbar gewesen. Ein mir bekannter Offizier, der am 4. Oktober nach Dresden abkommandiert war und den Einsatz der Sicherheitskräfte gegen die Randalierter miterlebte, sagte mir später, dass die NVA-Einheiten dort völlig fehl am Platze waren und nichts hätten ausrichten können, weil sie für eine solche Verwendung weder ausgebildet, noch ausgerüstet waren. Das Ministerium war zwar eine eigene Welt, aber wir waren nicht weltfremd. Wer heute nicht einmal das anerkennt, hat aus meiner Sicht von der damaligen Situation in der Armee keine Ahnung.

Als Theodor Hoffmann Minister in der Modrow-Regierung wurde, gab es zunächst Hoffnungen, dass sich die Dinge in der Armee zum Besseren wenden ließen. Doch die Entwicklung verlief so schnell, dass man eigentlich nichts mehr planvoll umsetzen konnte. Im Personalbereich änderte sich in dieser Zeit gar nichts. Der Apparat lief wie ein Motor im Leerlauf. Das Ministerium war ein administratives Perpetuum mobile. Es wurde diskutiert wie überall im Land, das hatte aber für die dienstlichen Abläufe keine Konsequenzen. Reformen müssen in einer so großen Struktur mit einer gewissen Vorlaufzeit vorbereitet werden. Und diese Zeit hatten wir nicht mehr.

Vom 9. November 1989 bis zu den Volkskammerwahlen im März 1990 blieben reichlich fünf Monate. Die durchdachte Umsetzung der Militärreform hätte mindestens zwei Jahre Zeit erfordert. Für uns Personalleute, die wir die Umsetzung dieser Dinge im Ministerium eigentlich hätten vorbereiten sollen, änderte sich nichts, auch dann nicht, als der Minister nach dem Soldatenstreik in Beelitz viele Ankündigungen zur Veränderung der Dienst- und Lebensbedingungen in der Armee machte.

Stattdessen gab es bei dem einen oder anderen Offizier im Ministerium erste geistige Absetzbewegungen, die zur Quittierung des Dienstes führten. Wer damals die Armee verließ, konnte sich noch Chancen auf einen zumutbaren zivilen Arbeitsplatz ausrechnen. Ich wollte lieber abwarten, wie sich die Dinge in der Armee entwickeln und versuchte mit den neuen Spielräumen umzugehen. Doch die Reformen kamen einfach zu spät. Das war in der Armee nicht anders als in der Gesellschaft. Wären die Veränderungen, die im November 1989 verkündet wurden, fünf Jahre früher erfolgt, hätten die DDR und die NVA vielleicht noch eine Chance gehabt.

Anfang April trat dann Eppelmann als Minister an. Da war ich recht skeptisch. Keiner wusste, wie es nun weitergeht. Also wartete man ab. Etliche Unterlagen wurden prophylaktisch in den Reißwolf gesteckt. Die Verlautbarungen des Ministers und seiner Staatssekretäre waren in der Regel recht allgemein gehalten. Man konnte wenig damit anfangen. Ich hatte den Eindruck, dass diese Leute zwar große Politik machen, aber sich nicht mit Details belasten wollten. Die wussten ja, dass sie nur Nachlassverwalter auf Zeit sind. Wozu sollten sie sich dann ernsthaft mit der Materie befassen. Reden konnten sie alle aber gut.

Von der Streitkräftestruktur 93, an der wohl im Hauptstab gearbeitet wurde, wusste ich zu diesem Zeitpunkt nichts. Dabei hätte ich als Kaderoffizier zumindest mit Blick auf meinen Verantwortungsbereich informiert sein müssen. Das ist für mich ein Beleg dafür, dass die Abläufe schon nicht mehr koordiniert wurden. Ich bekam einen zivilen Chef, einen Herrn Engelmann, den der Minister Eppelmann vom Demokratischen Aufbruch mitgebracht hatte. Der neue Vorgesetzte hatte naturgemäß von den Abläufen bei uns keine Ahnung und trat auch nicht groß in Erscheinung. Im Frühsommer wurden über Nacht viele Generale entlassen. Von einem Tag auf den anderen fehlte dieser oder jener. Es verschwanden auch immer mehr Mitarbeiter, für die unsere Unterabteilung verantwortlich war. Die einen gingen von selbst, anderen wurde gekündigt. Jedenfalls lichteten sich die Reihen der Zivilbeschäftigten erheblich.

Beschleunigt wurde dieser Prozess, als das Vorauskommando der Bundeswehr Ende August in Strausberg eintraf und de facto die Federführung übernahm. Darüber regte sich aber niemand mehr ernsthaft auf, weil das Kind schon im Brunnen lag. Jeder musste selbst sehen, wie er zurecht kam. Ich hatte nun einen Vorgesetzten aus dem Westen. Er brachte zwei Mitarbeiter mit. Die ostdeutschen Vorgesetzten aus Eppelmanns Gefolge spielten keine Rolle mehr. Nun wurden Arbeitsgruppen gebildet, die den Übergang vorzubereiten hatten. In meiner Arbeitsgruppe war ich der einzige Kaderoffizier noch in NVA-Uniform.

Die Bundeswehroffiziere, die zu uns kamen, waren in der Regel höfliche Menschen, wir aber spielten in deren Überlegungen offensichtlich keine Rolle mehr. Und in ihr Konzept des Umgangs mit der NVA ließen sie sich nicht hineinschauen. Als ich mit einem dieser Ministerialdirektoren von der Bundeswehrverwaltung das Wehrkreiskommando Strausberg aufsuchte, um ihm unsere Art der Wehrverwaltung zu erklären, war er darüber erstaunt, dass wir alles noch auf Karteikarten archivierten. Verwundert waren sie auch, dass im Ministerium preußische Ordnung herrschte. Wir hatten penibel geregelte Abläufe und weniger Bürokratie als die Bundeswehr. Was bei uns einer machte, erledigen bei der Bundeswehr drei Leute mit dem dreifachen Gehalt.

Ich meinte, dass wir in den Einigungsprozess einiges hätten einbringen können und war daher nicht prinzipiell gegen die Einheit. Es hätte aber schrittweise und gleichberechtigt geschehen müssen. Dass das nicht geschah, ist die Ursache für viele Probleme, die wir noch heute haben. Einer der Bundeswehroberstleutnante des Vorauskommandos, den ich jeden Morgen traf und der mir im Vertrauen sagte, er glaube es werde die falsche Armee abgewickelt, grüßte mich nicht mehr, als ich Zivilist war. Das gab es eben auch.

Weil niemand wusste, wie es für die Zivilbeschäftigten und Offiziere weitergeht, fuhren wir im Spätsommer in den Militärbezirk V, um in Neubrandenburg eine Informationsveranstaltung durchzuführen. Wir hatten einen Anwalt für Arbeitsrecht dabei und einen Vertreter des Verbandes der Berufssoldaten. Zu uns stieß ein Vertreter der Bundesagentur für Arbeit aus Westdeutschland. Er konnte den Teilnehmern der Veranstaltung auch nichts sagen. Er konnte nicht einmal verstehen, dass wir uns für unsere Leute engagierten, obwohl wir selbst nicht wussten, wie es für uns persönlich weitergeht.

Die Leute, die mit Eppelmann gekommen waren und uns führen sollten, hatten weder Sachkenntnisse, noch den Willen sie sich anzueignen. Der Aufgabe, der Armee oder zumindest den Soldaten eine Perspektive zu geben, waren sie charakterlich nicht gewachsen. Sie genossen es, Politiker zu spielen, Pressekonferenzen zu geben und Dienstreisen ins Ausland zu machen, wo sie hofiert wurden, während die Armee langsam aber sicher vor die Hunde ging. Ich versuchte in dieser Zeit, den Mitarbeitern Mut zu machen. Ich riet ihnen, den Dienst zu verlassen, wenn sich irgendwo im zivilen Bereich eine Beschäftigungsmöglichkeit ergab. Manche machen mich heute noch für Personalentscheidungen in der damaligen Zeit verantwortlich, die ich gar nicht getroffen hatte, aber umsetzen musste. Dabei versuchte ich insbesondere nach dem 3. Oktober in der neu aufzubauenden Wehrverwaltung unsere Leute unterzubringen.

Zuvor, als es um die Integration der NVA in die Bundeswehr ging, schöpften etliche Offiziere etwas Hoffnung, dass der Veränderungsprozess nun eine Grundstruktur bekommt. Mir selbst war von der Bundeswehrverwaltung mitgeteilt worden, dass ich mit dem vorläufigen Dienstgrad Oberstleutnant bis zum 31. Dezember 1990 in die Bundeswehr übernommen werde und die Möglichkeit hätte, mich um eine weitere Verwendung als Soldat auf Zeit für die Dauer von zwei Jahren zu bewerben. Mir war aber klar, dass ich auf keinen Fall die Bundeswehruniform anziehen würde. Ab dem 3. Oktober 1990 erschien ich in Zivil zum Dienst, woran niemand Anstoß nahm. Am 8. November stellte ich den Antrag auf Entlassung aus der Bundeswehr und wurde offiziell aus den Strukturen der Bundeswehr entlassen.

Ab dem 1. Januar 1991 war ich als nichtgewerblicher Zivilbeschäftigter mit der Bezeichnung *Referent* in der gleichen Abteilung weiter tätig. Nun musste ich am Fließband Entlassungspapiere ausfüllen. Der dabei praktizierte Stil der Bundeswehrverwaltung war rein geschäftsmäßig. Dass es dabei um Menschen, um ganze Familien ging, interessierte niemanden. Es ging nur um die Durchsetzung der Vorschriften. Jeden Morgen standen verunsicherte Offiziere und Zivilbeschäftigte vor meiner Tür und verlangten Auskünfte über ihre Beschäftigungsperspektive. Doch die kannte ich angesichts der sprunghaften Bonner Personalpolitik selber nicht. Wenn die Leute eine berufliche Alternative hatten, riet ich ihnen, sich diese demütigenden Prozeduren zu ersparen. Mancher nahm das übel, andere waren dafür dankbar.

Mit dem beginnenden Aufbau der Wehrbereichsverwaltung im Frühjahr 1991 konnte man dem einen oder anderen indirekt helfen. Dort kamen mit Billigung meiner Vorgesetzten manche Mitarbeiter unter. Andere konnten vorzeitig in Rente gehen. Damit gewannen sie wenigstens etwas Sicherheit. Aber ich empfand das Ganze als unwürdig. Weil ich das, was mit unseren Offizieren passierte, nicht weiter mittragen wollte, quittierte ich zum 31. März den Dienst, im Alter von 46 Jahren. Mein Vorgesetzter wollte mich zum Bleiben überreden, ich kam gut mit ihm aus. Aber man hätte mich irgendwann, wenn man mich nicht mehr brauchte, unter einem Vorwand sowieso entlassen. Solange wollte ich nicht warten, sondern selbst entscheiden, wann Schluss ist. Ich hatte mit beiden Beinen in der DDR gestanden, ich sah sie nicht gerne untergehen und ich wusste, was wir zu erwarten hatten. Wäre ich geblieben, wäre ich wohl politisch angeeckt und damit für die Bundeswehr nicht mehr tragbar gewesen.

Heute bin ich froh, dass ich diesen Schritt vollzog, obwohl es mir danach finanziell und sozial zeitweise sehr schlecht ging. Aber ich kann in den Spiegel sehen, ohne mich schämen zu müssen. Ich musste mich nicht verbiegen, ich musste mich niemandem andienen.

Ich sah damals sehr wohl, wie sich manche frühere NVA-Angehörige bei ihren Bundeswehrvorgesetzten anbiederten. Unter dem Aspekt der Existenzsicherung für die Familien konnte ich das sogar verstehen. Nicht akzeptieren konnte ich es bei denen, die vorher als 150-prozentige Kommunisten aufgetreten waren und jedem erklärten, wie gefährlich der westdeutsche Imperialismus ist. So gingen in der Zeit nach der Wende manche Freundschaften auseinander, und es entwickelten sich neue Freundschaften mit Leuten, die mit der Situation ähnlich umgingen wie ich. Aber manch anderer kennt mich heute nicht mehr. Damit kann ich leben.

Mir bleibt die Gewissheit, dass wir in einer entscheidenden Phase der Weltpolitik unseren Beitrag zum Erhalt des militärischen Gleichgewichts geleistet haben. Das ist ein Verdienst, das man fairer Weise allen zubilligen sollte, die sich in dieser Armee engagierten. Anerkennen sollte man ebenso, dass die Übergangsphase, auch wenn viele von uns mit dieser Entwicklung nicht einverstanden waren, ohne Gewalt ablief.

Im Westen ist das leider nur schwer vermittelbar. Wenn man sich die offiziellen Darstellungen oder auch

Ausstellungen in Museen ansieht, bemerkt man, dass an den entscheidenden Punkten immer die Westsicht durchschlägt. Sie können die DDR weder wirklich verstehen noch erklären. Weil sie nicht erlebt haben, wie das Alltagsleben war. Außerdem möchte man indirekt beweisen, dass die Bundesrepublik historisch auf der richtigen Seite stand. Das ist im Grunde genauso borniert wie unsere damalige Phrase, die DDR stünde auf der Seite der Sieger der Geschichte. Ich persönlich möchte mir die Geschichte des Landes, in dem ich gelebt habe, nicht von Leuten erklären lassen, die im Grunde gar nicht wissen, worüber sie reden. Wenn man sich mit einfachen Leuten im Westen unterhält, spielt die unterschiedliche Wertung der DDR keine Rolle. Aber bei Offizieren der Bundeswehr wird die Sache schwierig. Sie definieren sich zum Teil bewusst über die politische Abgrenzung von der DDR. Manch einer entwickelte regelrecht missionarischen Eifer, wenn er hörte, wo ich herkam und was ich von Beruf war. Das artete dann fast in Politunterricht aus. Während eines Urlaubs in einem Hotel des Bundeswehrsozialwerks an der Mosel wollte mich einer der Gäste unentwegt von der Überlegenheit der Marktwirtschaft und der freiheitlich-demokratischen Grundordnung überzeugen. Das war zur Zeit des Jugoslawien-Krieges. Von den Bergen der Eifel blickte man bis auf den US-Luftwaffenstützpunkt Spangdalem. Von dort flog die Air Force einen Teil ihrer Kampfeinsätze. Auf meine Frage, warum die Zeitungen beinahe identisch über den Balkankrieg berichten und fast den Eindruck machen, als seien sie gleichgeschaltet, hatte er keine plausible Antwort.

Ich weiß heute: Wir sind hineingeraten in eine Welt, wo man mit der ständigen Wiederholung eines Negativbildes der DDR viele Menschen davon abhalten will, die eigene soziale Wirklichkeit in der Bundesrepublik kritisch zu bewerten. Die Versuche, ehemalige Offiziere oder Funktionäre der DDR herabzuwürdigen, werden nicht aufhören. Mir persönlich ist es egal, ob auf meinem Grabstein Oberstleutnant a.D. stehen wird oder nicht. Ich weiß auch so, wer ich bin und Leute, mit denen ich befreundet bin, wissen es auch. Wir haben keinen Grund unsere Geschichte zu verleugnen.

Ralf Rudolph: Dann kamen die Verwerter

Oberst a. D. Ralf Rudolph
Jahrgang 1938
1989 Leiter der Abteilung Ökonomische Sicherstellung
der Landesverteidigung im Ministerium für allgemeinen Maschinen-, Landmaschinen- und Fahrzeugbau,
1990 Leiter der Abteilung Abrüstung im Ministerium
für Abrüstung und Verteidigung

*Immer war ich mit der Militärtechnik und der Speziellen
Produktion (DDR-Rüstungsindustrie) verbunden und versuchte meinen kleinen Beitrag zu leisten, damit der
Kalte Krieg nicht zu einen heißen wurde. Die zu schnelle
Vereinigung beider deutscher Staaten war ein Schock
für mich. Danach musste ich politisch umdenken und
mich in der Marktwirtschaft zurechtfinden. Und ich
fühlte mich gefordert, manches durch die Einheit entstandene wirtschaftliche Chaos in den Ostunternehmen
zu mildern.*

Während der Maueröffnung befand ich mich in Moskau. Als Leiter der Abteilung Ökonomische Sicherstellung der Landesverteidigung im Ministerium für allgemeinen Maschinen-, Landmaschinen- und Fahrzeugbau (MALF/Abteilung 1) der DDR und Oberst der NVA
hatte ich dienstlich dort oft zu tun. Denn ich war für
die Sicherstellung der militärischen Produktion in den
Kombinaten des MALF und die wissenschaftlich-tech-
nische Zusammenarbeit mit den Ländern des Warschauer Vertrages auf dem Gebiet der militärischen
Produktion zuständig.
Diese Reise nach Moskau war notwendig geworden,
weil die CSSR ihren Verpflichtungen zur Lieferung der
Lenkdrahtspulen für die Panzerabwehrlenkrakete
(PALR) 9M113 Konkurs an das Instandsetzungswerk
Pinnow (IWP) nicht nachkam. Das IWP produzierte als

Finalist die Panzerabwehrlenkrakete Konkurs nach sowjetischer Lizenz. Um den Lieferverpflichtungen an die NVA und an die Sowjetarmee gerecht werden zu können, schien es nur einen Ausweg zu geben: die zeitweilige Lieferung der Spule aus der UdSSR. Doch die Konkurs wurde in der UdSSR gar nicht mehr hergestellt.

In der Nacht vom 8. zum 9. November 1989 schlief ich in einer Besucherwohnung der Handelsvertretung der DDR-Botschaft in Moskau. Während der Morgentoilette stellte ich das Radio an. Es war die Deutsche Welle, ein Westsender, der als einziger deutschsprachiger Sender manchmal in Moskau zu empfangen war. Mit halbem Ohr schnappte ich die Information auf, dass in der Nacht die Mauer geöffnet worden sei. Zuerst hielt ich das für eine Falschmeldung. Später dann, in der speziellen Handelsvertretung, im Büro des Ingenieur-Technischen Außenhandels (ITA), erfuhr ich, was geschehen war. Ein telefonischer Rückruf nach Berlin, ins Ministerium, bestätigte die Information. Man teilte mir mit, dass Massen von Menschen auf der Leipziger Straße und der Friedrichstraße in Richtung Westberlin unterwegs seien. Außerdem erhielt ich die Weisung, baldigst nach Berlin zurückzukommen.

Doch dann, in den Verhandlungen mit Offizieren der sowjetischen Handelsorganisation Masch-Pribor-In-Torg (Deckname für Militärhandel: Maschinen-, Geräte- und Instrumentenhandel) in Moskau, fiel von sowjetischer Seite keine Bemerkungen zum Mauerfall. Das wirkte, als ob der Vorgang für sie das Alltäglichste der Welt sei oder als ob sie es noch nicht wussten.

Zurück in Berlin, dauerte es nicht lange, und wir erhielten Mitteilung über die Festlegung der Modrow-Regierung, dass die Abteilungen I in der Wirtschaft aufzulösen sind und die Offiziere aus diesen Abteilungen entweder in Dienststellen der NVA zurückzuversetzen oder zu entlassen sind. War diese Entscheidung abrüstungspolitisch durchaus sinnvoll, so fehlten doch jegliche Durchführungsbestimmungen. Was sollten wir mit den Tausenden von VS- und GVS-Unterlagen machen? Wir legten fest, dass diese Akten zu vernichten sind. Tagelang ratterte der Schredder in unserer VS-Stelle. Und in der alten Heizungsanlage im Keller des Hauses der Ministerien der DDR wurden viele VS-Dokumente verbrannt.

Ein weiteres Problem für mich waren drei westliche Sturmgewehre, ein G 3 (BRD), ein M16 (USA) und ein Galil (Israel). Diese Waffen lagerten - nicht ganz offiziell - in meinem Panzerschrank. Wir hatten sie über KoKo, das Handelsunternehmen Kommerzielle Koordinierung von Schalck-Golodkowski, als Muster für die Konstrukteure im Kombinat Spezialtechnik Dresden und im VEB Gerätebau Wiesa zur Konstruktion und Herstellung des Sturmgewehres Wieger 940 beschaffen lassen, einer Eigenentwicklung. Erst nach mehreren Rückfragen in NVA-Dienststellen war die Waffenkammer der Verwaltung Beschaffung und Instandsetzung des Ministeriums für Nationale Verteidigung in der Schnellerstraße bereit, uns die Waffen abzunehmen. Ich wickelte sie in eine Decke, wartete, bis ein mir bekannter Polizist ohne Anwesenheit eines Vertreters der Bürgerbewegung unten am Ausgang Dienst hatte, und brachte sie im Dienstwagen zur Waffenkammer.

Nun meldeten sich auch die Sowjets. Ein Vertreter des Militärattachés der Botschaft der UdSSR in Berlin, den ich aus gemeinsamer Arbeit kannte, rief mich an. Er fragte, wo sich die komplette von der UdSSR gelieferte Lizenzdokumentation zur Vorbereitung der Produktion der Panzerabwehrlenkrakete 9M117 Bastion befinde. Alle Unterlagen waren im IWP Pinnow eingelagert. Von sowjetischer Seite wurde mir höflich mitgeteilt, dass in diesen unruhigen Zeiten die von der DDR zwar schon bezahlten, jedoch hoch geheimen Lizenzunterlagen auf dem Territorium der UdSSR sicherlich besser aufgehoben seien. Nach Abstimmung mit dem Betriebsdirektor des IWP fuhren wir in einer gemeinsamen Nacht- und Nebelaktion mit einem Kleintransporter der Botschaft nach Pinnow, holten die Lizenzdokumentation ab und brachten sie in die sowjetische Botschaft in Berlin.

Damit war ein für mich verhältnismäßig geringfügiges Problem gelöst. Aber was sollte mit den vielen Bereichen militärischer Produktion in den Kombinaten geschehen? Die Modrow-Regierung wollte die zentralisiert und ineffizient geführte Wirtschaft der DDR grundsätzlich umstrukturieren. Am 18. Dezember 1989 wurden die zehn Industrieministerien und die Abteilungen I aufgelöst und ein Ministerium für Wirtschaft gebildet. Die Ministerin Christa Luft besaß jedoch kein generelles Konzept zur Konversion der ehemaligen Rüstungsbetriebe in der DDR. Da kein Bedarf der NVA und der Warschauer Pakt-Staaten mehr zu erwarten war, konnte die Alternative nur lauten: absolute Produktionseinstellung und Umstellung auf zivile Produkte. Das war aber nicht sofort möglich, sondern hätte nach meiner Einschätzung ca. zwei Jahre gedauert. 1990 waren dann bald 80 Prozent der Beschäftigten der Rüstungsindustrie der DDR arbeitslos. Hinzu kam, dass diese Betriebe große Verluste an Umlaufmitteln, nicht mehr verwertbare Bestände an halbfertigen Produkten und viele Kredite hatten, die bedient werden mussten.

Mit der am 1. März 1990 gegründeten Treuhandanstalt sollten die Kombinate und VEB in Kapitalgesellschaften umgewandelt werden. Parallel dazu bildete man das Amt für Rüstungskonversion beim Ministerium für Wirtschaft. Es nahm am 1. Juni nach langen Geburtswehen seine reguläre Arbeit auf und war mit vielen ehemaligen Mitarbeitern der Abteilungen 1 der Industrieministerien besetzt. Nach dem 3. Oktober wurde es nicht in das Bundeswirtschaftsministerium übernommen, sondern aufgelöst.

Einige Zeit lang war ich zum Vorläufer dieses Amtes abkommandiert. Mehr als das Zusammentragen von statistischen Zahlen über die Rüstungsproduktion der DDR war dabei nicht möglich. In Pinnow organisierte sich ein Verband der konversionsbetroffenen Betriebe. Aber seit die Treuhand die Privatisierung voran trieb, änderte sich deren Interessenlage schlagartig und der Verband wurde für sie uninteressant. Die Betriebe versuchten sich in GmbH umzuwandeln und sich auf zivile Produktion umzustellen. Ein staatliches Amt für Rüstungskonversion sahen die Entscheider in den Unternehmen daher eher kritisch. Hilfe leistete das Amt mit seinen im wesentlichen theoretischen Betrachtungen nicht. Die Chefs des Amtes, darunter auch ehemalige Staatsekretäre, hatten zuviel mit sich selbst zu tun und vorrangig die Sorge, ihre eigenen Interessen beim Übergang in die Marktwirtschaft zu sichern.

Nach meinem Ausflug zu dem Vorläufer des Amtes für Rüstungskonversion versetzte man mich in das Ministerium für Abrüstung und Verteidigung nach Strausberg, und zwar als Abteilungsleiter für die Zusammenarbeit mit der Industrie bei der technischen Abrüstung. Zwei Mitarbeiter stießen später hinzu. Beim Stellvertreter für Technik und Bewaffnung des Ministers, Generaloberst Joachim Goldbach, war eine Hauptabteilung für allgemeine Angelegenheiten der Abrüstung angesiedelt. Bis zu meinem Ausscheiden aus der NVA im September 1990 blieb mir unklar, wer mein direkter Vorgesetzter war, der Leiter dieser Hauptabteilung, Generalmajor Norbert Wolf, oder Generaloberst Goldbach, dessen Vorgesetzter. Nach Absprache mit Wolf und Goldbach vereinbarten wir eine fachliche Unterstellung in der Hauptabteilung Wolf. Es ging eben etwas durcheinander im Ministerium.

Obwohl ich viele Offiziere in dieser Hauptabteilung kannte, fühlte ich mich als Fremdkörper in ihren

Reihen. Es herrschte eine eigenartige Atmosphäre. Keiner wusste, was er tun sollte. Alle warteten auf Befehle von oben. Die kamen aber nicht. Es wurde viel diskutiert, wie es weiter geht. Dass irgendwann die deutsche Einheit kommen würde, war vielen klar. Dass aber schon in einigen Wochen Gorbatschow die DDR an die Bundesrepublik verkaufen würde und ein Raubzug von BRD-Instanzen in der Wirtschaft der DDR und in der NVA beginnen würde, lag damals jenseits aller als realistisch zu betrachtenden Vorstellungen. Viele meiner damaligen Kollegen hegten den Glauben, dass man sie als Offiziere in die Bundeswehr übernehmen werde.

Sie saßen erstarrt wie die Maus vor der Schlange, warteten ab und wollten sich mit niemandem anlegen. Ich wurde das Gefühl nicht los, dass durch die Ereignisse dem Offizierskorps der NVA das Rückgrat gebrochen worden war.

Einige Offiziere befassten sich mit verschiedenen Theorien über die Konversion, andere mit dem Stellenplan und der Struktur von Abrüstungsabteilungen. Selbstständige Ideen und Mut zu deren Umsetzung ohne Befehl von oben gab es in dieser Zeit kaum. Eines klappte aber vorzüglich: Die Einhaltung der militärischen Hierarchie und der Geheimhaltungsordnung. General Norbert Wolf versuchte Ordnung und Ideen in den Arbeitsablauf zu bringen, erhielt aber wenig Hinweise von seinen Vorgesetzten. Was sollte man auch erwarten, wenn ein ehemaliger Pfarrer Verteidigungsminister war. Dessen erster Befehl im Amt lautete: Abhängen aller Bilder mit Militärtechnik im Hause des Ministeriums. Auch der für uns verantwortliche Staatssekretär Marczinek war, gelinde gesagt, keine große intellektuelle Leuchte. Ich wurde das Gefühl nicht los, dass man auch in der obersten Etage des Ministeriums vor allem mit sich selbst beschäftigt war.

Trotz Egon Bahr als Berater. Jeder wollte die Wirren dieser Umbruchzeit überstehen und für sich nutzen.

Konversion war das Wort des Tages, alle beschäftigten sich damit. Konversion der Streitkräfte, der Militärtechnik, der Rüstungsindustrie, Amt für Konversion und so weiter. Es wurden Zuarbeiten zu verschiedenen Ministeriumsvorlagen erstellt, darunter eine Entscheidungsvorlage für den Ministerrat der DDR zur Errichtung einer Treuhandgesellschaft Staatsvermögen der NVA, zur weiteren Abrüstung und Konversion (20.7.1990). Man formulierte Vorschläge für einen Staatsvertrag zur Konversion (18.7.1990) und für die Bildung einer Regierungskommission für Abrüstung und Konversion (7.8.1990).

Minister Eppelmann bildete am 8. Juni 1990 an der Dresdner Militärakademie ein Institut für Konversion der Streitkräfte (IKOS). Dieses Institut sollte wissenschaftliche Analysen erarbeiten, um zweckmäßige Entscheidungen zur Konversion des Personals, der Technik, der Liegenschaften und Versorgungsgüter der NVA treffen zu können. Das sollte die NVA-Wissenschaftler von der Militärakademie durch Arbeit ruhig stellen. Es wurde Marczinek anvertraut, was diesen jedoch offensichtlich überforderte. Er traf keine Führungsentscheidungen, kümmerte sich kaum um das Institut und vernachlässigte seine Dienstaufsichtspflicht. So zeugte man – gewollt - ein totgeborenes Kind. Besonders geheimnisvoll ging es bei der Erarbeitung von Stellenplänen der neuen NVA-Struktur 93 zu. Es kam zu einem hektischen Gerangel um die knappen zukünftigen Planstellen, was auch verständlich war. Die Führung des Ministeriums schürte bewusst die Hoffnungen von Mitarbeitern auf ein längeres Verbleiben in der Armee.

Eine detaillierte Aufgabenstellung bekam ich in diesem Ministerium nicht, aber da ich einen gewissen Überblick der DDR-Wirtschaft mitbrachte und an Arbeit ohne Anweisung von oben gewöhnt war, definierte ich mein Arbeitsgebiet in eigener Regie. Ich verhandelte mit Unternehmen in Ost und West über die technischen Möglichkeiten zur Zerlegung von Kriegsgerät, wie der Panzer, Raketen, Flugzeuge und der Munition, das bei der einseitigen NVA-Truppenreduzierung (NVR-Beschluss vom 23.1.1989) angefallen war. Häufige Besucher in meiner Abteilung waren Vertreter von BRD-Unternehmen (z.B. Thyssen-Krupp, MBB und Rheinmetall) die großes Interesse bekundeten, sich ein gehöriges Stück der staatlich finanzierten Abrüstungsrendite zu sichern.

Ich organisierte auch Musterzerlegungen von Kampfpanzern T-55 im Reparaturwerk Neubrandenburg, von Raketen 11D im Instandsetzungswerk Pinnow und von Flugzeugen MiG-21 in der Flugzeugwerft Dresden. Wir hatten schon Erfahrungen mit der Zerlegung von Panzern in Löbau. Nicht so offenbar die Firma Thyssen/Krupp, die vorgab, einen Russenpanzer pro Tag zerlegen zu können. Nach drei Tagen waren zwölf Mitarbeiter der Firma Krupp unter Einsatz mitgebrachter neuster Zerlegungstechnik immer noch mit dem ersten Panzer beschäftigt. Sie zogen entnervt ab. Mir ist nicht bekannt, dass sich das Unternehmen später an der Verschrottung von Panzern der NVA beteiligte. Später übernahm die Metall-Rohstoff-Thüringen GmbH, eine neu gegründete Ostfirma, die weitere Verschrottung der T-55.

Gemeinsam mit General Wolf organisierten wir im Juli 1990 eine sogenannte Munitionskonferenz. Von allen Waffengattungen der NVA wurden die Bestände an Munition, Granaten, Mienen, Nebelmunition, Raketen und anderes angefordert, und als Grundlage für ein mögliches Recycling bewertet. Die uns gemeldeten Bestände umfassten eine Gesamtbruttomasse von mehr als 105 Millionen Tonnen (genau: 105.548.752 t). Unseren ersten ökonomischen Berechnungen zufolge konnte die Vernichtung von 10.000 Tonnen Munition im Durchschnitt etwa vier Millionen DM kosten. Vom Verkauf der anfallenden Reststoffe war nur ein Gewinn von maximal 0,5 Millionen zu erwarten. Das machte uns deutlich, warum viele Unternehmen aus Ost und West so erpicht auf die zur Vernichtung der Munition in Aussicht gestellten Staatsgelder waren.

Die Konferenz fand im Tagungszentrum des Ministeriums in Strausberg statt. Es nahmen Vertreter von DDR-Betrieben und Abgesandte westdeutscher Unternehmen sowie der Bundeswehr teil. Niemand von der Leitung des Ministeriums für Abrüstung und Verteidigung erschien, auch kein Staatssekretär. Ich musste feststellen, dass sich seit der Volkskammerentscheidung über den Vereinigungsvertrag sowohl der Minister Eppelmann als auch seine Staatssekretäre kaum noch in Stausberg zeigten. Sie waren wahrscheinlich anderweitig unterwegs, um sich auf die Sicherung ihrer beruflichen Perspektiven nach der Einheit vorzubereiten.

Ich war zuständig für die Organisation der Konferenz und beteiligte mich auch mit einem Vortrag über das Recycling von Raketensystemen. Einige westdeutsche Unternehmen und auch ehemalige Rüstungsunternehmen der DDR erklärten sich bereit die Entsorgung bestimmter Raketenbestände zu übernehmen.

Beim Abendessen begegnete ich erstmalig einem General der Bundeswehr. Brigadegeneral Friedrich Steinseifer (STAL V) diente im Führungsstab des Heeres. Er bemühte sich, mir die „echte Demokratie", wie sie in der BRD zu besichtigen sei, zu erklären. Sinngemäß sagte er: Wenn Sie auf dem Marktplatz in Bonn laut über den Bundeskanzler lästern, würde Ihnen, im Gegensatz zu den Verhältnissen in der DDR, nichts passieren. Ich entgegnete: Dadurch würde sich wohl auch nichts ändern.

Auf der Konferenz hatte ich auch den ersten Kontakt mit dem Geschäftsführenden Gesellschafter der BUCK

WERKE GmbH & Co, Dr. Ing. Hans Buck, der sich bereit erklärte, bestimmte Munitionssorten zu vernichten. Buck beschäftigte sich schon seit Langem mit dem Recycling von alter Munition in der BRD und war an einer Verbindung mit einem entsprechenden Betrieb in der DDR interessiert. Er wählte sich aus der Munitionsliste vorerst etwa 10.000 Tonnen aus, die er ohne Probleme vernichten könne. Besonderes Interesse zeigten auch die Unternehmen MBB und Diehl.

Buck lud mich am 31. August 1990 an seinen Firmensitz nach Bad Reichenhall ein, eine Villa in der Mozartstraße, ausgerüstet mit stilvollen alten Möbeln. Besonders beeindruckte mich ein riesiges Bild vom Maler Angerer dem Älteren mit dem Namen „Welttheater", das im Beratungsraum hing. Auf dem Konferenztisch lag eine ausgebreitete DDR-Karte. Buck wollte von mir Vorschläge und Erklärungen zu einigen ehemaligen DDR-Rüstungsbetrieben haben, die er über die Treuhand erwerben könne. Und die bekam er.

Am 27. Juli 1990 hatte Minister Eppelmann alle Verträge der NVA mit den Betrieben und Kombinaten der DDR über die Lieferung und Instandsetzung von Rüstungsgütern der NVA gekündigt. Verbunden war das mit der Aufforderung, besonders an die Instandsetzungsbetriebe, die sich in den Betrieben befindende Technik an die NVA zurückzugeben. Schon nach der Währungsunion am 1. Juli war der Export von Wehrtechnik in die Staaten des Warschauer Vertrags zusammengebrochen. Binnen eines Monats kam die gesamte Rüstungsproduktion in der DDR zum Erliegen.

Durch meine bis zum Jahr 1980 ausgeübte, 18-jährige Tätigkeit im Instandsetzungswerk Pinnow, davon 10 Jahre als Betriebsdirektor, lag mir dieser Betrieb besonders am Herzen. 1.600 hochqualifizierte Arbeitskräfte wurden dort durch Einstellung der militärischen Produktion, die 95 Prozent des Umsatzes ausmachte, über Nacht arbeitslos. Der Firma Buck empfahl ich, das IWP in die engere Wahl einzubeziehen. Sie entschieden sich für Pinnow, und wir beschlossen eine Betriebsbesichtigung, um anschließende Verhandlungen mit der Treuhand vorzubereiten. Ich erinnere mich, dass viele Betriebsangehörige während der Besichtigung auf mich zu kamen, sich freuten mich zu sehen und mit mir vertrauensvoll redeten. Buck sagte daraufhin zu mir: „Wenn ich sehe, welchen Anklang sie als ehemaliger Betriebsdirektor haben, glaube ich, sie sollten in die Politik gehen.".

Damals noch sehr unerfahren im Umgang mit kapitalistischen Verhältnissen, forderte ich für meine Beratungsleistungen kein Honorar. Ich bekam auch keins angeboten, man schenkte mir schlicht einen Bildband über das Berchtesgadener Land.

Andererseits überraschte mich immer wieder, welche primitiven Vorstellungen die Chefs der Westunternehmen von der Planwirtschaft in der DDR hatten. Als ich ihnen erklärte, dass die Betriebe in der DDR Gewinne erwirtschafteten und sie auch für eigene Investitionen einsetzen konnten, dass in den Betrieben eine Kostenstellen- und Kostenträgerabrechnung üblich war, schauten sie mich recht ungläubig an.

Anfang September 1990 besuchte mich in Strausberg der geschäftsführende Gesellschafter der Verlagsgruppe Mönch, die unter anderem die Zeitschrift „Soldat und Technik" heraus gibt. Manfred Sadlowski teilte mir mit, dass er gute Verbindungen nach Namibia habe und dieser Staat eine sehr große Seegrenze sichern müsse. Namibia habe großes Interesse am Kauf von Küstenschutzschiffen der NVA signalisiert. Nachdem ich ihm klar gemacht hatte, dass ich für den Verkauf von NVA-Technik nicht zuständig sei und er mit seinem Anliegen zum Pfarrer Eppelmann gehen solle, informierte er mich über die Planung eines Seminars der Verlagsgruppe Mönch über die NVA. Er sei daran interessiert, dass dort mehrere Offiziere der NVA auftreten und Redebeiträge leisten. Nach Beratung mit den Generalen Wolf und Goldbach stimmten wir einer Teilnahme zu. Natürlich wurden auf die Teilnehmerliste auch Generaloberst Goldbach und Staatssekretär Marczinek gesetzt. Ich sollte einen Vortrag über die Rüstungsindustrie der DDR halten. Nach Rückfrage bei Generaloberst Goldbach sagte dieser: „Kannst alles erzählen, ist sowieso alles den Bach runter".

Das Seminar über die *Nationale Volksarmee im Wandel* fand am 18. und 19. September 1990 in Bonn statt. Zuerst wurde entschieden: Wir fahren in NVA-Uniform. Das Aufsehen war groß: Vier Offiziere und drei Generale, dazu ein ziviler Staatsekretär. Mit einem Robur-Bus, fuhren wir nach Bonn. Unterkunft und Logis bezahlte der Verlag der Mönch-Gruppe. Vergütungen für unsere Vorträge gab es nicht. Abends erfuhren wir, dass die Vertreter der BRD aus den Ministerien, der Bundeswehr und die Mitglieder des Bundestages, die ebenfalls Vorträge hielten, gute Honorare einstrichen. Von den Teilnehmern kassierte die Verlagsgruppe Mönch jeweils 1.289,00 DM plus 14 Prozent Mehrwertsteuer für Mahlzeiten, Getränke, Teilnahme am Herrenabend und für die Seminarunterlagen. Insgesamt nahmen ca. 100 Besucher teil, darunter Vertreter der wichtigsten Rüstungsunternehmen der BRD, Vertreter der Bundeswehr, der Ministerien und auch westliche Militärattachés. Im Anschluss an unsere Vorträge beantworteten wir Fragen, was oft mehr Zeit in Anspruch nahm als die Vorträge.

Für mich wurde dieser Herrenabend zum Ausgangspunkt eines Tätigkeitswechsels. Die Schweizer Unternehmensberatung Knigth Wendling GmbH Zürich (deutsche Niederlassung in Düsseldorf) hatte großes Interesse an der Beratung von DDR-Rüstungsunternehmen, deren gesamte Produktion eingestellt wurde, um sie auf zivile Produkte umzuprogrammieren. Das Angebot dieses Unternehmens interessierte mich. Ich saß mit einem Mitarbeiter dieser Firma am selben Tisch. Der Luftwaffen-Oberst a. D. Dr. Drexler hatte früher im Bundesministerium der Verteidigung gearbeitet, war jedoch als SPD-Mitglied nach dem Bruch der sozialliberalen Koalition entlassen worden. Die Chemie zwischen uns stimmte sofort. Einen Monat später begann ich als freier Mitarbeiter bei der Unternehmensberatung Knigth Wendling und blieb das bis zum Jahr 1999 – als Berater in Umrüstungsfragen für Betriebe der nun nicht mehr existierenden DDR, aber auch der CSSR, Polens und der UdSSR.

Ein weiteres westdeutsches Rüstungsunternehmen bot mir an diesen Abend eine Arbeitsstelle an. Die IAT Dr. Baumeister KG zeigte Interesse am Erwerb eines ehemaligen Rüstungsbetriebes der DDR. Von einem anwesenden ehemaligen Bundeswehrgeneral und damaligen Mitglied des Bundestages, der auch an unserem Tisch saß, wurde ich jedoch vor dieser Firma gewarnt. Sie pflege enge Kontakte zur CIA. Was sich auch später bestätigte. Somit war das Stellenangebot für mich nicht akzeptabel.

Trotzdem fuhr ich am kommenden Tag in das Unternehmen und man informierte mich über die Entwicklung und den Bau von unbemannten Flugzeugen, sogenannten Drohnen. Später kaufte die Firma Baumeister über die Treuhand einen Betriebsteil des Instandsetzungswerkes Pinnow in Schwedt/Oder. Es war die ehemalige Arbeitsstätte der NVA-Arrestanstalt, in der Militärstrafgefangene glasfaserverstärkte Polyesterkofferaufbauten für Armeefahrzeuge gewickelt hatten.

Alle diese Unternehmen, die IAT Dr. Baumeister KG, die Buck Werke GmbH & Co und Knigth Wendling GmbH, existieren heute nicht mehr in ihrer damaligen Form oder sind in Konkurs gegangen. Doch zumindest das Führungspersonal dieser Unternehmen dürfte von der Goldgräberstimmung der frühen 90-er Jahre profitiert haben.

In der letzten Septemberwoche des Jahres 1990 rief mich der zuständige Kaderoffizier im Ministerium zu sich und überreichte mir die Urkunde über die Entlassung aus dem aktiven Wehrdienst. Ich bekam eines der Halstücher, welche seit Jahren das Entlassungsgeschenk für Soldaten waren, und 200 D-Mark als Abfindung für meine 28-jährige Dienstzeit in der NVA. Wir kannten uns gut aus unserer gemeinsamen Tätigkeit im IWP und waren uns im Urteil über diese von Eppelmann angewiesene Entlassungsmethode einig. Generaloberst Goldbach dagegen, der selbst schon entlassen worden war, verabschiedete alle seine direkt Unterstellten persönlich, verbunden mit einem Geschenk, aus seinem übriggebliebenen Fonds aus besseren Tagen.

Mit meinen Entlassungspapieren erhielt ich ein Formular mit der Bezeichnung „Antrag auf Leistungen nach Versorgungsordnung bzw. Besoldungsordnung" (Befristete erweiterte Versorgung). In ziviler Sprache: Das war der Antrag auf Arbeitslosengeld.

Danach legte der Kaderoffizier eine Mappe auf den Tisch und sagte: „Hier deine Kaderakte. Such dir raus, was du brauchst, den Rest vernichten wir gemeinsam im Reißwolf." So vollzog sich das Ende meines aktiven Wehrdienstes. Offizielle Unterstützung bei der Arbeitssuche gab es durch das Ministerium nicht. Nur einer meiner Mitarbeiter, ein Oberst und Panzerspezialist, wurde mit dem Dienstgrad Major zeitlich befristet in die Bundeswehr übernommen. Ihn konnte man für die in der Anfangszeit übernommenen 600 BMP-1 der NVA gebrauchen. Nach der Ausmusterung dieser Fahrzeuge im Jahr 1993 erging es ihm wie mir. Er wurde entlassen – allerdings in Bundeswehruniform und er durfte sich fortan als Major a.D. bezeichnen.

Am 15. Oktober 1990 nahm ich meine Tätigkeit bei der Beraterfirma Knigth Wendling auf. Meine erste Aufgabe war es, meine Kontakte zum Unternehmen Buck zu nutzen. Von Buck erhielten wir den Auftrag zur Erarbeitung eines Unternehmenskonzeptes zur Übernahme des IWP, das zum Bestand der Treuhandanstalt gehörte. Mit Oberst a.D. Drexler bildete ich für die folgenden acht Jahre ein unzertrennliches Arbeitsteam. Buck wollte zuerst in Pinnow nur Recycling von Militärtechnik realisieren, was die Treuhandanstalt jedoch ablehnte. Sie forderte die Übernahme des gesamten Betriebes.

In Pinnow hatten ehemalige Betriebsangehörige bereits Konzepte zur Bildung verschiedener GmbH entwickelt. Das Spektrum reichte von der Verschrottung der Raketen der NVA bis zur Fertigung von Ausrüstungen für Altenheime und den Fensterbau. Inzwischen war der Industriepark Pinnow entstanden. Die Vertreter von Buck wurden deshalb sehr reserviert empfangen. Man sah sie nicht gern in Pinnow und glaubte, es selbst schaffen zu können. Noch heute höre ich von einigen ehemaligen Offizieren hin und wieder diese Meinung bei unseren jährlichen Pinnowtreffen. Ich denke, dass es möglich gewesen wäre - aber unter viel größeren Anstrengungen. Buck hatte eine große Lobby bei der Bundeswehr in Bonn und Koblenz, er hatte eine ausgereifte Technologie und die dazugehörige Anlage. Daher konnte bei der Vernichtung von Raketen, Granaten, Bomben, Minen und Patronen auch gleichzeitig die Entsorgung der darin enthaltenen Explosivstoffe vorgenommen werden. Und natürlich konnte Buck auf die Erfahrungen der Mitarbeiter des IWP bei der jahrzehntelangen Zerlegung von verschiedenen Raketen der NVA sowie bei deren Instandsetzung zurückgreifen. Die Auflage der Treuhand an Buck, so viele Arbeitskräfte wie möglich zu halten, erweckte andererseits auch Hoffnungen. Gemeinsam mit den Pinnowern erarbeiteten wir, fünf Kollegen von Knigth Wendling, innerhalb von zwei Wochen auf Basis der schon von IWP-Mitarbeitern entwickelten Ideen das Unternehmenskonzept. Es empfahl die Gründung von vier eigenständigen nachgeordneten GmbH, die alle zur Buck INPAR Pinnow GmbH gehören sollten. Mit den Fachgebieten Entsorgung von Raketen und Explosivstoffen, Bau von Komplettsystemen für den Pflegebereich in Altenheimen und Krankenhäusern, Fertigbauten für Unterkünfte für abziehende Offiziere der sowjetischen Streitkräfte in Königsberg, St. Petersburg und Moskau, Fertigung von Fenstern mit hoher Wärmedämmung und Schallisolation. INPAR, der Industriepark Pinnow, hatte mit dem Konversionsbeauftragten des Landes Brandenburg bereits einen Vertrag über den Bau von Containerwohnungen für nach Russland zurückkehrende Offiziere der Westgruppe ausgehandelt. Weiterhin sah das Konzept die Investition von 28 Millionen D-Mark für den Aufbau einer in Deutschland einmaligen Explosivstoffentsorgungsanlage und die Beschäftigung von 730 ehemaligen Pinnowern in der Buck INPAR Pinnow GmbH vor. Das Entsorgungsverfahren für Explosivstoffe aller Klassen in der Anlage Buck 418 galt in der Welt als konkurrenzlos und erreichte eine Leistung von 4.000 Tonnen im Jahr.

Buck erhielt von der Treuhand den Zuschlag, kaufte für ein Handgeld - was mich heute noch sehr ärgert - den Betrieb und erhielt für die Investitionen von 27 Millionen DM noch eine Aufschubfinanzierung vom Staat. Das einzige Versprechen Bucks gegenüber der Treuhand war, keine betriebsbedingten Kündigungen vorzunehmen und ca. 30 Millionen DM zu investieren. Somit wurde einer der modernsten Rüstungsbetriebe der DDR mit hochqualifizierten Arbeitskräften von der Treuhand für Peanuts an ein westdeutsches Rüstungsunternehmen verschleudert. Buck wurde damit zum größten Arbeitgeber in der strukturschwachen Region Uckermark.

In den ersten Jahren lief das Unternehmen von Buck in Pinnow recht gut. Der Drehrohrofen Buck 418 lief seit 1991 ununterbrochen und vernichtete ohne schädliche Rückstände Explosivstoffe. Bis 1994 wurden von der INPAR BUCK GmbH 180.000 Tonnen Munition und 360.000 Raketen der NVA sowjetischer Bauart vernichtet. Außerdem wurden 300.000 US-Panzerminen, amerikanische Clusterbomben und Bomblet-Granaten sowie Raketen der Bundeswehr der Systeme Hawk und Patriot entsorgt.

Doch mit dem Erwerb des IWP war der Hunger der Firma Buck nicht gestillt, im Gegenteil, jetzt ging es erst richtig los. Es musste unbedingt ein Büro der Firma in Berlin, in der Karl-Liebknechtstraße, eingerichtet werden. 1991 übernahm Buck auch den VEB Silberhütte in Uftrungen (Harz), Hersteller von Pyrotechnik und Nebelmitteln für die NVA, die DEPYFAG Pyrotechnik GmbH und die deutsche Pyrotechnikfabrik in Cleebronn. Außerdem war Buck mit 42 Prozent am Wohnpark Bernau Friedenstal beteiligt. Es entstanden die Buck Systembau GmbH und die Buck INPAR Bauträger GmbH. Die Unternehmensgruppe BUCK bestand nun aus fünf Tochterunternehmen mit 14 Standorten in Ost und West und hatte 1022 Mitarbeiter.

Die Entsorgung der Raketen in Pinnow verlief jedoch nicht ohne Probleme. 1993 wurden durch einen Raketenbrand in Pinnow sieben Arbeiter verletzt. Die Pulverstange war heruntergefallen und hatte sich durch Reibung auf dem Betonfußboden entzündet. Der Feststofftreibstoff der ersten Stufe einer Boden-Luft-Rakete 20 DSU des Systems *Wolchow* brannte. Buck machte erstmalig in Pinnow Bekanntschaft mit dem Staatsanwalt wegen nicht korrekter Einhaltung der Arbeitsschutzbestimmungen.

Das zweite Mal meldete sich der Staatsanwalt wegen eines Giftmüllskandals. Es wurde ein Verfahren eingeleitet. INPAR Buck hatte 1993 von der NATO

(Maintenance and Supply Agency in Luxemburg) die Vernichtung von 105-mm Kartuschen und der dazugehörigen 14.000 Kisten (Gewicht: 216 Tonnen) übernommen. Die Kisten waren mit PCP (Pentachlorphenol) durch Holzimprägnierung verunreinigt. Die NATO zahlte für die Entsorgung der Kisten pro Kilogramm 0,82 DM. Buck hatte aber, obwohl die PCP-Verseuchung bekannt war, die Kisten für 1,00 DM pro Kiste an andere Firmen zum Schreddern verkauft. Der Giftmüll landete anschließend auf dem Kompost. Bei einem Gewicht von ca. 10 Kilogramm pro Kiste ergaunerte sich Buck einen beachtlichen finanziellen Vorteil.

Der Unternehmenseigner Dr. Buck pflegte recht illusionäre Vorstellungen über die Perspektive seines kleinen Imperiums. So träumte er von der Schaffung einer gläsernen Fabrik in Pinnow und vom Bau eines hohen Turmes an der Straßenkreuzung vor dem Ort Pinnow mit den BUCK-Logo. Er wollte seine Firma zu einem global tätigen Unternehmen machen und überhob sich. Im Jahr 1998 ging er in Konkurs.

Am 7. Oktober 1998 wurde die erzwungene Gesamtvollstreckung für die BUCK Werke GmbH & Co. beantragt. Die Gesamtvollstreckung der Unternehmenstochter Wohnpark Friedenstal GmbH Bernau war bereits im Gange. Buck war auch Generalauftragnehmer für den Bau von 150 Eigenheimen in Bernau. Die Nachforderungen wegen diverser Bauschäden erreichten eine Höhe von 30 Millionen D-Mark. Buck behauptete damals, der anhaltende Preisverfall im Baugeschäft und bei der Munitionsentsorgung sei die Ursache für den Konkurs. Andere Informationen belegen, dass erhebliche Qualitätsmängel an den Eigenheimen auftraten und die Verkaufszahl der Häuser erheblich zurückging. Buck hatte die Häuser nach seinem Patent für die „Herstellung doppelwandiger Wandelemente" gefertigt. Diese Wände trockneten, nachdem sie mit Beton gefüllt waren, nicht aus. Kurz bevor die Insolvenz beantragt wurde, schaffte man noch die aus DDR-Zeiten in Pinnow eingelagerten hochpräzisen Werkzeugmaschinen in einer Nacht- und Nebelaktion weg, offenbar um sie schnell zu Geld zu machen.

Mit den vorfinanzierten Konkursausfallgeldern konnten die Löhne im Unternehmen Buck in Pinnow noch bis Ende November gezahlt werden. Die Arbeiten an den Häusern in Russland wurden abgebrochen. In Pinnow wurden 556 Beschäftigte entlassen.

Die Munitionsentsorgung in Pinnow wurde schließlich mit 90 Mitarbeitern von der Norwegischen Konzern-gruppe Nammo *(Nordic Ammunition Company)* über-nommen. Es entstand die Nammo Buck GmbH. Die Rheinmetall Industrie AG übernahm die Wehrtechnik-sparte der Buck System GmbH (Nebelgranaten, Nebel-handgranaten, Infrarotsysteme, militärische Pyrotech-nik) in Westdeutschland. Die Firma Buck hörte auf zu existieren.

Das gesamte Gelände in Pinnow (191 Hektar), ein-schließlich der Hallen, übernahm die Gemeinde Pinnow. Bis 2010 siedelten sich auf dem Industriege-lände 15 verschiedene Firmen mit einem Mitarbeiterbe-stand von ca. 300 Beschäftigten an.

Nun noch einige Bemerkungen zur Firma IAT *(Interna-tional Aerospace Technologies)* Baumeister KG. Nachdem das Unternehmen von der Brandenburger Treuhand zu einem Spottpreis den Betriebsteil des IWP in Schwedt übernommen hatte, versuchte man, Fertig-häuser und Nasszellen für Fertighäuser herzustellen.

Die Firma Baumeister war in der Adenauer-Ära ge-gründet wurden. Ihr Hauptgeschäft war damals die kurzfristige Belieferung der Bundeswehr mit Ersatz-teilen für die in der Truppe vorhandene USA-Militär-technik. So entstanden auch eine Niederlassung des

Unternehmens in Huntsville (Alabama) und ein eigener Transportfliegerpark.

Für den Aufbau seiner Niederlassung in Schwedt erhielt Baumeister mit Hilfe einer Kreditbürgschaft des Landes Brandenburg einen Bankkredit in Höhe von 2,5 Millionen D-Mark. Der größte Teil des Kredites floss allerdings nach Bonn in die Zentrale der KG, obwohl die Richtlinie des Landes Brandenburg verlangte, die verbürgten Gelder nur in Brandenburg einzusetzen. Durch stark überhöhte Materialbezahlungen von Schwedt an die KG in Bonn war schnell ein Weg gefunden worden, der es ermöglichte diese Festlegungen zu umgehen. So wurden die Staatskasse angezapft und die Schweder Firma von Baumeister zu Gunsten der KG ausgeblutet. Ein Mitarbeiter der Treuhandanstalt in Potsdam sagte später dazu: „Man sieht dem Geld doch nicht an, ob es aus Bürgschaften stammt".

Während der Verhandlungen zur Übernahme des Betriebsteils in Schwedt trat Baumeister mit der Bitte an mich heran, bei der Beschaffung einer P-40 *Bronja* 1S12 (Radarstation der Truppenluftabwehr) aus NVA-Beständen behilflich zu sein. Eine Zustimmung der Bundeswehr erhielt er jedoch nicht. Daraufhin nahm er Verhandlungen mit Polen auf und bekam von dort eine solche Station. Es ist offensichtlich, dass die hochgeheime Station sowjetischer Bauart für amerikanische Geheimdienste zur technischen Untersuchung bestimmt war.

Einige Zeit später bat mich Baumeister nach Bukarest zu fliegen, um in Bukarest sechs Fliegerfäuste (Boden-Luft-Raketen) des sowjetischen Typs *Igla* zu begutachten. Ich sollte festzustellen, ob es sich wirklich um diese Raketen handelte und nicht um Raketen des Typs *Strela*. Baumeister hatte bei seinen Verhandlungen in Polen die Lieferung dieser hochgeheimen Raketen nach Rumänien erwirkt, worauf diese in Bukarest umgeladen wurden und per Flugzeug nach Huntsville weitergeleitet werden sollten. Ich lehnte ein solches Ansinnen ab, zumal ich ja über die Verbindungen von Baumeister zur CIA informiert war.

Baumeister gelang es 1992, acht sowjetische Panzer des Typs T-72 in Russland zu kaufen und diese offiziell in das Zielland Bolivien auszuführen. Ein dänischer Frachter übernahm die Panzer im Hafen Wyborg. Sie gingen jedoch nicht nach Bolivien, sondern in das Red-Stone-Arsenal der US-Armee in Huntsville (Alabama). Baumeister hatte in Moskau dafür 500.000 US-Dollar bezahlt und erhielt dann von der US-Army 1,5 Millionen Dollar für diese Aktion.

Für die Entwicklung eines unbemannten (zivilen) Höhen-Vermessungsflugzeuges für die Wirtschaft (Firmencode MK-106), erhielt die Firma Baumeister Subventionen in Höhe von 920.750 DM von der Landesregierung in Rheinland Pfalz (damaliger Wirtschaftsminister: Rainer Brüderle). Mit diesen Subventionen wurde die Drohne jedoch von Baumeister als militärische Luft-Boden-Angriffsdrohne entwickelt. 1992 wurden die gesamten Entwicklungsunterlagen und Muster für 2,5 Millionen DM ohne Zustimmung des Landes Rheinland Pfalz an das Schwesterunternehmen IAT Baumeister im US-Bundesstaat Alabama veräußert. Das Subventionsrecht verbietet jedoch den Verkauf an Dritte und ins Ausland ohne Zustimmung der Behörden. Die Landesregierung forderte die Subventionen zuzüglich sechs Prozent Zinsen zurück und drohte mit dem Staatsanwalt. Nun wurde es Baumeister doch zu brenzlig. Das Unternehmen brach in Deutschland seine Zelte ab und verlegte seinen Hauptsitz nach Huntsville.

Das sind nur zwei Beispiele, die illustrieren, wer nach der Abwicklung der DDR und ihrer Armee im Osten mit welchen Methoden Geschäfte machte. Man nannte es *marktwirtschaftliche Verwertung der volkseigenen Betriebe*. Diesen Raubzug realisierte die Treuhand unter Leitung von Frau Breuel mit großem Elan. Zu meinen ersten Erkenntnissen im Westen gehörte, dass Marktwirtschaft keine Moral kennt.

Nach der Arbeit für Knight Wendling in Pinnow berieten wir noch eine Reihe anderer Betriebe mit militärischer Produktion, so das Panzerreparaturwerk RWN in Neubrandenburg, die Peenewerft Wolgast, die Flugzeugwerft Dresden, die Mechanischen Werkstätten in Wiesa, das Gerätewerk Königwartha, den Fahrzeugbau Aschersleben, das Sprengstoffwerk Kapen, den Kühlanlagenbau Zwickau und die Maxhütte in Unterwellenborn wegen der Verschrottung von Militärtechnik.

Schließlich wurde die Beratertätigkeit auf die Tschechoslowakei und Polen ausgedehnt. Immer ging es um die mögliche Umstrukturierung des Betriebes von militärischer auf zivile Produktion. Die Gelder für eine solche Beratung wurden von der EU in Brüssel bereitgestellt. Um an diese Gelder zu kommen, war ein harter Kampf notwendig. Ich erinnere mich an ein Beispiel. Ich hatte Verbindungen mit den Russischen Hubschrauberunternehmen Kamov in Moskau (KB) und Ulan Ude (Produktion) sowie mit Mil in Moskau (KB) und Rostov am Don (Produktion) aufgenommen. Beide Unternehmen waren bereit, sich von Knigth Wendling über die Verbesserung der Fertigungstechnologie zur Erhöhung des Exportes beraten zu lassen, wenn die Beratung von Brüssel bezahlt würde. Mit den von uns gegebenen Hinweisen beantragten die russischen Unternehmen die Beratung bei der EU. Daraufhin eröffnete die EU eine weltweite Ausschreibung. Wir stellten bei Knigth Wendling ein gutes Team zusammen, mit Fachkräften aus Ost und West, und erarbeiteten die Konzeption der Beratung für Brüssel. Von 80 Bietern kamen wir unter die drei Besten. Für diese drei war eine mündliche Darlegung der Beratungsschwerpunkte in Brüssel vorgesehen. Nun machte der

Chef von Knight Wendling einen großen Fehler. Er fuhr als Laie auf dem Luftfahrtgebiet, ohne einen Flugzeug- oder Hubschrauberspezialisten hinzuzuziehen sowie ohne Kenntnis der russischen Mentalität und Industriestrukturen, allein nach Brüssel und verdarb aus Unerfahrenheit das bereits fast sichere Geschäft von 1,8 Millionen Dollar.

Im Jahr 2000 gab ich meine Tätigkeit bei Knight Wendling auf. Das ewige Herumfahren in der Welt und das tagelange Besichtigen und Beraten der Betriebe mit anschließendem exzessiven Wodkakonsum nervten mich, so dass ich meine Tätigkeit bei Knight Wendling beendete.

Das Unternehmen existierte seit 1965. Am 25. Juli 2001 wurde vom Konkursrichter des Bezirksgerichtes Zürich über das Unternehmen der Konkurs eröffnet. Das Verfahren wurde am 7. Dezember 2001 mangels Aktiva eingestellt. Am 3. Januar 2002 ging die Firma in Liquidation, die Gesellschaft wurde gelöscht und am 9. April 2002 aus dem Handelsregister gestrichen. Teile des Unternehmens kamen zur Unternehmensgruppe Gemco, einer Consulting-Firma, die auf die Beratung von Metallgießereien spezialisiert ist.

Das waren einige meiner persönlichen Erfahrungen und Erlebnisse aus der Konversions- und Wendezeit. Heute kann ich sagen, die UdSSR hat mir im Studium viel technisches Wissen, logisches Denken und menschlichen Umgang beigebracht, die NVA war mir eine echte berufliche Heimat geworden, die DDR war mein Staat, obwohl ich deren Mängel am Ende recht klar erkannte. Immer war ich mit der Militärtechnik und der Speziellen Produktion (DDR-Rüstungsindustrie) verbunden und versuchte meinen kleinen Beitrag zu leisten, damit der Kalte Krieg nicht zu einem heißen wurde. Die zu schnelle Vereinigung beider deutscher Staaten war ein Schock für mich. Danach musste ich politisch umdenken und mich in der Marktwirtschaft zurechtfinden. Und ich fühlte mich gefordert, manches durch die Einheit entstandene wirtschaftliche Chaos in den Ostunternehmen zu mildern. Heute bin ich überzeugt, dass meine Tätigkeit, auch wenn offiziell nicht anerkannt, nicht sinnlos war.

Jörn Döhlert: Die Nacht der Dilettanten

Major a. D. Jörn Döhlert
Jahrgang 1953
Am 9. November 1989 Operativer Diensthabender
eines Grenzregiments in Berlin

Vor den Soldaten, die unmittelbar an der Grenze ihren Dienst versahen, ziehe ich heute noch den Hut. Was diese Jungs ertragen mussten, haben einige der Vorgesetzten in den Stäben nie erlebt. Nicht nur Beschimpfungen, sondern auch handfeste Provokationen aller Art waren an der Tagesordnung.

Ich bin von Beruf Seemann. Bevor ich 1975 zu den Grenztruppen kam, fuhr ich einige Jahre auf Schiffen der DDR-Handelsmarine. Zunächst hatte ich mich für eine Dienstzeit von drei Jahren an der Grenze verpflichtet, um erst einmal zu sehen, wie das dort abläuft. Eventuell wollte ich danach die Offizierslaufbahn einschlagen. Doch diese Möglichkeit bot sich mir nicht, weil ich nach den drei Jahren als Soldat auf Zeit für die Offizierslaufbahn zu alt gewesen wäre. Also musste ich mich entscheiden. So verschlug es mich an die Offiziershochschule der Grenztruppen in Plauen.
Nach meiner Ernennung zum Leutnant wurde ich zum Grenzkommando Mitte in Berlin versetzt. Ich schlug die Laufbahn des Truppenoffiziers ein, begann also als Zugführer, wurde stellvertretender Kompaniechef und dann Kompaniechef. Meine Kompanie war in Sichtweite des Reichstages eingesetzt.
Vor den Soldaten, die unmittelbar an der Grenze ihren Dienst versahen, ziehe ich heute noch den Hut. Was diese Jungs ertragen mussten, haben einige der Vorgesetzten in den Stäben nie erlebt. Nicht nur Beschimpfungen, sondern auch handfeste Provokationen aller Art waren an der Tagesordnung. Ich selbst habe erlebt,

274

wie auf unsere Soldaten von Westberliner Seite aus geschossen wurde. Es war während meines ersten Grenzdienstes, als wir in den unmittelbaren Grenzbereich nicht einfahren konnten, weil jemand unsere Posten unter Feuer genommen hatte. Der Schütze wurde zwar von uns fotografiert, verschwand dann aber, ohne von irgend jemandem auf Westberliner Seite behelligt zu werden. Bei der Gelegenheit wurde mir bewusst, wie dicht unsere Posten an der Grenzlinie standen und dass sie dabei ihre Gesundheit und ihr Leben riskierten. Die Verantwortung der Grenzer war enorm. Was wäre passiert, wenn einer unserer Posten die Schüsse erwidert hätte? Das ist eine Grenzrealität, die in der heutigen Geschichtsbetrachtung gerne vergessen wird.

Wegen gesundheitlicher Probleme war schließlich ein Einsatz als Kompaniechef nicht mehr möglich, so dass ich dann als OpD, als Operativer Diensthabender, im Grenzregiment meine Aufgaben erfüllte. In dieser Funktion hatte ich den Kontakt zwischen den unmittelbar an der Grenze eingesetzten Einheiten und der Regimentsführung zu sichern. Ich war für den Bereich Rosenthal bis zum Reichstag und später für den Abschnitt Stralau bis Schönefeld zuständig.

Das Klima in der Truppe war an sich gut, es gab aber einige Erscheinungen, die mich massiv ärgerten und die es in dieser Form bei der Handelsmarine nicht gegeben hatte: Auf dem Schiff hatte ich immer sagen können, was ich dachte. Und wenn jemand anderer Meinung war, sagte er mir das. Doch in der Truppe wurde in politischen Fragen erwartet, dass man das sagte, was erwünscht war. Wenn man trotzdem eine Meinung vertrat, die den Vorstellungen der Politabteilungen oder der Parteileitungen widersprach, stand man alleine da. Zwar klopften einem hinterher manche Genossen anerkennend auf die Schulter und sagten, dass sie auch dieser Meinung seien, verbanden das aber oft gleich mit dem Hinweis, doch mehr Zurückhaltung zu üben, um politisch nicht anzuecken: „Du hast ja Recht, das darfst du aber nicht sagen."

Es war die Vermischung militärisch-fachlicher und politischer Rollenerwartungen, die oft zu Konflikten führte. Dienstliche Entscheidungen bekamen immer sofort eine prinzipielle politische Aufladung. Was militärisch festgelegt wurde, hatte oft zugleich parteipolitische Konsequenzen für den einzelnen Offizier. Das erwies sich oft als kontraproduktiv, weil jedem Kommandeur klar war, dass er sich im Zweifelsfall nicht nur vor seinem Vorgesetzten würde rechtfertigen müssen, sondern auch vor diversen Parteigremien. Diese Konstellation trug natürlich nicht dazu bei, eine gewisse Zivilcourage der Offiziere zu fördern. Das sollte sich in der Wendezeit als Nachteil erweisen.

Auch wir Grenzer bekamen im Sommer 1989 natürlich mit, dass die Lage in der DDR immer kritischer wurde. Wir lebten doch nicht isoliert von der Bevölkerung. Meine Frau war Dozentin für Ökonomie. Sie sagte damals zu mir: „Es ist nicht mehr erklärbar, was wir hier wirtschaftspolitisch machen." Durch die Intershops gab es zwei Klassen von Bürgern. D-Mark und Forum-Schecks waren zur zweiten Währung geworden. Das hatte mit dem immer wieder gepredigten Leistungsprinzip nichts zu tun. Ich hatte kein Westgeld. Ich wusste zunächst gar nicht, was Leute meinten, wenn sie von sogenannten *blauen Fliesen* redeten, der Tarnbezeichnung für Westmark, abgeleitet von dem blauen Hunderter. Und unsere Soldaten merkten im Urlaub sehr genau, was im Land schief lief. Sie wussten doch, welche Versorgungsprobleme es gab. Wenn die Soldaten in Ausgang gingen, kauften sie mitunter auch für ihre Familien in anderen Gegenden der DDR ein.

In der Truppe gab es außerdem personelle Reduzierungen, die uns das Leben schwer machten. Früher bekamen wir zur Verstärkung Reservisten, die wir im

Dienst einsetzen konnten. Dieses Kontingent wurde immer geringer. Man brauchte die Leute wohl in der Wirtschaft dringender, was auch verständlich war. Soldaten unseres Regiments wurden ja auch für irgendwelche Wintereinsätze in der Wirtschaft abkommandiert.

Die obere Kommandoebene wusste sich in dieser Situation nicht zu helfen. Weil wir mit weniger Kräften immer größere Abschnitte an der Grenze sichern sollten und es technisch an den Grenzanlagen keine gravierenden Veränderungen gab, meinte mancher von den höheren Kommandeuren, dass dann eben unsere Soldaten gezwungen sein würden bei Grenzverletzungen häufiger von der Schusswaffe Gebrauch zu machen. Doch jedem, der solche Ideen äußerte, musste klar sein, dass damit Todesfälle vorprogrammiert sein würden.

Man kann als Posten unter Stress bei einer Entfernung von 300 oder 400 Metern nicht mehr sicherstellen, dass im Falle der gezielten Feuereröffnung nur die Beine eines Grenzverletzers getroffen werden. Es war schon schlimm genug, dass überhaupt jemand an der Grenze sein Leben lassen musste. Der Schusswaffengebrauch als letzte Möglichkeit eines Postens zur Durchsetzung des Grenzregimes war eigentlich ein Eingeständnis unseres Scheiterns als gesellschaftspolitische Alternative zum Kapitalismus.

Die Grenzer sollten mit ihrer Präsenz eine Stabilität sichern, die dauerhaft nur durch die Attraktivität unseres Gesellschaftssystems im Alltag zu erreichen gewesen wäre. Was am 13. August 1961 als zeitweise Schutzmaßnahme gegen das Ausbluten der DDR entstanden war, hatte sich aber zu einer Dauereinrichtung entwickelt, weil wir es politisch und wirtschaftlich nicht geschafft hatten, unser Land so attraktiv zu machen, dass wir uns auf einen offenen Wettbewerb mit dem Westen hätten einlassen können. Das war uns bewusst. Und wenn es dann hieß, wir dürften der Konterrevolution keine Chance geben, stellte ich mir oft die Frage, wieso es überhaupt so weit kommen konnte.

Letztlich war man als Offizier der Grenztruppen in den Augen etlicher Leute eine Symbolfigur für alles, was in der DDR politisch und ökonomisch nicht funktionierte. Während die Bundeswehr an den Wochenenden ihre Leute nach Hause schickte, nahmen für uns die zeitlichen Belastungen im Dienst auch an den Wochenenden und an Feiertagen exzessiv zu. Das waren unsere scheinbaren Privilegien, über die sich später mancher erregte.

Im Sommer 1989 hatte ich in Prora auf der Insel Rügen einen Urlaubsplatz erhalten. Im Gespräch mit einem befreundeten Offizier, der an der Offiziershochschule *Otto Winzer* als Ausbilder tätig war, kamen wir zu dem Schluss, dass es zu einer Situation wie am 17. Juni 1953 kommen könnte. Es lag etwas in der Luft. Die Partei- und Staatsführung war angesichts der Ausreisewelle machtlos. Es gab keine Entscheidungen mehr, keiner von der Parteiführung traute sich die längst fälligen Veränderungen im Land einzufordern. Die Führung war längst in der strategischen Defensive, aus der kurze Zeit später ein ungeordneter Rückzug werden sollte. Wir flaxten damals bitter: „Pass mal auf, wir können uns schon den Baum aussuchen, an dem man uns später aufhängen wird."

Während immer mehr DDR-Bürger mit den Füßen abstimmten und die DDR über Ungarn verließen, fragte mich meine Frau: „Wieso darfst du als Grenzoffizier eigentlich nicht nach Polen, Ungarn oder in die CSSR reisen?" Dieses Misstrauen gegenüber den eigenen Leuten war in einer solchen Situation nicht nachvollziehbar. Und dann kamen die Demonstrationen am 7. Oktober in Berlin. Zuerst hielt ich das nicht für möglich. Doch es gab ja genügend Augenzeugen der Ereignisse. Es war nicht mehr erkennbar, wer in diesem Staat das Sagen hat. Damals fiel mir der Satz von Lenin wieder ein, der meinte, dass eine Revolution, die es nicht versteht sich zu verteidigen, nichts wert ist.

Durch Berichte von Verwandten erfuhr ich auch, was am 4. Oktober in Dresden passiert war. Mir war nach diesen Schilderungen klar, dass man dort die Sicherheitskräfte, vor allem die Bereitschaftspolizisten, regelrecht verheizt hatte. Nicht nur, dass Polizisten und Soldaten als Ausputzer der Folgen einer politischen Fehlentscheidung missbraucht wurden, nein, man schickte sie offenkundig auch polizeitaktisch konzeptionslos und ohne die nötige technische und logistische Unterstützung in den Einsatz. Die politische Führung in Berlin und die Bezirkseinsatzleitung in Dresden waren erkennbar von den Ereignissen völlig überrumpelt worden. Und das war aus militärischer und politischer Sicht damals schon nicht begreifbar. Anscheinend hatte keiner der Verantwortlichen hinreichend Realitätssinn besessen. Die in der DDR eingerissene Unart sich die Verhältnisse im Land schönzureden, hat wohl auch in diesem Fall eine große Rolle gespielt.

Wir hatten an der Grenze zu Westberlin im Umfeld des 7. Oktober ein verschärftes Sicherheitsregime, was bei solchen Ereignissen üblich war. Zusätzlich lagen im Grenzhinterland VP-Einheiten und Kampfgruppenhundertschaften in Bereitschaft, die uns im Ernstfall unterstützen sollten. Damals sagte mir ein Kampfgruppenangehöriger: "Ich schieße nicht. 1961 haben wir für diesen Staat an der Grenze gestanden, weil wir darin eine Chance gesehen haben. Aber heute, in dieser Lage, ist nichts mehr zu machen. Und ich lasse mich nicht in die Pflicht nehmen, wo andere längst versagt haben. Wir sind nicht für die Übernahme von Polizeiaufgaben da."

Von den Demonstrationen bekamen unsere Soldaten wenig mit. Zum einen war wegen der besonderen Sicherheitslage Ausgangssperre verhängt worden, zum anderen machten unsere Grenzer einen physisch sehr anstrengenden Schichtdienst. Sie waren froh, wenn sie nach dem Ende ihres Grenzdienstes die Waffen abgeben und schlafen konnten.

Der Dienstverlauf in der Sicherungsperiode ging schon ganz schön an die Substanz. Ganz langsam sickerte durch, was im Land los war. Jedenfalls war die Situation nach dem 7. Oktober für uns sehr brisant. Nicht so, dass man Angst haben musste, wenn man in Grenztruppenuniform zum Dienst fuhr, aber ich hatte teilweise Angst um meine Familie. Denn auch an der Schule meiner Kinder war bekannt, dass ich an der Grenze diente. Ich hatte eine Zeit lang im Elternbeirat mitgearbeitet und wusste, welcher Hass uns mitunter entgegenschlug. Einige Eltern waren recht aggressiv. Als eines Tages im Oktober bekannt wurde, dass im Bezirk Prenzlauer Berg wieder eine Aktion der Opposition stattfinden sollte, rief ich zu Hause an und sagte meiner Frau, dass sie unsere Kinder nicht in die Schule schicken solle, damit sie nicht meinetwegen von ihren Klassenkameraden angegriffen werden.

Als Honecker abgelöst wurde, hielt ich das für absolut richtig. Das hätte schon viel früher passieren müssen. Geärgert hat mich, dass man nicht Klartext redete, sondern erklärte, er sei aus gesundheitlichen Gründen abgetreten. Warum konnten wir nicht ehrlich sein? Warum belogen wir die Menschen schon wieder? Unser Minister Keßler und die Mitglieder der obersten Militärführung, die ja fast alle Mitglieder des ZK waren, trugen diesen Kurs mit. Die Opposition nutzte so etwas verständlicherweise aus. Daran möchte natürlich heute keiner der damals Verantwortlichen gerne erinnert werden.

Es war die Zeit, in der die Nachrichten plötzlich interessant wurden. In der Truppe tat man hingegen seitens der Politabteilungen noch so, als sei die Welt in Ordnung. Ich nahm Krenz ab, dass er etwas verändern wollte. Der eigentliche Hoffnungsträger in unserer Führung war für mich aber bis zu seinem Tod Werner Lamberz gewesen. Jedenfalls dachte ich in dieser Zeit oft, dass doch jetzt irgend etwas passieren müsste. Man sah ja, wie der Staat immer mehr in die Defensive geriet.

Am 9. November 1989 ging ich frühmorgens zum Dienst und dachte darüber nach, wie der Tag wohl werden würde. In meinem Dienstzimmer gab es einen Fernseher. Am Abend wartete ich darauf, dass die Aktuelle Kamera gesendet wurde. Ich sah also Schabowskis Auftritt auf der Pressekonferenz und meinte zu meinen Genossen: „Morgen früh brennt hier die Luft!" Das erwies sich schnell als Fehleinschätzung. Ich war davon ausgegangen, dass der Ansturm erst am Folgetag einsetzen würde, nachdem sich die Leute ihre Visa beschafft haben. Doch so diszipliniert waren die DDR-Bürger nicht mehr. Kurze Zeit später, etwa 30 Minuten nach der Nachrichtensendung, bekam ich einen Anruf von der Grenzübergangsstelle Sonnenallee, dass dort bereits „die Hölle los" sei. Die DDR-Bürger wollten in den Westen und auf der anderen Seite der Grenze stehe bereits ein Kamerateam.

Ich befahl die Schließung der Zugänge zum Grenzstreifen und informierte den Stab des Grenzkommandos Mitte. Der Diensthabende hatte keine Ahnung von den Vorgängen und auch keine Idee, was wir hätten tun sollen. Es gab keine Informationen, keine Entscheidungen. Das wäre übrigens selbst dann zum Problem geworden, wenn sich die DDR-Bürger erst am Folgetag auf den Weg in Richtung Westberlin gemacht hätten. Für mich ist heute noch völlig unverständlich, dass offenbar keiner in der politischen oder militärischen Führung darüber nachgedacht hatte, welcher logistische Aufwand zu betreiben ist, wenn man eine solche Reiseregelung umsetzen will.

Und wer heute behauptet, er hätte die Truppe damals geführt, lügt: Es gab in jener Nacht keine Führung. Die Befehlskette funktionierte weder politisch, noch militärisch. Krenz, Schabowski, die zuständigen Minister – keiner hatte offenbar irgendeine klare Vorstellung davon, was organisatorisch notwendig gewesen wäre, wenn man das Reisegesetz geordnet hätte umsetzen wollen. Es war die Nacht der Dilettanten.

Vom Grenzkommando Mitte kam schließlich die Wiesung, dass die Alarmkompanie in den Grenzabschnitt geschickt werden solle. Das hielt ich für abenteuerlich. Ich fragte meinen Kommandeur: „Wollen wir heute noch Bürgerkrieg spielen und morgen kann jeder über die Grenze?" Für irgendwelche Kraftmeiereien war es längst zu spät. Die Armee hätte viel eher eingreifen müssen, um die politische Stagnation im Land aufzulösen. Nur die Streitkräfte hätten die alten Männer der Führung durch Gewaltandrohung zum Rücktritt zwingen können. Das wäre eine Lösung nach polnischem Vorbild gewesen. Doch dann hätte die NVA ehemalige KZ-Häftlinge und Spanienkämpfer absetzen müssen. Das wäre politisch wohl nicht durchzuhalten gewesen.

Doch am 9. November waren die Messen in dieser Sache schon gesungen. Weil sich nun die Meldungen überschlugen und vom Grenzkommando Mitte keine brauchbaren Vorschläge oder Befehle mehr kamen, stimmten wir uns in unserer Not mit unseren Nachbarregimentern 35 und 36 ab. Alles wurde nun auf der Befehlsebene der Regimenter geregelt. Und zum Grenzregiment 35 gehörte der Übergang Bornholmer Brücke. Der dort zuständige Kommandeur der Passkontrolleinheit wollte eine Entscheidung seines vorgesetzten Stabes. Die erhielt er nicht. Heute denke ich, dass man seitens der höheren Kommandoebenen die Verantwortung abschieben wollte, damit man später bei Bedarf Schuldige hätte präsentieren können.

Irgendwann kam die Meldung, dass die Grenzübergangsstelle Bornholmer Brücke offen sei. In dieser Situation verständigten wir uns darauf, bei uns auch das Ventil zu öffnen, damit der Druck nicht zu stark wird. Wir hatten eine solche Entscheidung aber bereits auf Regimentsebene durchgespielt. Die Öffnung an der Grenzübergangsstelle Sonnenallee vollzog sich daher relativ geordnet. Zuerst öffneten wir den westlichen Durchgang, damit unsere Grenzer durch den Druck der Menge nicht auf Westberliner Gebiet geschoben werden. Dann wurden die Posten abgezogen, und dann erst wurde der innere Durchgang geöffnet.

Nun strömten die Leute. Hier war nichts mehr beherrschbar. Der Kommandeur der Grenzübergangsstelle teilte mir mit, dass er nichts mehr tun könne. Jetzt wurde *Erhöhte Gefechtsbereitschaft* ausgelöst und die Berufssoldaten alarmiert.

In der Nacht, so gegen 2.00 Uhr, kam dann vom Grenzkommando Mitte die Frage, wie viele DDR-Bürger denn schon zurückgekommen seien. Der vorgesetzte Stab lebte offenbar immer noch in einer anderen Welt. Als ich diese Frage an unsere Grenzübergangsstelle Sonnenallee weiterleitete, lachte der dortige Kommandeur nur und sagte: "Selbst wenn jetzt jemand zurückkommen wollte – er käme gegen den Strom Richtung Westen nicht an."

Etwa ab 3.30 Uhr kamen die ersten Grenzgänger zurück. Da war mir klar, dass die Leute nicht abhauen wollten. Die wollten nur mal sehen, wie es drüben ist. Ich hatte über die Jahre vergessen, dass ich durch die Seefahrt die Welt gesehen hatte. Ich war ja auch nicht stiften gegangen. Im Gegenteil: Ich hatte Reichtum und bittere Armut gesehen. Und Weltanschauung kommt von „die Welt anschauen". Wir hatten unterschätzt, dass Sozialismus mehr sein muss als Wohnung, Essen und Arbeit. Wir hatten schlicht die Zeit verschlafen. Und die da in den Westen wollten, waren keine Feinde des Sozialismus und wer im Land Veränderungen wollte, war nicht automatisch ein Konterrevolutionär. Das hatten unsere verknöcherten Parteiführer nicht begriffen.

Jedenfalls war in dieser Nacht nicht an Ruhe zu denken. Es war ein Informationschaos mit ständig wechselnden Befehlslagen und ohne Befehle. Am Morgen hieß es plötzlich, dass wir nach Ende unserer Schicht nicht nach Hause könnten, es käme eventuell für uns etwas nach. Ich rechnete schon damit, dass ich mich wegen meiner Entscheidungen und Handlungen vor dem Militärstaatsanwalt würde verantworten müssen. Dann hätte ich dafür gerade gestanden, dass ich die Weisung zum Öffnen der Grenzübergangsstelle erteilt hatte. Lediglich der Politstellvertreter unseres Regiments kam am Morgen zu mir und fragte, wie ich die Lage einschätzte. Bis Mittag passierte nichts weiter. Ich war mittlerweile 28 Stunden auf den Beinen. Nun hieß es, wir könnten nach Hause gehen.

Unmittelbar nach dem 9. November wurden wir Grenzer hofiert, dann machte man uns sehr schnell zu Sündenböcken für die politischen Entscheidungen über das Grenzregime. Und auch die neue NVA-Führung ging sukzessive zu uns auf Distanz – wie übrigens auch zu den Politoffizieren und den Verbindungsoffizieren des MfS. Das fand ich damals schon verwerflich. Alle bewaffneten Kräfte waren auf die DDR und die Parteipolitik eingeschworen und die Befehle kamen letztlich von der Partei. Und nun distanzierte sich die Armeeführung von den ehemaligen Kameraden, weil das dem neuen Image der unpolitischen Streitkräfte widersprochen hätte. Dabei war die NVA nie unpolitisch. Sie wäre als unpolitische Armee nie möglich gewesen.

In der Folgezeit hatten wir als Grenzer keine Aufgabe mehr. Die Zeitsoldaten wurden schnell entlassen und der Rest agierte als Statisten der Westberliner Polizei. Beispielsweise hatten wir es vor der Grenzöffnung immer toleriert, wenn bei Auseinandersetzungen zwischen Demonstranten und der Westberliner Polizei zum 1. Mai manche der Demonstranten auf das westlich vor der Mauer liegende DDR-Gebiet auswichen. Am 1. Mai 1990 wurden Grenzer eingesetzt, um dieses Gelände von Demonstranten zu räumen und sie der Westpolizei in die Arme zu treiben.

Es gab mittlerweile eine enge Zusammenarbeit mit der Westberliner Polizeieinsatzleitung. Unsere Leute wurden auf Weisung der eigenen Führung zu deren *Hiwis* degradiert. Und etliche unserer Kommandeure biederten sich bei ihren Westpartnern regelrecht an. Es war würdelos. Irgendwann wurde nur noch gezählt, wie viele Mauerelemente pro Tag abgebaut worden waren.

Von der sogenannten Militärreform in der NVA und der daran anschließenden Amtsführung des Ministers Eppelmann bekamen wir kaum etwas mit, denn wir wurden ja mit Wirkung vom 1. Juli ohnehin an das Innenministerium überstellt. Als der Befehl Eppelmanns zur Entfernung der DDR-Kokarden von den Mützen verkündet wurde, liefen viele Offiziere eben ohne Dienstmütze herum. Wir trugen unsere Grenzeruniform, aber nicht die Mütze mit der neuen Kokarde.

Gleichgültigkeit machte sich breit. Für die DDR hätte ich an der Grenze mein Leben riskiert – aber nun? Es war nur noch ein Job. Im August hieß es dann, dass man sich für den Dienst im Bundesgrenzschutz bewerben könne. Ich bin lieber arbeitslos geworden, denn ich hätte sonst nicht mehr in den Spiegel blicken können. Während einer Umschulung sagte unser Dozent aus Hamburg zu mir: "Döhlert, was Ihr Marx und Ihr Engels geschrieben haben, stimmt alles. Aber was Sie in der DDR daraus gemacht haben, war eine Entstellung der Klassiker des Marxismus." Der Mann hatte Recht.

Oft wird mir die Frage gestellt, ob ich die DDR wiederhaben wolle. Wenn jemand so verkürzt fragt, lautet die Antwort: „Ja, ich möchte sie wiederhaben, mit der sozialen Sicherheit und dem sozialen Klima." Aber wenn ich die Frage komplex sehe und beantworte, muss ich sagen: "Nein, ich will die DDR so, wie sie war, nicht wiederhaben. Aber ich will diese Bundesrepublik, wie sie ist, auch nicht."

Wir hatten in der DDR 1989/90 die Chance etwas vollkommen Neues aufzubauen. Wir konnten sie nicht nutzen, weil wir zu unentschlossen waren und weil sich die Bundesrepublik permanent in die inneren Angelegenheiten unseres damals noch souveränen Staates einmischte. Denn dass jene Bürger, die zuerst riefen: „Wir sind das Volk" plötzlich mehrheitlich meinten, sie und die Bundesbürger seien ein Volk, hatte auch mit massiven Interventionen westlicher Politiker, Medien und Institutionen in der DDR zu tun. Ich bin im Rückblick Stolz darauf, dass ich als Soldat für mein Land meine Pflicht erfüllt habe. Dafür brauche ich nicht die Anerkennung der Bundeswehr oder irgendwelcher westdeutscher Politiker. Und mit einer Armee, die für fremde Interessen in einem Kriegseinsatz steht, den eine übergroße Mehrheit der Deutschen ablehnt, will ich nichts zu tun haben.

Interpretationen

Aus den dürftigen strukturellen Resten der NVA, die Ende der 80-er Jahre eine Friedensstärke von etwa 184.000 Mann hatte und im Kriegsfall durch Mobilmachung von bis zu 395.000 Reservisten auf eine Stärke von fast 580.000 Mann hätte aufwachsen können, sortierte die Bundeswehr nach und nach all jene Soldaten aus, derer sie funktional für die Abwicklung des Dienstbetriebes im Osten nicht mehr bedurfte. Übernommen wurden politisch und militärisch desorientierte, von innerer Auflösung geprägte und ihrer Führung beraubte Einheiten, die der finalen Entsorgung durch den einstigen potentiellen Kriegsgegner harrten. Diese Resttruppe, welche damals für kurze Zeit Teil der Bundeswehr geworden war, hatte mit der gut ausgerüsteten und kampfstarken ostdeutschen Armee der 80-er Jahre kaum noch etwas gemein.

Abgesehen von den äußeren Zwängen zur Personalreduzierung, die sich aus den im 2+4-Vertrag festgelegten Obergrenzen für die Streitkräfte des nunmehr vereinten Deutschlands ergaben, zeigte die Bundeswehrführung naturgemäß wenig Interesse, die Karrieren und den sozialen Bestandsschutz für die ehemaligen Gegner zu garantieren. Diese Orientierung auf die möglichst lautlose und kostengünstige Entsorgung der Reste des ostdeutschen Militärs konnte nur jene Soldaten im Osten überraschen, die im Verlauf des Einigungsprozesses bemüht waren, die politische Dimension ihres Dienstes in der NVA zu verdrängen und vergessen zu machen. Der verbale Rückzug auf Werte wie Patriotismus und soldatische Pflichterfüllung, der vor allem nach dem Regierungswechsel im März 1990 bis in obere Ebenen der militärischen Befehlskette feststellbar war, beraubte diese Armee und vor allem das Offizierskorps der politischen und historischen Identität. Der wesentlich aus der parteipolitischen Orientierung insbesondere des Offizierskorps erwachsende soziale Status und die Geschlossenheit der militärischen Funktionselite gingen verloren. Beides konnte weder durch den Verweis auf fachliche Kompetenz, noch durch Selbstdefinition als Parlamentsarmee oder die Betonung sogenannter zeitloser soldatischer Tugenden wiedererlangt werden.

Verwunderlich ist dieser Identitätsverlust nicht. Durch die sukzessive Selbstaufgabe der NVA und ihrer Entscheidungsträger war ihre Position im Einigungsprozess bereits extrem geschwächt. Und die politische und militärische Führung der Bundeswehr konnte angesichts dieser politischen Schwäche die Abwicklung der NVA nach dem 03. Oktober 1990 innerhalb einer überschaubaren Zeit zuende bringen, ohne die überkommenen eigenen Strukturen und Personalstärken ernsthaft hinterfragen zu müssen.

Es ist eine Ironie der Geschichte, dass gerade eine Armee, deren Kommandeure bis zum Herbst 1989 in ihrem martialischen und parteitreuen Auftreten kaum zu übertreffen waren, in dieser Art und Weise entsorgt werden konnte. Insbesondere dem vormals selbstbewussten Offizierskorps wurde nun die Rechnung für politische Gutgläubigkeit und die lange Zeit durch die eigene Führung sorgsam gepflegten Illusionen über die Perspektive der NVA in einem vereinten Deutschland präsentiert. Es war ein historisch einmaliger Vorgang der politischen Selbstkastration einer militärischen Funktionselite, der sich im Rückblick nur durch kollektive Verunsicherung, mangelnde Führungsstärke, politische Überforderung und massive existenzielle Ängste erklären lässt.

Insofern wirken Beschwerden ehemaliger NVA-Entscheidungsträger über den konkreten Ablauf der Entsorgung ihrer Armee recht hilflos. Das offenkundig suboptimale Agieren der DDR-Militärelite im Verlauf des Jahres 1990 kann durch retrospektive Larmoyanz nicht ungeschehen gemacht werden. Die damit verknüpften Rechtfertigungsversuche wären unnötig, wenn das militärische Führungspersonal zur klaren Definition eigener strategischer Interessen und zu entschlossener Ausnutzung der damals zweifelsohne noch vorhandenen politischen Handlungsspielräume bis zur Unterzeichnung des Einigungsvertrages in der Lage gewesen wäre.

So bleibt vom einstigen Stolz der Truppe nur noch trotziges Bemühen um Verständnis beim ehemaligen Gegner übrig. Verweise darauf, dass die NVA nie in einen Krieg verwickelt war und sich des Einsatzes von Waffen gegen Demonstranten im Wendeherbst des Jahres 1989 enthalten habe, lassen jedoch die Vertreter der institutionalisierten Vergangenheitsbewältigung wie auch die medial inszenierte Öffentlichkeit unbeeindruckt. Eine solche, im Kern defensive, entschuldigende Argumentation greift zu kurz. Denn erstens wäre die NVA – wie übrigens auch die Bundeswehr – als Partner ihres Militärbündnisses selbstverständlich in einen Krieg gezogen, wenn dieser nicht zu verhindern gewesen wäre. Die NVA hätte in einem solchen Krieg ihre Bündnisverpflichtungen ebenso erfüllt, wie das die Bundeswehr im Rahmen der NATO getan hätte. Dass es dazu nicht kam, ist nicht das exklusive Verdienst dieser Armeen oder ihrer Führungen. Sie haben durch ihr Abschreckungspotenzial lediglich ihren spezifischen Beitrag zur politischen Verhinderung eines Krieges geleistet. Und die NVA hätte wohl, wenn es ihr befohlen worden wäre, auch an der Militäroperation des Warschauer Paktes 1968 in der CSSR, oder wie 1981 erwogen, in Polen teilgenommen. Dass der NVA ein solcher Einsatz erspart blieb, lag nicht im Ermessensspielraum der Militärs, sondern wurde durch die politischen Akteure entschieden. Als Beweis für den per se friedfertigen Charakter der NVA taugt dieses Argument daher nicht.

Auch der allgemeine Verweis darauf, dass die NVA im Wendeherbst des Jahres 1989 keine Waffen gegen das eigene Volk eingesetzt hat, erweist sich bei genauerem Hinsehen als Rechtfertigung mit beschränkter Überzeugungskraft. Denn selbstverständlich gingen sowohl die politische Führung der DDR, als auch die Kommandospitzen der Streitkräfte davon aus, dass ein Vorgehen der Armee gegen Demonstranten zur Aufrechterhaltung der inneren Ordnung notwendig sein könnte. Ein kleiner Teil der speziell dafür aufgestellten NVA-Hundertschaften kam ja tatsächlich mit polizeispezifischer Ausrüstung und Bewaffnung zum Einsatz. Von entscheidender Bedeutung ist im Rückblick das bereits mit Beginn dieser Einsätze erlassene Verbot des Schusswaffeneinsatzes und die aus politischer Vernunft erwachsene Entscheidung, die Einsatzhundertschaften schließlich aufzulösen. Dieser Vorgang verdeutlicht, dass die NVA eben keine beliebig einsetzbare militärische Verfügungsmasse und schon gar keine Truppe potentieller Putschisten war. Diese Armee und ihre Führung waren dem Primat der Politik und vor allem der Verfassung verpflichtet. Dass die im November 1989 teilweise erneuerte NVA-Führung jedoch politische Neutralität predigte, als eben jene Verfassung sukzessive demontiert und der Staat auch mittels massiver politischer Interventionen von außen zerstört wurde, macht die historische Tragik dieser Armee und ihres Führungskorps aus.

Aus dem Fahneneid der NVA

„Ich schwöre: Der Deutschen Demokratischen Republik, meinem Vaterland, allzeit treu zu dienen und sie auf Befehl der Arbeiter- und Bauernmacht gegen jeden Feind zu schützen.
Ich schwöre: An der Seite der Sowjetarmee und der Armeen der mit uns verbündeten sozialistischen Länder als Soldat der Nationalen Volksarmee jederzeit bereit zu sein, den Sozialismus gegen alle Feinde zu verteidigen und mein Leben zur Erringung des Sieges einzusetzen[...]."

Aus dem Offiziersgelöbnis der NVA

„Als Offiziere sind wir bereit, unter Führung der Partei der Arbeiterklasse nach dem Vorbild der revolutionären Kämpfer der deutschen und internationalen Arbeiterbewegung zu handeln und den militärischen Klassenauftrag in Ehren zu erfüllen. Das geloben wir!
Als Offiziere sind wir bereit, unsere Soldaten zu tapferen, der Deutschen Demokratischen Republik treu ergebenen sozialistischen Klassenkämpfern zu erziehen, die entschlossen sind, ihr sozialistisches Vaterland und die mit uns verbündeten sozialistischen Staaten Seite an Seite mit der Sowjetarmee und den anderen Bruderarmeen gegen jeden Feind zuverlässig zu schützen. Das geloben wir!
Als Offiziere sind wir bereit, den jungen Patrioten eine tiefe Liebe zum ersten deutschen Arbeiter- und Bauern-Staat anzuerziehen und ihnen einen glühenden, von einem festen Klassenstandpunkt geprägten Hass gegenüber dem Imperialismus und seinen Armeen zu entfachen. Das geloben wir!
Als Offiziere sind wir bereit, bei allen Armeeangehörigen sozialistische Soldatentugenden zu entwickeln,

feste sozialistische Kampfkollektive zu schmieden, die willens und fähig sind, jeden Befehl der Arbeiter- und Bauern-Macht zu erfüllen und den Sieg über den imperialistischen Aggressor zu erringen. Das geloben wir![...]"

Fahneneid der NVA vom 20. Juli 1990

„Ich schwöre: Getreu dem Recht und Gesetzen der Deutschen Demokratischen Republik meine militärischen Pflichten stets diszipliniert und ehrenhaft zu erfüllen.
Ich schwöre: Meine ganze Kraft zur Erhaltung des Friedens und zum Schutz der Deutschen Demokratischen Republik einzusetzen."

Aus dem Gesetz über die Rechtsstellung der Soldaten (Soldatengesetz – SG) § 9 Eid und feierliches Gelöbnis

„(1) Berufssoldaten und Soldaten auf Zeit haben folgenden Diensteid zu leisten: ‚Ich schwöre, der Bundesrepublik Deutschland treu zu dienen und das Recht und die Freiheit des deutschen Volkes tapfer zu verteidigen, so wahr mir Gott helfe.' Der Eid kann auch ohne die Worte ‚so wahr mir Gott helfe' geleistet werden [...]
(2) Soldaten, die nach Maßgabe des Wehrpflichtgesetzes Wehrdienst leisten, bekennen sich zu ihren Pflichten durch das folgende feierliche Gelöbnis:
‚Ich gelobe, der Bundesrepublik Deutschland treu zu dienen und das Recht und die Freiheit des deutschen Volkes tapfer zu verteidigen.'"

Wir danken dem Traditionsverband NVA e.V. für die freundliche Unterstützung. Unser Dank gilt außerdem allen, die durch Ratschläge, die Schilderung persönlicher Erlebnisse, durch die Überlassung von Fachliteratur und Archivmaterial oder durch die Vermittlung von Gesprächskontakten dieses Buch möglich gemacht haben. Nur durch ihre vertrauensvolle Kooperation konnte dieses Kapitel der DDR Geschichte dargestellt werden.

Ralf Rudolph, Uwe Markus

Quellenverzeichnis

Ablaß, W. E.: Zapfenstreich. Von der NVA zur Bundeswehr. Düsseldorf 1992

ADN Informations-Bulletin. Berlin. 11.12.89. S. 2/3 und 14.12.89. S. 6

Bahrmann, H., Links, Ch.: Chronik der Wende. Bd. 1 u. 2. Berlin 1994

Bundesministerium der Verteidigung. Rede des Bundesministers Dr. Thomas de Maizière anlässlich der Neueröffnung des Militärhistorischen Museums der Bundeswehr am 14. Oktober 2011 in Dresden.

Christoph Bertramm, Eine Eroberung im Frieden. Die Zeit online/Politik,

Das Bundesarchiv, 14.04.2010, Das deutsche Militärwesen der BRD.

Der Spiegel:
10/90:   Ein Trümmerhaufen der Gefühle.
35/90:   Kleine Krämer in Uniform.
40/95:   Am Rande des Bürgerkrieges.
45/90:   Frust beim Wachkommando.
52/90:   Der Verkauf ist zu verstärken.
9/92:   Big Fred.
24/94:   Die neuen Kameraden.
33/98:   Start in ein besseres Leben.

Ehlert, H.: Armee ohne Zukunft. Das Ende der NVA und die deutsche Einheit. Berlin 2002

Eichner, K., Schramm, G. (Hrsg.): Spionage für den Frieden. Berlin 2004

Eichner, K., Dobbert, A.: Headquarters Germany. Berlin 2008

Engels, F.: Von der Autorität, Ausgewählte Werke in sechs Bänden, Band IV. Berlin 1977. S.287ff

Eppelmann, R.: Fremd im eigenen Haus. Köln 1993

Eppelmann, R. : Gottes doppelte Spur. Holzgerlingen, 2007

Erläuterungen und Vergleiche zum Regierungsentwurf des Verteidigungshaushaltes 1991, Bundesminister der Verteidigung, Bonn, 21. März 1991, S. 53

Falin, V.: Konflikte im Kreml. Zur Vorgeschichte der Deutschen Einheit und Auflösung der Sowjetunion. München 1997

Funke, M.: Die Auflösung der NVA und ihre Teilintegration in die Bundeswehr". Rheinische–Friedrich–Wilhelm–Universität. 2001

Gillessen, G.: Das schrittweise Ende einer Armee. Frankfurter Allgemeine Zeitung. 22. November 1990. In.: Pressespiegel zur Verteidigungs- und Sicherheitspolitik 48/1990, S. 16 Hrsg.: Bundesminister der Verteidigung, IPStab – Pressereferat

Glaser, G.:...mit der Gegenseite verbrüdern. Hefte zur DDR-Geschichte, Heft 111, Berlin 2007.

Grundgesetz für die Bundesrepublik Deutschland. Bonn, 1977

Gysi, G.: Ein Blick zurück – ein Schritt nach vorn. 2001

Hebestreit, S.: Feierabend-Soldaten zum Appell. Berliner Zeitung vom 18./19. August 2012, S. 5

Heinemann, W.: Die DDR und ihr Militär. München, 2011

Hertle, H.-H.: Der Fall der Mauer. Opladen 1996.

Hertle, H.-H.: Chronik der Mauer. Berlin 1999

Hesslein, B. C.: Noch keine Kameraden. Die Zeit, 16.11.1990. In: Pressespiegel zur Verteidigungs- und Sicherheitspolitik 47/1990, S. 22 und 23. Hrsg.: Bundesminister der Verteidigung, IPStab – Pressereferat

Hoffmann, H.-A., Stoof, S.: Sowjetische Truppen in Deutschland. Ihr Hauptquartier in Wünsdorf 1945-1994. Wünsdorf 2008

Hoffmann, T.: Das letzte Kommando. Berlin, Bonn, Herford 1994

Kamp, K.-H.: Die Debatte um den Einsatz deutscher Streitkräfte außerhalb des Bündnisgebietes. Konrad-Adenauer-Stiftung. Sankt Augustin 1991

Keworkow, W.: Der geheime Kanal. Berlin 1995

v. Kirchbach, H. P.: Mit Herz und Verstand. Frankfurt/M., Bonn 1998

Kommentierung der im Einigungsvertrag enthaltenen Regelungen hinsichtlich der Rechtsverhältnisse und sozialen Leistungen für die Soldaten der NVA sowie Erläuterungen einiger Rechtsfragen der Arbeitsverhältnisse der Zivilbeschäftigten und der Regelungen des Arbeitsförderungsgesetzes. Ministerium für Abrüstung und Verteidigung/Hauptabteilung Recht und Soziales. Strausberg 1990

Koop, V.: Auf den Spuren der NVA, Bonn 1995.

Kopenhagen, W.: Die Landstreitkräfte der NVA. Stuttgart 1999

Krätschell, W. (Hg.): Was war und was bleibt. Potsdam 2005

Lapp, P.: Ein Staat - eine Armee. Von der NVA zur Bundeswehr. Bonn 1992

Löffler, H.-G.: Gedanken eines deutschen Soldaten zum 10. Jahrestag der deutschen Einheit.

Militärreform 9/90, S. 1, 10/90, S. 1ff, 16/90, S. 1, 20/90, S. 1ff

Minow, F.: Die NVA und Volksmarine in den Vereinten Streitkräften. Friedland, 2011

Ost-Offiziere sollen vorläufig gehalten werden. Neue Zeit, 17. November 1990 In.: Pressespiegel zur Verteidigungs- und Sicherheitspolitik 49/1990, S. 10. Hrsg.: Bundesminister der Verteidigung, IPStab – Pressereferat

Pischel, K.: Gegen das Vergessen. Neckenmarkt 2011

Pötzl, N. F.: Erich Honecker. Eine deutsche Biographie. München 2002

Pressespiegel zur Verteidigungs- und Sicherheitspolitik 22/1991, S. 11 und 33. Hrsg.: Bundesminister der Verteidigung, IPStab – Pressereferat
Reuth, R. G., Bönte, A.: Das Komplott. München 1993

Schäuble, W.: Der Vertrag. Stuttgart 1991

Schreiber, W.: Von der Militärdoktrin der Abschreckung zu Leitsätzen militärischer Sicherheit. Dresdner Studiengemeinschaft Sicherheitspolitik, 19.06.1990

Schönbohm, J: Zwei Armeen und ein Vaterland. Berlin 1992

Schönherr, S.: Rüstungsproduktion in der DDR. 1995

Stoltenberg, G.: Erinnerungen und Entwicklungen. Flensburg 1999

Streletz, F.: Rede vom 04.12.1999. In: Was war die NVA? Berlin 2001.

Streletz, F.: Bericht an Egon Krenz vom 11.11.1989 über die NVA-Hundertschaften.

Sylla, H.: 50. Jahrestag der Gründung der NVA – ein Rückblick. Dresdener Studiengemeinschaft Sicherheitspolitik, Heft 80 /2006.

Sylla, H., Ulrich, H., Starke, G.: Zuverlässig geschützt. Zur Geschichte des Militärbezirks V (Neubrandenburg), Dresden 2006

Trend 2/90, S. 3, 3/90, S. 14, 4/90 S. 3, 4/90, S. 5, 6/90. S. 3, 7/90, S. 2, 9/90, S. 2, 10/90, S. 6, 11/90, S. 6, 12 /90, S. 2, 13/90, S. 6, 16/90 S. 3, 17/90, S. 4, 21/90, S. 3, 21/90, S. 6

Volksarmee 47/89, S. 3 u. 6, 48/89, s. 3, 50/89 , S. 6, 11/90, S. 10

Wünsche, W. (Hrsg.): Rührt euch! Zur Geschichte der NVA. Berlin, 1998